U0553860

项目发起单位

清华大学社会学系

河北清华发展研究院乡村建设与发展研究所

北京群学城乡社区发展研究院

清华社会学系 i 侬团队成员

沈　原　游睿山　吕程平　宗　菁　刘　扬

陈晶晶　王海宇　孙一夫　訾新宇

新农人看农村

37位/基层创业者/访谈录

游睿山　吕程平　编

THE REALITY AND FUTURE OF CHINA'S COUNTRYSIDE FROM THE VIEW OF "MODERN FARMERS"

社会科学文献出版社
SOCIAL SCIENCES ACADEMIC PRESS (CHINA)

近年来，中国不断推动城镇发展，经济达到前所未有的高峰，农村的青年人得到了难得的机遇前往城市发展，而与此同时，年轻人的离开也导致很多农村发展失衡、经济凋敝、长幼关系疏离。

为培育勤勉、有责任感、有市场观念和创新意识的生力军，实现贫困农村可持续发展，改变农村和农业的种种乱象，清华伟新教育基金支持“贫困地区优秀大学生村官培训”，鼓励并扶持大学生村官做新型职业农民——“新农人”。同时希望新农人发挥他们的感染力和亲和力，鼓励村民积极投身新农村建设，使农村再活化，重现昌盛、重拾传统伦理关系，从而促进家庭和睦、邻里和睦、社会和谐。

我们期望社会上有更多的人支持新农村的发展，提高农业竞争力及农民生活水平，继而吸引外流青年人回家发展，改善社会上日益疏离的人伦关系。

伟新教育基金

前　言

本书是清华大学“河北－清华研究院乡村建设与发展中心”（以下简称乡建中心）的一个研究课题的产品。

在我们乡建中心的诸同人看来，当前华北乡村面临的最大难题，就是“乡村衰败”。30 多年来，华北乡村的大批青壮年劳力不断地转离农村和农业，前往东部发达地区和各大城市务工谋生，乡村的社会结构遭遇了前所未有的破损，百姓口中所谓“一老、一小、一流动”，恰是当前华北乡村现状的生动写照。村落破败、治理失灵、土地撂荒、环境污染、生态危机……种种经济、社会和环境问题随之产生。

多年来，政府对乡村地区状况越来越重视，大力开展了扶贫事业，给予乡村越来越多的经济投入。但是，至少华北乡村的现实状况表明：在乡村社会结构严重破损的情况下，如果把扶贫工作仅仅看作一个经济行为，不能将之与乡村的社会重建结合起来，则断乎不能取得预期效果。退一步说，就算是只考虑经济投入，那也不能仅仅考虑资金和经济项目的投入，而必须将新型经济组织的建设包括在内。否则，扶贫工作难以见效。据此，乡建中心自 2014 年着手在环首都的若干县开展了一项乡村重建的实验项目，内容主要包括三个部分：组建乡村中的“团结经济”或合作经济、开展社会规范的重建尝试，以及推动乡村住宅的重新规划。经济、社区和空间是这个项目的三个基本要素。

在近三年来的实践中，我们所遭遇的各种困难不计其数。其中最大的困难不在物而在人，首先就是依靠谁来在乡村中实地运作本项目，引领乡建工作。遴选乡建工作带头人，或者用社会学的传统术语来说，寻找基层精英，成为最大的难点，当然更是重点。我们认同“新农人”的概念，坚信如欲振兴农业、重建乡村，则从事农村工作和农业生产的人，一定不应是弱者，而应是强者。但是，强者来自何方？如何辨识出来？

我们认为，在当前条件下，“新农人”可能有多重来源。有能力的务工返乡青年、复员转业军人、有志于乡村工作的知识分子等，都是“新农人”可能的泉源。不过，我们经过反复斟酌后，选定的却是一个比较特殊的群体：大学生村官。我们认定，扎根乡村的大学生村官理当是“新农人”的一个重要的组成部分，他们受过基本的公民教育，他们年富力强，因此有能力成为乡建工作的带头人。

据统计，自2008年中央启动“一村一名大学生计划”以来，至2015年大学生村官已达40万名，覆盖了2/3的行政村。问题在于，如何从人数众多的大学生村官中，把那些有能力、有志向的青年选拔出来，赋予他们开展乡建工作的重任。我们的办法是，与华北地区一些地级市的组织部门合作，请他们推荐一批优秀的大学生村官前来清华大学培训，经过一段时间的考察，从中遴选佼佼者，给予一定支持，付以乡建重任。2014年9月以来，我们业已培训河北省张家口、承德，河南省焦作等地市的大学生村官共计650余人，并从中初步遴选出10个大学生村官的“团结经济”项目给予支持。清华大学伟新教育基金、唐氏基金的资金支持，使本项目得以持续开展并取得初效。

在与这些参加培训的大学生村官的互动中，他们扎根乡村、努力创业、帮贫济困的事迹深深地打动了我们。他们在实践中形成的对当代华北乡村的一些看法，不乏真知灼见。现在，我们从中挑选出37位新农人，将他们对当前华北农业经济、乡村建设等方面的看法整理出来，连同他们自己的事迹一起，刊印成册，以飨读者。希望读者知晓，在我们的国家里，还有这样一些青年才俊，他们立志扎根农村的广阔天地，并正在兢兢业业为复兴乡村而艰苦奋斗。希望全社会都来关心他们，希望全社会都对他们予以支持！

游睿山为本书成稿做了大量组织工作，吕程平承担了组稿和编辑工作。中心的所有成员都对本书的形成有所贡献。

沈原

2016 年 12 月 14 日

目　录

第一编　大学生村官创业分析报告 / 1

一　选择村官 / 1

二　初到村里 / 3

三　创业机遇 / 5

四　寻求支持 / 7

五　技术：跟随型与自主型 / 13

六　案例：两个旅游项目的比较 / 16

七　创业周期性与项目调整 / 18

八　自我调适 / 22

第二编　新农人看农村 / 23

导言：大学生村官眼中的农村问题：观察与思考 / 23

新农人对话录 / 31

一　农村产业 / 31

二　村庄创业 / 39

三　农业生产 / 44

四　农产品价格 / 46
五　土地流转 / 47
六　农业生态 / 48
七　食品安全 / 56
八　基层两委治理 / 57
九　农村工作 / 61
十　社会保障 - 贫富差距 / 63
十一　人口流失 - 留守 / 67
十二　文化生活 / 71
十三　人才教育 / 74
十四　环境问题 / 77
十五　垃圾问题 / 79
【专题调查】吴桐：农村环境卫生现状 / 83

第三编　典型案例汇编 / 86

1. 李　芳　女大学生“山大王”诞生记 / 86
2. 朱海涛　我的创业路 / 94
3. 杨国清　路在脚下，梦在前方 / 98
4. 李超男　大山里的倔强女孩 / 105
5. 刘美霞　扎根热土：为了爱的执着 / 111
6. 武殿雄　我的创业经历 / 115
7. 崔书林　在农业废弃物里淘金 / 120
8. 刘　月　我的“黑花生”创业 / 123
9. 吴　桐　我所经历的创业困境与努力 / 126
10. 胥秀峰　张家口市农村致富带头人胥秀峰的创业故事 / 129
11. 张　颖　我的村官创业故事 / 134
12. 赵献龙　我的创业经历 / 137

13. 李慧颖　我的创业梦 / 140
14. 霍金磊　用心投入：我的创业历程 / 143
15. 杨程媛　在摸索中前行：承德市双滦区村官杨程媛的创业故事 / 147
16. 孙铁艳　青龙县孙铁艳的创业故事 / 151
17. 梁晓晴　张家口梁晓晴的创业故事 / 156
18. 张　涛　“懒人”的农业科技创业 / 161
19. 迟　浩　现实与理想的差距，边缘里对梦想的救赎 / 165
20. 张立雨　美术教师的特色教育创业路 / 167
21. 刘竞泽　我的创业之路 / 171
22. 王世凯　创业——成长路上的催化剂 / 176
23. 董　凯　让家乡的美走出深山 / 180
24. 闫　安　行走在山岭上：我的创业路 / 183
25. 宋　佳　从感动到拼搏，我的创业路 / 187
26. 董翠英　“诗乡”创业 / 191
27. 金　懿　小杂粮大产业 / 194
28. 孙守清　土豆串起来的致富路 / 196
29. 张　政　在基层寻找自身价值 / 199
30. 贺香云　从打工仔到创业者的转变 / 203
31. 刘海伟　我的创业经历 / 206
32. 尹宏伟　我对创业的认识与尝试 / 210
33. 王　栋　带动农民共同致富的优秀民营企业家 / 214
34. 周　春　一路走来的创业体悟 / 227
35. 王劲松　在基层，放飞梦想 / 229
36. 张星星　石　磊　“果然苹果”：北漂归乡的故事 / 232
37. 门　海　传承古堡善行　乡村旅游富民 / 236

第一编
大学生村官创业分析报告

撰写人：吕程平

山村风貌（董凯摄）

一　选择村官

一个很有趣的现象是，相当一部分大学生村官，选择这个方向，并不是之前策划好的：也许是在抉择中突然接到市委组织部打来的通知面试电话；或是在毕业季迷茫中偶然碰到的一个选择；又或是在一次毕业前的同学聚会中，不经意说到这件事，于是就踏上了“村官这条船”。像李慧颖本科所学的专业是机械设计制造，她曾经最大的梦想是成为一名高级机械工程师，但考研的失利让她不得不面对就业市场。而选择做村官，只是因为一场校园宣讲会。有些人进入村官行业，则是出于更为私人的原因，比如爱情。一位来自外省的女村官，之所以来到承德农村做村官，用她自己的话说是“追随着男友的脚步来到了承德（宽城）”。如上情形，可以称之为“偶遇型”选择的村官。对于他们，在此之前对村官工作的理解，往往是肤浅和概念化的，如将村官想象为“像沈浩那样的领导干部”。

相对于偶遇型，另一些大学生村官，还是在多种选择中将村官角色仔细考量了一番。一名大学期间学习的专业与农村发展基本扯不上什么关系，并且已经在“中关村就业，本以为要在北京闯荡些年头”的毕业生，在接到组织部的通知后，在将大都市打拼与回到农村反复权衡后，还是选择了后者。这其中除去诸如“对城市生活的不适应”以及对农村某种带有田园生活情绪的怀念等因素外，一些更为现实的因素吸引着新走出校园的年轻人。总体来看，选择村官的初衷，无外有以下几种情况：“收入稳定，可把其作为一个缓冲，其间可以有创业机会”，或者从家庭考量“希望离家近，可以常回家照顾父母”，而更为关键的，如一位村官自己写到的，“村官经历对今后仕途发展”很有好处。据一位市委组织部的同志介绍，像承德这样的城市，能提供稳定职业前景的企事业单位很有限，做大学生村官，之后通过各级考试进入公务员系统，无疑对当地大学毕业生有很明显的吸引力。

当然，并不是所有大学生选择村官都是迷茫和被动的，有些学员选择做大学生村官是早有准备的，并按照之前的事业规划来推进，而决意返回农村开拓天地，又与其本身可以利用发展的资源条件相关。围场大学生村官杨国清在大学期间就开始规划之后的职业发展。这又与其特殊的家庭条件相关。杨国清家里在经营马铃薯专业合作社，有这样（村官）的积淀，他可以直接接触到合作社经营的各个方面，从马铃薯种植到销售拓展、种子经营，一直到网上销售。这样独特的优势，使其在返回家乡做村官后，很快就能大显身手，并成为合作社管理骨干，为其之后的事业发展打下基础。这样的青年在当大学生村官的几年经历里，往往由于对生产、经营介入更为深入，表现得更有开阔的视野和成熟的思想。还有一些最终在任职期间创业的大学生村官，虽然不一定具有杨国清这样近水楼台的家庭优势，但也看到了村庄客观的发展空间，一位最终决定回故乡做乡村旅游民宿的村官，这样描述家乡的地理特色："兴洲村地处大屯，在地理上是通往草原的必经之路，过往车流量大。这里有兴洲行宫、观音寺、古汉城旧址，人文气息浓重，历史文化悠久……将生态系统、人文景观系统融为一体，形成一个集旅游观光、饮食、休闲、优化生态环境和社会文化功能为一体的中国式农场，是我最初的创业想法。"

二　初到村里

万事开头难，在大学生村官们的描述中，初到村里的一段时间是最为难熬的。从社会学上讲，这个时期的村官要经历一种社会角色的转变，从无忧无虑的学生，到进入一个陌生环境，成为社会人，这期间不仅要摸索与村两委间微妙的相处之道，还要在熟悉村民的过程中，努力获得他们的认可。在很多大学生村官的描述中，"孤独、隔阂、茫然"常常成为其初期体验的写照。一位村官这样描述当时内心的感受："刚来到大西山村时，许多村民第一次见到村里来了个白白净净的大学生，对我并不认可，认为我和原来的村官一样是过来'镀金'的。在跟随村干部一起走家入户时，村民对我'格外'客气，有时候会让我感到自己在村民眼中还只是个'局外人'，这种不被认同的'隔阂感'让刚刚参加工作的我感到孤单和茫然。"体验着这种不被接受感，年轻的村官们亟须一种证明。

大多数村官最开始的工作，就是帮助统计民情档案、落实社会保障政策、申报政府项目、收集农户资料、拍照等。这样的介入方式，确实也是最适合大学生村官的。更重要的是，在走村穿巷中，不仅能与村民熟识起来，新任村官们还尝试通过自己的行动，与村民建立一种初始的信任。一位大学生村官这样描述彼时细微的人际转变："忙起来就是半个月，当时真的很累，有时候甚至饭都吃不上。我用实际行动告诉村民，我不是来镀金的。村民看着我忙碌的身影，从内心里开始逐渐接受我，现在许多村民在村里碰到我都会主动和我聊几句。"虽然大部分大学生村官都出身农村，但从小离家就学，让他们远离乡土民情的实际，初到村里细碎而乏味的日子，也是他们重新认识真实农民、农村的第一课。承德村官李慧颖，到村里的第一份工作是收缴医疗保险，"由于有村民就是不愿意缴只有10元钱的医疗保险，我们一遍遍地对着数字，一遍遍地查着人，一遍遍地给村民耐心地讲解新农合的好处"。而一些村官开始寻求创业机会的想法，也正是被农村落后的经济现实触动，"十组村民崔凤友说：'我家4亩地，预产玉米2000斤，按2015年玉米0.78元/斤的价格计算，恐怕也挣不到2000元钱，扣除人工费、种子费、化肥费、拖拉机运输费等费用，能剩下的钱就更少了。'"发展意识不强、对新事物接受慢、留守劳动力浪费等现实，也激发了毕竟见过些世面的青年村官要带领村民致富的念头。当然，成功创业的经历，也为村官们提供了宝贵的履历积累。这样的积累在科层制的评价体系中是尤为重要的。有村官明确表示，创业的初见成效有助于在两委的换届中获得提名。

事实上，从年轻村官们对自己创业经历的回顾来看，有心的村官们从早先为村民服务中，发现了村子里可利用的资源，成为后期创业的铺垫。一位后来参与特色蔬菜种植产业的村官曾这样给村民算过账："村里主要以男劳动力外出，妇女则成天聚集在广场上聊天、打牌。从这样的现状出发，利用剩余劳动力，每人80元一天，干上半年，也能有1.5万元收入。"

三　创业机遇

从已经创业村官的经历来看，村官要想在村内打开创业局面，要打破三层壁垒：资金、技术、外界支持力量。真正走上创业道路的村官，实在是少数。首先是在资金方面，如果寻求政策上的支持，往往面对僧多粥少的境地。即使申请下来资金也常常因为申请期较长，赶不上趟了。一位村官说得很明白，“一名没有资金支持的大学生村官想创业，太难了，走到哪都要钱，少则上千元，多则几十万元，而我们的工资是两千多元，相关的政策支持也不明朗，可以说创业开头太难”。

从创业项目选择来看，分为几种情况。最为普遍的形式是向地区或村庄已有发展方向靠拢，并在大的方向上，结合自己的兴趣、资源和创想来寻找连接点，这样既可以利用村子已有的发展基础，也容易得到镇政府或村两委的认可。从很多初步取得成绩的案例来看，来自这两者的支持是相当关键的。在种植业上，常见的形式是大学生村官借助本村特色种植园区的发展机会，通过入股或租赁大棚等方法在其中立足。相对于种植业已大体上确定的方向，服务业上的创业则具有更多的灵活性。霍金磊所在的“大西山村是全县村级代办服务示范村”，以此为基点，如何将村社内部的代办服务做得更有特色，“让村民享受到更深层次的代办服务”，成为一个很重要的创业考虑。而将方向性的思考具体化为创业抓手，则具有相对偶然性。如霍金磊的创业灵感来自一次帮村民取快递的经历，“当时我就想，近几年，随着电子商务的蓬勃发展，快递公司发展迅猛，然而像岗子乡这样的偏远乡村快递服务业却跟不上，物流还是一片空白，这种情况已远远不能满足村民消费的需求，想到这里，我就暗下决心，要在这里办一家农村快递公司，这样不仅能方便村民，还能实现自己的创业梦想”。

村庄已成形的产业特色及风俗特色，也为大学生村官创业提供了微观层面上产业上下游的聚集效应。在通往草原必经路上的历史文化名地兴洲村创业的吴桐，把饮食业作为突破口，就是因为其了解到当地颇具地方特色的饮食文化：一个是原汁原味的少数民族牛羊饮食习惯，形成了“羊汤、烧饼、火锅”等金字招牌；另一个则是当地浓厚的酒文化。而这些都为旅游民宿提供了文化和商业类聚环境上的支撑。

当然，受制于自身资源、能力以及村内产业发展水平，村官们也只能选择自己能上手的项目。李慧颖当时也希望“搞一个果园，再弄点养殖”。但最后还是选择了投入较少的十字绣，“因为这件事情可以利用村里留守妇女多的情况”，而且投入比较少、技术上也容易掌握。

这时，来自村委会的帮助往往成为真正能让村官创业想法落地的关键。这些帮助既包括应允学生村官可入伙村内项目，或以优惠条件入驻创业园区，也包括信息和组织动员方面的支持。当村干部乐意运用自己在村庄中的威信来动员村民支持村官的创业项目时，则自然事半功倍，加速项目运行。另一个不容忽视的层面是，在寻求支持与给予支持的关系上，性别因素也在发挥作用。如为李慧颖的十字绣创业提供技能培训信息和村民动员的，是村妇女主任和乡里的计生办女干部。

另一种更具主动性的创业选择是大学生村官根据村子未被发现或开发的资源，自主尝试创业路径。学生村官的一个明显的优势是脑子比较活，能够在村民看来稀松平常的事情上发现商机。如女村官刘美霞发现所在地区村民素有采食野菜的习俗，据说这些野菜还有“防病治病、保健益寿的功效”。之后，她通过网络搜索发现，这一带的山里确实还曾找到过比较珍稀的野菜品种。这就成为激发其创业的第一个闪光点。此外，创业的方向选择也与之前的经历、教育背景相关，这类基于自身特质的创业项目市场需求往往较为独特，反而使年轻村官在整个过程中有较强的掌控能力。

需要说明的是，一开始进入的创业领域，并不一定成为村官任期内自始至终的项目。从学生村官递交的文字材料看，约有36%的村官中途换过创业项目，有些村官甚至经历了两三轮创业项目转换。有些项目，即使开始计划得再周全，也只有真正试过后才知道到底适不适合自己。审视这些创业项目的转换过程，其中涉及一个后面还会谈到的趋势，即从投资较多或利润较为不稳定的生产性选项，向电商平台、中间供销商等服务性方向转化。宋佳最开始从电视上得到灵感，做工艺干花，后来逐渐发现，手工艺品并非日常消耗品，且利润率低，市场需求不稳定，遂开始向销售领域过渡，借助微信等自媒体平台，在本地推广电子商务。销售领域也从自己熟悉的工艺品领域向周边扩展，并在县城开办了实体店，努力朝地区致力发展的产业趋势靠拢，入驻当地电商孵化平台，并开办电子商务公司。在村官任期的后期，宋佳已经实现了创业项目线上线下同时运作，2015年总销售额达到10万元。

除了做农业种养殖项目和围绕农村各种资源的创新性服务等在农业、农村内部寻找创业引爆点，还有一类大学生创业项目，几乎与农业毫无关联，可以称之为外部突破。这样的外部突破性创新在总体中所占比重很小，且多与青年村官自身的较特殊的专业背景相关。如室内设计专业的迟浩，做起了自嘲为“全国大学生村官里最不靠谱的创业”的房屋装修业。而另一名美术专业的村官张立雨则在县城开办了幼儿美术培训机构，并逐渐成为县域内同类机构的翘楚。

四 寻求支持

虽然相当一部分村官表示，开始创业的一个动机是带领村民致富，但在创业初期，这些还看不出子丑寅卯的青年不要说带动农户，就是得到周边人的理解也很难。不仅如此，一些创业村官首先“收获”的是一轮来自周边群众的冷嘲热讽。来自外省的刘美霞这样记叙刚开始在村里做特殊野菜种植时遭遇的各种说法：

> 这姑娘身子这么瘦弱，怎么能受得了农村的苦。当村官就是心血来潮，不一定能干好。
>
> 人家是高才生，说不定什么时候就考走了，哪能在这里一直待着。

她那就是瞎折腾，赔掉了怎么办？

人家折腾折腾，又不用搭什么东西，我们又出钱，又出地，又出力，万一赔了，或者卖不出去，不就是瞎忙吗？

渐渐地，年轻村官都明白一个道理，想要带着大家一起干，必须自己先干出个模样来。这一代年轻村官，即使是生长在农村的也基本上没有农业耕作经验，返回来做农业创业，实际上是重新在技能和身份上社会化的过程，这就少不了各种恶补。女村官就更是如此，一些基本耕作技术，如翻地、开垄、大棚蔬菜的构架和材料选择等都需要重新学起。而这就牵扯在创业过程中谁来给予支持这样一个基本问题。

创业村官对“创业中给您支持最大的人是谁”这一问题的回答：选择家庭的占33.3%；选择一同创业的村官的占25.0%；选择所在村委的占16.7%；选择镇级政府及镇以上政府的占8.3%；选择村民的占4.2%；选择其他的占12.5%。

来自家庭的支持，很多时候是年轻村官能够走下去的最坚实支撑。这样的支撑是实实在在的，虽然有时也显得很无奈。特别是在种养殖项目的草创阶段，能帮得上孤军奋斗的村官做各种体力活、供给免费劳力的，恐怕更多就是他们的父母。独自租下300多亩山地、在海拔1000多米山顶种植果榛的李芳，这样描述创业初期的心情：“一万次心如刀绞，一万次无可奈何，我最终还是只能连累自己年迈的父母和我一起了。早上天不亮我就起来把饭做好了，吃完饭我们三口就拿着镐，扛着树苗上山去了……（那时）真的丝毫没有想过放弃，唯一心里最大的负担就是和自己一起受苦的父母，不能让他们歇歇，还要让他们拖着年迈的身体和我重新干起体力活。我爸说他把一辈子的树都栽了，那时候我真是心里剜着疼。”据她讲，家里把自己的嫁妆钱都押在这荒山上了。

这样的支持有时候又是潜在的，或者说，创业项目在技术上的可达性，以及先期沉淀所需成本是由家庭来提供的。刘竞泽入股村中食用菌种植项目，一个很重要的因素是其家里有十余年种食用菌的经验，家庭已有的经营基础可以让他便捷地获取技术诀窍，并较顺利地入手。在另一些案例中，父母也都为孩子垫付了大量的先期投入成本。在吴桐开发的餐饮项目中，父母支持了其在村里建400平方米房子的资金。然而，父母并非都支持孩子“瞎折腾”。很多青年村官向家里提出要自己创业的想法时，常常会遭到家人的激烈反对。原因很简单，家人觉得他们根本没有社会经验，“把钱打了水漂”。

1. 大学生之间的联合

从对大学生村官的访谈看，一些对创业和商业比较敏感（如受家庭之前经商的影响）的青年村官更容易走到一起。这些具有较多开创性精神的同济圈子，很容易成为创业信息和支持政策信息的集散地。在一定的催化剂下，这样的同济群体，又较易生长出创业的小团队。这些团队的一种更具组织化的联合形式是，以区域（一般是以镇为单位）为纽带形成联合创业组织，或创业基地。这样的示范基地，主要的作用是在当地推广适宜种植的新品种或某种养殖类型。此外，沟通外界科研院所的优秀品种，与本地气候、土壤条件对接，也是大学生创业群体能做得来的事情。事实上，这样的创业组织一般会出现在同一批次大学生村官任期的后半段，他们通过日常工作或早期创业熟悉了本地基本情况后，开始在对外联系、聘请技术力量、建立市场合作关系上用力，并尝试在熟人亲友或邻届村官群体中加大对事业的宣传。以集群形式出现的青年创业者，更容易得到上级部门的注意，也易于动员更多的农户参与进来。在调研涉及的承德、秦皇岛青龙的近几届大学生村官群体中能辨别出至少四组大学生村官间的联合组织。

在需要较大先期投入的项目中，很多村官动用了大学生村官群体网络，在这样的创业中，更容易自发形成具有一定组织形态的、共同集资的创业群体。在一个以农产品销售电商平台为主体的大学生村官创业项目中，项目的资金来源于相熟的大学生村官，他们共筹集了6万元，每人等额入股。这实际上形成了一种集体作战的模式。在电商平台初期销售量不足的情况下，这样的集团作战方式着实发挥了相当大的作用。几个村官分头做市场调查、宣传推广，并利用大家的人际圈子寻找潜在用户。项目因此能较快捷地接触各种类型的消费者。这样的村官创业群体，相比于个体村官的单打独斗，更容易引起上级的注意，并容易被纳入重点扶持范围。

2. 来自村委会和“上级”

相比于一般的创业青年，村官因其体制内的正式身份，可以通过正式途径向所谓“上级”和村里求助。来自上级的帮助可以体现在各种意想不到的细节上，如可对村官创业项目的选择提供必要的政策倾向性信息和行业信用甄别信息。

上述村官电商创业项目，不仅从上级得到创业贷款，得以扩大经营规模，还在组织部门的协助下入驻当地创业孵化园区。这对于初创阶段的项目是个非常利好的事情。这个由当地政府搭建的孵化平台，为大学生创业项目提供了方便的融资途径，省去了供需双方的搜寻成本。对于投资方，体制内背景的村官项目，具有由体制本身提供的先期认证和终极背书。据村官讲，“只要项目好，在这里都能得到融资”。

能够得到上级或村委会更多惠及的项目，一般在设计之初就需与村庄发展规划相结合。赵献龙结合村里规划——扶持食用菌、设施菜及大田作物，并根据当地村委和技术能人（这两者常有重合）的建议选择相对投资小、风险低的品种。而后期带动村民的策略首先得到村两委授权，并以自身实践产生号召效应。其间借助村官自身对政策信息的灵活把握和能够直接与政府相关部门对接的优势，为其争取小额贷款，以2万~3万元投入带动10万元贷款。村民种植万寿菊、甜菜净利润达到1800元/亩，总共带动就业人员50余人。

从统计结果来看，约有1/3的创业大学生村官争取到了政府的无息贷款和扶贫资助，这对于创业初期的项目有很大的撬动作用。而这种优惠贷款的获得，也与时下的政策导向有关。有村官明确提到，国家“大众创业、万众创新”的支持政策对草创期的事业成长有作用。

规模种植等主体落在村子里的创业项目，最首位的就是得到利益相关群体及村委会的支持，或至少是默许。对很多开展类似项目的村官，首先遇到的棘手问题，常与技术、自然气候等因素无关，而要形成一定的规模经营，就要面临从农户手中租赁土地的问题。在村官描述中，经常的情形是，总会碰到“一两户钉子户”。遇到这种情况，关键是如何向涉地农户讲清利益分配方案，以获得应许。从村官们的记叙看，要得到这样的应许似乎别无他法，只有一趟趟地上门磨嘴皮子。每一次登门拜访，实质上都是对双方利益的进一步明确与调整。而这样艰难的谈判，对刚入手村里事务的年轻人来说无疑具有很大的挑战性。

于是，资历尚浅的村官们很自然地会向村两委求助。如果当地村干部在群众中威信尚可，则来自他们的支持是至关重要的。特别是当村干部认识到大学生村官的项目可以成为村子发展一个亮点的时候，会动用村两委的各种资源来推进大学生村官的创业项目。钉子户不同意出让土地，无非觉得补偿与期待有差距，那么就需要有各种变通的方式，补偿其损失。而这样微妙的利益平衡，并非初涉村务的毕业学生能掌控的，这就需要村干部从中斡旋。一个村官这样描述当时的情形：“在征地过程中，有 3 户百姓就是不同意，谁去做工作也不行，闭门羹也没少吃，村两委班子轮番上阵，还是没有拿下，后来我们就赶着中午去他家找他做工作，中午太晚了就在他家吃饭，基层群众都是很热情好客的，一连去了七趟，情、理、利、法说个遍，当我们第八趟再去的时候他终于松口吐话答应地可以租出去。后来了解到他认为地租有点低，我们通过在园区多给他找零活，来补差价。这项工作得以顺利完成了。”

在另一些案例中，村委会对创业的支持，体现为提供各种优惠措施，如准许村官进入种植园区，并予以低廉的租金或灵活的收费方法。“得到了园区的照顾，只需要拿出 5000 元，便可以租到两个棚，到时候园区会把废弃菌棒回收抵做水电费，两个棚里可以种植菌棒 2 万棒，如果一棒收入 2 元，2 万棒就可以收入 4 万元。”在一些情况中，来自村委的支持可能是潜在的，如免费使用村里的房子做产品的设计室，也可能体现为由镇政府和村委会提供创业贷款担保，这些都是大学生村官基层创业强于一般创业的各种体制内优惠。这样的体制内优惠，源于村官群体具有来自公共机构强力部门提供的背书。

3. 来自经营大户的支持

寻求支持的策略还包括与周边民办企业家或种植养殖大户的合作。对于缺乏实际经验的大学生村官来说，能在创业初期遇到愿意和自己一同共业的区域企业家，是很幸运的。有着较丰富基层实操和企业运营经验的本地企业家，为年轻村官提供了更多在经验、能力上有所提升的机会。

与村中大户结合的好处之一是，可实现与社区精英网络的结合。在最基础的层面上，这样的产业精英网络提供了创业产品销售渠道，创业者可以成为这一渠道的供货商，从而能够较方便地进入成熟市场。而在后继的运行中，创业者需要逐渐依据先前经验自主寻找外界渠道。对外界市场渠道的寻找，关键的一点是如何获取剧烈变动的行业信息。而此时介入社区精英网络的优势也能凸显出来。在这个意义上，社区内部的生产者，并不完全是一种竞争关系，而更多地类似于一种合作网络。这个网络为其中的创业者持续地提供信息，从而有助于其调整自身的市场策略。

需要说明的情况是，社区内产业精英与村两委主要成员常有重合，可以总称为村干部企业家。对于刚从校园走出，没有什么社会资源的大学生村官来说，很多时候是借力创业，利用村子里已有产业，发现商机，寻找合伙人。由于他们一般是被分配到陌生的村子里，最有可能愿意与他们合作的群体往往是已有创业意向或有一定产业基础的村干部企业家。即使有村委成员的帮助，初创项目由于人工成本、管理成本以及市场判断等原因，还是有很高的失败率。已有自己企业的村干部合作者，较一般村民有更大的试错和抗风险能力。这无疑也是优秀合作伙伴的另一种特质。

至于以社区内部合作组织推动产业集合的项目，需要对这些合作组织的基本构成做出具体分析。对以社区产业大户为联结，以扩展区域特色产业规模为目的，以达到节约成本、提高抗风险能力的专业合作组织，其实质是社区内部的产业精英联合体。在这种情况下，年轻村官当然很难发挥决定作用，即使其能在勾连政策咨询上提供帮助，起决定作用的推动者仍由社区内部精英担当，并实际说服社区大型农户参与，促成合作社内部向心力。

五　技术：跟随型与自主型

从对大学生村官区域种植性创业项目遭遇首轮失利的首要原因分析来看，60%以上是由于技术及品质把控问题。由于新品种对水、肥、土壤及配套设施都很敏感，创业第一年的青年村官常常要经历各种心理折磨。引入药材种植项目的李颖，因为药材发芽对水分条件要求很高，水利设施的恰当安装和使用以及对桔梗发芽状况的控制，成为突出的问题。由于经验不足和不可预测的天气变化状况，创业差点在初始阶段就泡汤。

特别是在新产品引入中，关键技术细节如何获取，由谁在生产过程中真正掌握关键细节，以及在生产出现技术性困扰时向谁求助，成为年轻的创业者必须要回答的问题。这些问题在很大程度上决定着整个项目是否可行，以及创业团队中不同群组在利润分配中的地位。

大学生村官王世凯参与有办企业背景的村干部搞起来的葵花榨油项目，“在油葵榨油生产的过程中，要想保障榨出高品质的油，最重要、最关键的就是榨油技术的完善和榨油工序的完备”，这样的关键技术不仅涉及设备投入，还涉及生产流程中关键诀窍的掌握。高技术投入与高资本投入相互重叠，这凸显了年轻创业者与有一定经济基础的成熟企业家一起搭伙的另一种优势。后者能支付前期的技能学习成本和对技术人员的聘请成本。但即使如此，在王世凯的案例中，由于技术管理上的差错，还是出现了重复投资现象，造成本来就很稀缺的创业资金的浪费。同时，要看到，相比于由村官完全白手起家、自己摸索技术的创业案例，虽然直接借力参与技术－资本高投入项目，避免了青年村官的先期投入，但也使其在整个项目中的自主性大大弱化，他们在这样的项目中缺乏决策权。而这样的管理训练对其之后在创业领域中的成长却相当关键。可以将这样的创业类型称为跟随型创业。

在跟随型创业中，由于大学生村官很少具有相关技术背景，其也就很难处在生产管理的要害位置上。大部分跟随型创业村官，一般会被安排在相对次要的财务管理、外勤等岗位上。但大学生村官借助自身独特优势，还是有可能在技术问题上有所贡献。刘竞泽在参与本村食用菌生产项目时，依靠上级政府，找到政府内部负责种植技术的相应部门——“乡镇食用菌办公室”，请来食用菌种植专家对生产过程进行全流程指导。这也是村官的相对优势，即可以较便宜地动员政府资源，为创业团队提供软实力上的帮助。而低成本请来技术专家对新项目的进展有很大助益，因为这可以节省很多时间成本、搜寻成本和对专业技术人员的聘请成本。同时，可通过政府内部资源解决技术问题，从一个侧面也说明此类产业是当地比较有积淀的产业。事实上，在某些新品种引入型创业项目中，本地政府内部技术人员也不能提供令人满意的虫害困扰解决方案。

相较于跟随型创业，在村官自主型新品种生产创业中，大学生村官则要更独立地解决生产技术问题。刘美霞决定在当地具有一定潜力的山野菜生产上做文章后，首先要搞明白的就是从哪些途径获取可靠的、适宜本地自然条件的品种。最终她选择引进沈阳农业大学的品种，而后者也同时提供虫害防治技术以及紧急性顾问支持。选择外地高校提供相应技术指导有无奈的因素，在刘美霞的选项中，可以寻求帮助的还有本地政府部门的农业技术专家和当地的种植大户，然而在一次几乎让新品种野菜种植前功尽弃的虫灾后，她认识到本地农业技术专家，只适合一般性技术控制，而对一些本地没有种植的特殊品种，显得很乏力。而种植大户，主要提供当地种植基础性经验。

与跟随型创业相对，在自主型创业中，青年创业者要独立摸索整套技术过程，包括品种选择、习性考察、中期管理、病虫害防治等。虽然这个过程必然伴随许多艰难，但在整个过程中，村官都是生产信息的集成者和掌控者，这样的优势，在项目度过了早期摸索阶段，进入稳定阶段后，就会越发凸显出来。相较于跟随型创业者，作为技术掌握者的村官可以自主选择合作伙伴和合作方式，可以把握技术在周边民众中的推广程度，更为重要的，他们是最终利润的实际掌控者。

事实上，大学生村官自主选择的创业项目，在初始筛选阶段就要考虑后期技术指导的可获得性。闫安选择做油松苗培植这一投资少、见效快的项目一个重要的因素就是可以从林场亲戚那里学习苗木种植技术。然而，即使如此，作为一个项目的第一把手，还是要对关键技术有所掌握。这就涉及在种植过程中对各种关键指标做出正确判断的知识习得，这些东西对一般农户来说是长期的经验积累，而村官要想在短期内掌握，则需要“四处打听，吸取别人的经验教训”，但操作技术上的不成熟仍是难以在短时间内弥补的。闫安的林木项目第一年产量低，且品质不过关，就是因为出现了一些在成熟农业生产者看来几乎是常识性的失误：“树苗的正常培育期应该在 4 月份，而自己培育期是在 10 月份，导致树苗没有足够的生长期，使树苗的质量无法得到保证。”

如果说，技术在种植业生产型创业中，是作为某种关键性因素存在的，那么在另一类创业中，“创新性技术”则成为项目的核心。虽然这种类项在调研涉及的大学生创业总体中所占比重极小，其在实质上与其说是农村项目创业，不如说更接近于工业设计创新项目，但也显示出在农业生产更加专业化、智能化的背景下，学生村官创业已经不再局限于传统的农业种植领域。有一个村官利用在大学阶段设计的延时喷灌装置，将其与大棚对接，以适应设施农业对自动控制的要求，设计开发了设施农业智能控制器。这个创业新项目的设计者是在农村工作的村官，虽然与时髦的设计理念相比，整个研发过程还处于设计初级样品阶段，但显然其市场定位是相当明确的。据设计此项产品的村官介绍，在承德地区，一般的设施农业的温室控制水平相当粗陋，而实现了智能温控的设施又存在联动性不佳、操作性不足等问题。正是基于这样的市场缺如，创业团队将其产品定位于无人值守、可定制模块和环境控制等方向，并定位于中小规模的农田和园林绿化领域。虽然这个有些特别的大学生创业项目，在技术层面上还处于收集数据、改进产品阶段，但这个项目更具意义的地方在于，村官能够在农业领域将自己大学所学学以致用。特别是在考虑到很多村官在基层做的日常工作与四年专业训练几乎毫无关联，造成了对教育资源的浪费这一普遍情形后，这一项目的意义更是不言而喻。

六　案例：两个旅游项目的比较

第一个案例来自大学生村官尝试做的民宿餐饮项目，原计划的基础设施建设很快让村官体验到了土木之工不可擅动的道理，主体房屋建设轻易就超过预算，项目遭遇资金瓶颈。而这时农场租地费用、建设大棚费用还都难以筹措。于是创业村官尝试了他能想到的所有筹款策略。最开始是向银行贷款，但由于项目尚处于初期，银行不予贷款，或要收高额利息。接着是求助政府，但回应缓慢。最后只能动用家里的积蓄，“所有积蓄都投了进去”。

第二个项目则是一个大学生村官创业团队开发的旅游服务类项目。在介入这个项目之前，团队中的有些成员已经放弃了至少三轮项目设计。杨程媛这样总结自己之前的尝试或策划的创业项目，“最开始想做特色农产品加工，但感觉品控技术难以把握；后来尝试果脯产品，但发现市场需求有限，缺乏资金难上规模；之后又考虑村里的秸秆再利用，但当地山区无法机械化”。最终，这个团队在对若干创业项目淘汰和思考后，向低资本投入且能发挥青年人无形优势的服务领域靠拢。

项目设计人之一的大学生村官董凯，用浪漫的语言描写项目的初衷，是任期早期对村庄的考察让他看到村庄中尚在沉睡的资源：“农村里有很多优厚的资源都没有被利用起来，比如春天满山杏花、桃花、梨花，无人赏识；秋天到了，苹果熟的都掉到了地上，前来采摘的人却寥寥无几；纯天然的柴鸡蛋、小米质量都很好，但就是没有销路。”

这个团队集体设计的旅游产品是以自然资源和天然农副产品为主打、结合文化交流、带动乡村个性化体验的旅游项目。项目团队作为中间连接组织，整合农户资源，得到乡镇政府在资源协调上的支持，并承接了政府向其发包的一些区域文化活动。

这一旅游服务性创业项目，还得到了村两委的支持，体现为一种合作的关系：一方面创业项目本身，能够带动村民提高收入，解决部分村内剩余劳动力的就业问题，同时很自然地成为村庄工作的亮点；另一方面，村两委也在项目团队与村民谈判时，扮演了协调人的角色。

项目市场定位为私人定制的游玩路线，主要面向自驾游客、驴友和骑行俱乐部等特定群体，是一种在旅游产品设计上的创新。而这样的产品设计也与期望对接的资源渠道相关。在构思阶段，团队就认识到，这样的旅游产品必须得到上级支持，从而有意识地在策划上更多“体现当地文化底蕴”。和政府宣传口径的主动对接，可以使其更容易在“业务指导、技术培训上得到扶持和政策上的支持”。项目也如愿借助政府建设美丽乡村之机，入驻大学生创业园。项目以举办活动的方式带动当地特色土产品销售，具有一定的公共服务功能，事实上承接了乡镇政府的部分经济功能。这也与村官身份——既属于体制内身份，又有一定的灵活自主性有关。

在民宿餐饮项目的最初设计中，大学生村官们也很清晰地意识到要配合当地旅游资源的开发，即在京津冀一体化中，将区域“现代农业与旅游观光结合”的发展定位与项目本身“以生态农业为突破，将旅游观光、休闲、生态环境改善”的目标合在一起。但之后的开发节奏，与创业计划并不同步。负责人吴桐写到，在整体设计规划中，所面临的具体问题是如何把规划思路落实到农场设计中。创业村官感觉到设计还是缺乏新意和新鲜感。在这里，问题并不是方向性的设计思路，而是如何使宏大的区域定位与微观的个人的创业设想真正结合，缺位的是某些中观环节。这些中间环节，包括如何找到有效的途径而从区域定位中分一杯羹，如何将创业创想与公共资源掌握者具体的政绩目标导向相切合，以及如何掌握足够的操作和掌控能力使项目结果真正体现既定的方向。显然，这里的每一个问题对于刚从象牙塔出来的青年人来讲，都是不小的挑战。

反观董凯等的项目，至少在以下三个关键点上是值得圈点的。

第一，将项目核心定位于一系列新理念的实践深化和技术手段上。项目采取了一系列较为时髦的设计理念，比如利用众筹等流行的商业模式，通过手机 APP 定制个性路线，通过团队提供服务、物品折抵现金，同时配以自媒体宣传。这样具有时代特色的设计，能将大学生村官对新事物较敏感、与市场目标人群具有相似消费心理和品位的特质发挥出来，同时避免了进入他们所不擅长的传统强投入领域。

第二，在项目推进的初始阶段就积极与公共资源对接。项目的第一桶金可以视为政府区域战略的某种外包，这就使项目在执行过程中，名正言顺地得到诸多来自行政力量的支持。

第三，团队作战。“三个臭皮匠顶一个诸葛亮”，团队中的每个成员都曾独自尝试过创业项目，结合在一起利用各自的经验和智慧，有利于避免项目设计上的疏漏。更为重要的是，作为青年创业团队更容易获得上级的注意，从而更容易拿到资源。

七　创业周期性与项目调整

创业第一年是最艰苦的，对于单个奋斗的创业村官更是如此。原本计划带领村民共同干，后来基本上被一个更切实的认识取代——“只有让村民看到成功，他们才可能愿意和我们一起干”。如果首年创业项目进展顺利，产生了一定效益，往往是在第二年，类似“大学生创业 + 村民参与”的合作社模式才会得以确立。

遇到的挫折，不论是来自自然气候、病虫害，还是来自市场波动和需求链断裂，都会让创业初期的项目摇摇欲坠。但也正是在创业中种种不可预测的困境中，学生村官创业者对经营策略的把控能力有所成长。对于扩展外界市场，小型创业者的早期策略仍是简单而原始的，基本是对县域范围内各种潜在用户拉网式的走访、推销。这样的推销，精准性低，且要耗费大量时间，但从调研接触到的案例看，其确实是打开区域市场的一条可行路线。新产品初期如何能让消费者接受？一般的策略是通过大型客户来做推销，如与农家乐、企事业单位食堂合作等。

而将市场定位集中于相对小的区域范围，也是小规模创业的一个特点。在一个由村官参与推广的葵花籽油项目中，最初始的销路就集中在村镇范围内，而另一个食用菌产品案例则集中在县域范围内。这样的范围是小型创业团队能够低成本把握的，也便于及时回应客户需求。另外，大学生村官的创业产品，也常借助熟人网络销售，包括在同学开的实体店销售或由亲戚朋友的公司集中购买等。

随着对市场特性、消费习惯以及种植品种优先顺序等的认识不断深化，初始设想会不同程度被调整或替换。村官创业项目实现首轮盈利的时间各有不同，约40%的项目是第一年就实现了微弱盈利或达到收支平衡，在之后一两年却接连遭受挫折。而另一些则是头一年受挫，在之后却咸鱼翻身。经过受挫和盈利，创业阶段的首轮算是结束。一般在第三年，尝过了受挫的苦楚和盈利的甜头，年轻的村官对于市场情势、品种技术特点和能得到的资源都摸到了些门路。村官们开始在规模、品种、品控等方面采取新的突破措施。

这样的突破包含两个层面：扩增规模与扩展品种。前者在技术特点比较简单、不需要更多劳力投入的品种上更为明显。种植树苗的闫安，在第三年就增加流转土地20亩；而对于在山顶种植特色果榛的李芳，在创业事迹获得各方面的关注后，也在考虑推广项目。相对于经营规模的扩展，产品品种的经营多样化显得更普遍些。这里既包括养殖业与种植业的结合，也包括向相关品种的扩展等。

产品的多样化经营策略也与青年村官创业特点相关。村官创业往往是负债小本经营，经不起折腾，这就使他们会选择更容易实现短期效益的品种和项目，至少要让不同回报周期的作物交叉种植，从而尽可能地降低风险。刘美霞写道："目前合作社的品种主要有龙芽、芦笋、山芹菜等几种野菜，全部都是多年生植物，一次种植，30年受益，然而，用种子繁殖，基本都要三年后才能见效，而很多农民都接受不了一年没有收成的这种感受。因此我们除了增加蒲公英、苣荬菜，又增加了秋葵的种植。秋葵不仅生长周期短，而且经济利润高，一亩地便能达到上万元的收入，不仅缓冲了多年生野菜生长年限长的弊端，而且给农民创收增加了一条渠道。”

这样的多品种经营，也成为村官与成熟生产者竞争的一个策略。特别是对那些由于创业初期技术经验欠缺，产出偏少、品质不稳定、利润低于行业平均水平的项目，更需采取这一策略。承德村官一个黄瓜种植项目由于产量偏低，每个大棚净利润不到 2 万元，明显低于周边种植大户。其之后采取多个新品种分季度种植等方式，尝试弥补在特定品种技术上的劣势，并尽量避免与成熟生产者正面交锋。与一进入市场就要面对周边成熟种植者的既有品种介入不同，从一开始就在尝试全新品种的创业者，在撑过技术不稳定阶段后，市场主动权会逐渐显现。引入特色果榛的李芳，在创业的第四年已经成为区域内该品种技术标准的推广者。

走上稳定期的村官，往往会采取不同的投资策略来弥补特有品种在销售空间、运输等方面的局限。如蔬菜种植项目，就要解决长途运输和异地销售的短板，从而要在深度加工、存储技术、控制规模等方向上做出投资调整。

村官在有一定创业经历基础上，一般会在社区农户内部推动合作社。这是实现其“初心”——所谓带动农户的重要手段，同时也是村官这个群体不同于一般创业青年的地方，这还在一定程度上体现了“上级组织”对这个创业群体的期待。当然，创业项目进入新阶段，必然要面对内部扩展和外部稳定市场容纳空间的需求，这也是推动村官们以合作社为载体在多层面上拓展项目的重要动机。张颖在初期药材尝试性种植后，开始围绕药材产出和出售，以合作社为平台提供产前、产中、产后的服务，推行“农民 + 合作社 + 市场”模式。她在合作社中长期聘请技术人员，提升了新产品农技对农户的可达性。这样合作社的一个显著效果是，能在短时间内扩大农户对特色农产品的接受度。

与前述精英俱乐部性质的大户联结合作社不同，自主型创业村官推动的社区合作社更多体现为与中小规模农户的联结。这样的趋势在新品种开发型创业中似乎更为明显。这样的倾向，一定程度上与村官创业更可能被赋予的“扶贫”“带动村民”等公共服务属性相关。而从产业介入门槛来讲，相对于既已由社区精英在市场信息、技艺和规模效应等层面上达成事实垄断的成熟品种，新品种在技艺和市场上对社区内民众的机会是相对平等的。而且从人际沟通来讲，大学生村官基本上与村内盘根错节的血缘和大姓网络没有什么瓜葛，一般普通社区民众与其沟通合作，要付出的人际成本和人际风险要小得多。

父辈就曾带动村民合作社的杨国清，在进入合作社管理岗位后，加强了合作组织作为产业服务的供给者的角色，并加强了对当地市场情况的分析，其拓展服务领域的策略是从农户的需求着眼，寻求可以提供合作化服务的方向。杨国济在合作社运营中，就很清楚地计算了当地农户的投入产出情况，并发现农户对安全可靠的马铃薯种子及科学管理有需求。其后着重从对马铃薯产量起关键作用的种子入手，在区域范围内搜寻信誉可靠的种子提供商，并让合作社充当种子提供商与农户间的中介组织。种子品质出现问题，由合作社与公司协商，并主动承担部分赔偿，以降低农户风险。

在服务类创业领域，学生村官们也常利用自身优势，围绕主打产品提供综合服务，提高区域市场的认可度。做农产品综合购销服务平台的霍金磊，以前开过淘宝店的经历成了他提高产品亲和力的有利因素，他还通过为村民提供信息咨询、手机维修、电脑故障排除等辅助性服务，提升了村民对他的信任感。这实际上也形成一种社会学意义上礼物的馈赠。这种多元化的服务产品路线将自己创业与服务村民相结合，具有一定的公益性。同时，借助公共培训，可扩展村民对现代物流运营方式的认识。

需要指出的是，村官创业项目在稳定阶段，各种策略选择与其所能达到的政策导向目标及区域内相关行业积淀有关。如一位尝试综合服务平台的村官表示，其推动电商平台是受到京津冀地区推进的“互联网+”政策的影响。而在另一些创业项目中，村官们则积极寻求与区域内已有特色经营行当的嫁接。

项目从初期的合伙制或单打独斗向纳入更多村民的社区合作或劳动力雇佣阶段迈进，会涉及更复杂的内部管理问题，虽然达到这个层面的村官创业项目相对较少。对于基层创业者，其管理对象就是地地道道的农民，在技术上，特别是对需要一定操作能力的产品深加工工序，如何让缺乏训练的农民准确掌握生产要领，如何将自身的理念变为团队的共识并予以执行，成为下一个很棘手的问题。

八　自我调适

前文已述，目前大部分大学生村官被分配到乡镇一级政府，协助处理日常工作。而在一些已经有成型产业的村庄或缺乏相应资源的村庄，村官并不容易找到个体的创业空间，只能是“融入村庄的整体发展中”。在细碎的工作中，大学生村官常难以感到自身的价值。事实上，从多地了解的情况看，这种状态是大部分村官的“日常状态”。相比于少部分迈开创业第一步的村官，更多的青年村官是作为类似基层文员的角色出现。在这样的角色现实中，越是心中曾有一番抱负、不甘于生命平庸流逝的青年，越会感到迷茫和困惑。在这样的自身期待与现实角色的冲突中，有极少部分人冲破藩篱，走出一条自己的路来；而另外的人，则很大程度上依赖对自身定位的调整，来缓和内心的焦虑感。一位村官这样描写他的心路历程：“我做的工作既没有轰轰烈烈的项目，也没有让人瞩目的成绩，但是能融入农村发展。开始，我有过困惑和迷茫，看不到工作的意义和自己的价值，甚至想过离开……我渐渐发现，村里很多工作都需要我：创建各种村民档案、活动方案以及撰写工作总结需要我；活动现场的拍摄、信息的报送需要我；在网上登录系统才能办理的工作需要我……在各种被需要中，我慢慢明白，其实被需要就是我的价值和意义，只要有价值和意义，平淡中一样能拥有绚丽的人生。”

第二编
新农人看农村*

乡村风景（杨程媛摄）

导言：大学生村官眼中的农村问题：观察与思考

以下导言部分采用的主要素材来自大学生村官对基层认识的自述，笔

* 撰写人：吕程平。

者加以整葺，并结合自己的一些研究和思考，以期为读者提供一个了解北方农村，特别是农村环境问题的概览式介绍。听年轻村官的讨论、读他们写的文字，时而为那些不容回避的问题痛心，时而又为他们深入的思考赞叹。沈原教授说，社会学曾有着悠久的、扎根社区的传统，社会学不应只是做数据分析，更可以成为一种有行动力的学科，这就需要与社会实践相结合。参与下面讨论的大学生村官，大多有自己多年的基层创业实践，而学院训练使他们能更清晰地表达所看到的问题，而更可贵的则是青年对故乡、对农村发展的赤诚之心。

一　化学农业的另一面

20 世纪 80 年代以来，随着所谓绿色革命在中国展开，中国农业生产方式发生了巨大变化。绿色革命一般是指以农药、化肥、高产品种为代表的农业科技在农业生产中的应用。这场农业生产领域的“革命”，发端于 20 世纪 60 年代，依靠政府或大型企业集团资助，实质上是农业这一古老领域生产范式的深刻变化。根据大学生村官在基层的观察，普通农户对化肥、农药、除草剂等的无序施用和高度依赖，导致两方面不容忽视的现象。

第一个方面是对农业生产环境造成危害。虽然化学农技对农作物产量增长有着显著的作用，但缺乏科学指导的无序化肥施用致使土壤板结现象日益严峻，农作物根系生长受阻，保持水分和抗倒伏能力大大下降，遭遇异常天气，很容易出现大面积减产。化肥过量施用还破坏了土壤原有微生物构成等，使当地一些优良的果蔬品种抗病虫害能力下降。而国家早已明令禁止施用的农药，在农村地区仍是大行其道，虫子发生变异，抗药性增强，又加剧了更多农药投入的恶性循环。一些在农村长大的村官，忧心地描写土壤的变化：“记得小时候能用脚踩出大坑的土地已经不复存在了，到处是板结僵硬的土地”，益虫益鸟也基本绝迹。此外，有村官认为，专用性除草剂固定了土地种植品种的生产能力，造成土地施用该除草剂后再也不能种植其他作物，对土地种植结构的深刻影响堪忧。在整体生态层面，化肥过量施用加剧的土壤板结化与除草剂对山区植被的破坏，还加速了内蒙古草原向京津冀过渡的冀北一带地区的沙化现象。

第二个方面是对生产者和消费者健康的危害。在传统农区，土壤常成为各种污染物最终的集结地，90%的污染物最终滞留在土壤内。土壤中的污染物质会向水体中迁移或流失，附着在上面的重金属能够进入大气，并在更大范围对空气、水环境造成污染。从生产端来看，市面上的农药一般含有DDT、六氯化苯、六氯苯、硝基苯酚、二氯苯、氯丹等毒性成分，在施用中，农户几乎没有任何防护措施，常会出现皮肤红肿、晕厥等情况。近些年来，在农村地区高发的偏瘫、心血管疾病等与此不无关系。

年轻的村官指出，基层农户各自为政的生产状态，是导致农业生产化肥、农药无序施用的重要原因。一方面，农资的供应商从自身利益出发，根本不会顾及化肥、农药对农业生产的破坏作用。另一方面，农户生产缺乏科学指导和规划，具有很大的盲目性。事实上，农户对化肥、农药的投入与所带来的边际产出之间的比例，已经很不协调。而在农村推行土壤保护工作，更是遭遇“没人愿意听”的窘境。

从技术社会学角度看，传统农耕过程，需要农业耕作者掌握诸多参与生产过程的信息变量，需要了解土壤、种子及堆肥等信息，在作业中，农家通过在长期经验中形成的多样性技艺信息的存储，[①] 来做出判断。因此其在传统农耕过程中处于关键性地位。需要指出的是，在传统东方农耕生产-信息回流中，作为多样性技艺信息的存储掌握者的“农家”不仅是一个个体概念，而且是基于族群、血缘网络连接的传统社区，往往根据对时令、作物生长规律等信息的判断，开展协作、互助和信息共享。也就是说，村社是作为社区秩序、耕作技艺组织的整体而存在的。

而随着以化肥-农药为代表的技术体系对农业生产方式的介入、替代，农业生产中一套新的生产-信息回流模式形成。农药、化肥、新型种

① 多样性技艺信息的存储：利用此概念来表征直接生产群体特别是熟练劳动力通过长时间的生产实践，大脑记忆系统中积累的对工艺环节和作业变化的信息存储。参见吕程平《技术、制度与劳动发展》，博士学位论文，中国人民大学，2016，第57页。

子等成为这套新型生产信息回流模式的关键技术要素。而这一技术要素所带来的复杂的信息体系却是农业生产者不熟悉的。或者说，在这套生产－信息回流模式中，对生产起关键作用的信息的设计端集中于企业实验室等机构，在这里形成的是一套经过科学话语编码的信息。作为中国农业主要承担者的孤立农户，对作用于自己土壤上的信息及其对土地、周边生态系统的影响，乃至自身的作用机制几乎处于茫然无知的状态。这也就直接导致其在农业生产结构中位置下降，从而在整个农业增加值的利益分享机制中地位下降。已有大量调研显示，在大田作物种植业中，农业生产最大的成本分别由化肥、农药等农资占据，而普通农户一年所得除去如上成本后，则处于几近可以忽略的水平。

以同样属于东亚小农社会的日本经验来看，其农协组织，在农业生产和销售中发挥着举足轻重的作用。农户的生产资料一般通过农协以相对优惠的价格购入，并在施用中得到其指导。这样的广覆盖性农户组织的根本意义在于，在生产技术和产销市场层面上，为农户构建相对平等的博弈地位。从生产技术的社会结构性分析角度来讲，相对于由大型企业控制的现代农业技术，小规模生产者客观上也需要达到一定规模的组织层级，来实现对技术操作的反制和对技术规范制定过程的参与。

二　农村环境及“垃圾围村”问题

当谈到村庄的环境，“苍蝇满天飞，河道垃圾淤积、臭味熏天”是很多村官对“垃圾围村”现象的典型描述。有研究指出，目前我国农村每人每天产生的垃圾量为0.86千克，全国农村每年仅生活垃圾排放量就已逼近3亿吨，为城市生活垃圾产生量的70%～80%。且城乡生活垃圾产生量正分别以8%和10%的速度快速增长。如此快速推进的“垃圾大军”造成河沟水渠水质污染、土壤结构遭到破坏，而无序焚烧垃圾产生的有害气体，又进一步污染了大气。农产品产地的水、土壤和空气的污染给农产品带来的危害更是难以估量。不仅如此，很多曾经山清水秀的“梦里老家”，现在竟垃圾成山、鱼虾绝迹，其在村民健康和精神文化层面造成的伤害，同样不容忽视。

“垃圾围村”成了很多农村地区一个难以解决的痼疾。在村官的叙述中，门前河沟、房前屋后、村子周边的荒地都成了垃圾和污水的排放点。以前孩子们嬉戏的河塘已变黑、变臭。近些年来，农村中各类疾病明显增多，不仅威胁到村民的生命安全，也使整个家庭面临破产的风险，这些都可能与环境污染有关系。虽然建了垃圾池、购买了垃圾桶，可垃圾最终“归宿”在哪里仍是问题。一个无奈但相当普遍的办法是索性将垃圾运到山沟里，“每逢狂风呼起或者大雨倾下，垃圾就被吹到村里，或者被雨水从沟里冲了出来”。

以城市的方案来解决农村垃圾问题，现阶段在地方财力和具体操作上都面临很多实际的困难。以冀北的情况看，农户多分散居住，特别是部分偏远乡村，单家独户甚多，加上交通又不十分方便，有基层工作者形象地说，在农村集中清运处理垃圾可比是“蓝纸上写蓝字，难上加难”。

一些青年村官深刻地认识到，垃圾问题的实质是现代性的无序侵入问题与村社应对能力不足之间的矛盾。“传统的农村社会，生活所产生的垃圾大部分都无毒无害，基本上可以被环境分解。但现在大量的塑料产品、玻璃产品等生活垃圾却无法被降解，造成了农村社区生活垃圾污染严重”。有村官这样描述：“废旧衣物、废旧电器等已堆积成山，有的地方堵塞了河流，发洪水时随着河水流走，这些垃圾在夏天散发出臭气，大量的苍蝇在上面飞，有时也引来一些家畜在附近觅食，导致疾病传播的可能性很大。”

近年来，随着城乡一体化的推进和农村区域资源的开发，大批工矿企业向农村转移。与环境监管力量较为集中的城市相比，广大农村地区环保力量薄弱，再加之一些地方村级组织松散，造成村级公共环境管理出现“真空带”。事实上，根据村官的介绍，当地有些镇级政府也采取了措施，要求村庄垃圾集中堆放，由政府统一运走，但由于缺乏财政支持和法律保障，能正常运转的少之又少。

农村垃圾问题的实质是一种“公共的恶”，即社区内部每个人都可以按照个人便利原则任意弃置垃圾，但其产生的恶，是任何一个成员都要承受的。而公共的恶的解决，也不太可能单纯依靠个体认识和行动的改变。即使大部分成员都意识到这样的公共的恶对自身的伤害，只要不能产生覆盖群体的共同行动，人们仍会延续“自害－互害”的旧有循环。据大学生村官介绍，在一些尝试定点堆放垃圾的村庄，即使只有个别的村民“偷偷”地随意弃置垃圾，仍会让努力前功尽弃。

在现阶段一般农村地区还不可能完全依靠区域财政持续投入来保障外部专业力量的高成本解决的情况下，村社垃圾处理水平实际上是村庄内部秩序的一种折射。从后面介绍的山西永济蒲韩社区的案例来看，以基于团结经济和文化重建的社区合作组织参与社区公共服务，是可以通过一种社区内部自律规范和行为养成的方式，缓解垃圾围村现象的。更为重要的是，这样一种社区行动，是基于对生存处境的社区自觉和共同参与实现的，其实质是一种村社理性的重建。这样一种村社理性，是一种无形的“公共善”，或者说是一种社会资本。从蒲韩社区的实践来看，这样一种社会资本是社区更具普惠性及自主成长的基本条件。而在这种公共善的共同分享中，社区成员更有机会在个体能力和精神上实现成长。

三　乡村秩序与道德危机

随着城乡结构的深刻变革，曾经“守望相助”的乡土社会，却逐渐成为精神文化上的“洼地”，也让那曾浓浓的“乡愁”渐渐模糊。赌博等不良现象在部分农村地区盛行，其背后是农村文化生活的贫乏，显现出城乡之间文化、教育方面的巨大差距。

乡村秩序破碎，道德规范急剧下滑。30余年来，大量农村青壮劳动力到城市地区打工，农村优秀青年则通过考学、入伍等方式离开农村，并最终在城市工作。这样的结构性背景导致农村地区村社荒芜、传统熟人社会网络破碎，村社、家族乃至家庭在教化和社区秩序维持中的作用随之瓦解。王春光研究员在基层调研发现，经典文献中描述的守望相助的村社人际关系，正在显现出“相互不帮忙，甚至相互戕害”的迹象。很多农村工作者描述，在农村地区，传统规范体系濒于崩溃，良风美俗碎片化，村民的自私观念、功利心理等逐渐膨胀，炫富比阔现象十分普遍。此外，“老人无人赡养”“婚姻不牢”等现象也冲击着家庭伦理道德。

乡村治理遭遇“村社共同体”解体困境。在集体观念散失、村社共同体解体的背景下，基层良性治理的实现面临困难重重。良性治理不仅是一种制度设计，更是治理结构与社会资本互动和互塑的过程。即使是同样的治理结构在不同的“民情”（托克维尔语）中，也可能有迥异的表现。一位年轻村官忧心忡忡地写道：“很多农民群众失去信仰，没有敬畏之心，为了利益不讲原则，没有底线。‘有奶就是娘’‘笑贫不笑娼’，只顾自己不顾大家，只求得到不讲奉献。有些群众对待政府和社会只讲权利，不讲义务，‘拿碗吃肉、放筷骂娘’，崇拜强权，喜欢攀比，不分美丑，不讲礼仪，遇事讲‘狠气’，处事争输赢。”

在这样的基层民情中，一些原本良性的政策导向，也会在具体执行中发生扭曲和变形。当下主要依靠财政和经济力量的主流扶贫模式脱离农村社会的整体现状，而以个体为导向的制度设计致使扶贫收益广泛存在“精英俘获”现象。这背后更深层次原因是，在基层农区，正规体系治理的有效程度，严重依赖社会人际关系和族群脉络，而随着传统道德和习俗体系近于崩溃，依附于之上的社区秩序和规范也就无从谈起。各种保障性支持成为人们竞逐的“猎物”。“谁的嗓门大”、势力强，或是谁更接近于分配渠道，而非谁最符合纸面上的配置标准，谁就更有可能成为受益者。在这样的背景下，当代乡村重建所面临的社会困境在某种意义上，相比于20世纪早期兴起的，以梁漱溟、晏阳初先生为代表的乡建先贤推动的乡村建设，更为严峻。

文化生活贫乏、低俗化。一些村庄虽然设立了文化室、图书室等，但据很多本身就是这些文化设施管理员的大学生村官讲，真正来看书的村民寥寥无几。东家长、李家短地聊天，玩扑克，打麻将是村民主要的闲暇活动。在很多农村地区，文化“荒漠化”渐显。一些自利、功利价值观在某些农村地区逐渐完成了对传统村社价值观的替换。

结　语

乡村社会，几千年来一直作为生活、生产及秩序规范维护的综合体而存在，发挥着耕作技艺组织与传承、村社治理与山川维护等功能。然而在推动农业产业化、市场化进程中，本应表里相应的农户组织化却没有跟上。农户在与生产资料市场和农产品销售市场对接中，处于孤立无援的境地，维系村社道德秩序的主体在相当程度上被空置。一种只谈特色农产品、田园景色，而不谈人，特别是不谈一般民众在精神和能力上的成长的趋势在现实情境中成为主流，其表现是环境优美、资源相对丰富的地区在资本大潮中成为外界更多关注的区域，而真正缺乏优势资源的地区及社区中普通人的生活质量却逐渐淡出公众的兴趣视野。

正是在对如上基层农村所面临的种种问题的思考中，我们认识到，服务于农村普通农户的综合性合作组织的发育，仍然是普惠型乡村建设的必然要求，是涉及农户生计发展、安全生产、农民教育、自主意识觉醒，以及基层治理等多方面问题的基本制度设计。在山西永济市寨子村（黄河古蒲坂地，自古人文荟萃），当地村民成立了健康家园理事会等农民自组织，来管理村貌。有了健康家园理事会，不仅垃圾不能随处堆放，一支由村里老年人组成的义务卫生监督队，还会随时检查。正是这样活跃在农村基层的社会组织，保障了农村垃圾处理等公共事务能以一种低成本的方式运行。大家不再“等、靠、要”，而是发挥农村社区特有的社会网络来改变自己的生活面貌。更值得注意的是，这样的社区公共事务供给内嵌于更大规模的农户自组织的生态农业和文化重建之中。希望这样的乡村建设实践为当前农村所面对的诸多问题的解决提供一条可资借鉴的思路。

新农人对话录

交流现场（刘扬摄）

一 农村产业

主持人：大家好！接下来，请大家谈谈自己对农村的认识，我们先从农业发展谈起。大家可以从工作、生活中的经验、体会出发，自由发言就好。希望大家多讲大实话、大白话。

陈晶晶：主持人让我第一个发言，但我说的可能不太符合要求，我想从宏观上谈谈对农业的认识。中国农业当前正在发生大的转型。在经历粮食 12 连增之后，农产品产量问题已经基本得到解决，农业的主要矛盾体现为主粮缺乏价格竞争力、绿色生态产品短缺、供给侧的体制机制不能适应市场和社会发展的需求。广大农户依然是农业生产的主体，拥有土地、劳动力聚集等优势。家庭农场、专业大户、农民合作社、农业企业等新型农业生产主体和提供农机收割、农技养殖服务、互联网电商服务新型服务主体正迸发出新的活力。以土地确权流转为核心的改革正加速推进。农业的专业化、资本化、组织化的程度在不断加深，怎么处理现代农业和普通农户、老年农民的关系越来越成为社会各界关注的问题。中国农业现代化具有不同于美洲、欧洲国家的特征，核心是要处理好具有社会公共品属性的农业及其与农民、政府、市场的关系，发挥好政府和市场的作用，利用好国际市场，在公平和效率之间取得平衡，并从持续推进的新型的城乡关系中找到农业发展的新动能。

周春：我认为地区整体经济发展缓慢，增长乏力，除旅游业以外，缺乏支柱和特色产业。此外，产业转型对当地经济影响也很大，我所在乡镇曾以铁矿为支柱，结构单一，自钢铁价格下跌、国家去产能以来，本地矿山企业相继倒闭，目前仅剩 2 ~ 3 家运营，大量工人下岗，运输业也跟着萧条下来。我们知道，现在农户很大一部分收入来自打工，可以说，产业转型在一定程度上加重了本地的农村经济问题。

主持人：大家可以多结合自己所在地方的具体情况谈谈。

杨程媛：我觉得一个需要注意的问题是，传统农业与特色农业不能紧密有效地结合发展。我在的村是省级贫困村，人均收入不足 2300 元。村子的主要农作物是板栗，板栗属于传统经济作物，每年收获季节价格波动大，一般较便宜，对农民的意义属于满足温饱尚可，富裕难求。目前迫切需要发展特色农业，虽然已经发展了小部分林果采摘园，但是尚未成规模，且效益一般。这一方面是因为农林果树的栽种没有形成特色产业，村里对市场需求反应不敏锐，摸不准市场脉搏；另一方面是因为缺乏高校、农牧等部门的专业指导，即使对新的农作物品种有兴趣，也无从下手，不知道该品种适不适合本地水土气候，不了解种植技术和防病妨害手段。所以农村既需要农业高校立足农村实际的知识性帮助，又需要政府农牧部门的扶持帮助。

杨国清：我来谈一谈吧！农村以土地为本，农产品要走入市场，但是围场地区出现了一个问题，有特色却无品牌。围场地区的马铃薯（土豆）、胡萝卜都是特色产品，但是围场土豆、胡萝卜没一个真正自己的品牌，更谈不上品牌效应。所以我觉得，土豆产区要树立起自己的品牌，提高土豆知名度，并做深加工，通过招商引资等方式促进土豆深加工，生产全粉，提高土豆利用率。这样才能创收，创收是农村发展的当务之急。

肖洋：我是青龙县村官肖洋。刚才大家也说到了，随着经济发展，农产品市场需求向多样化、高品质方向转变。我们村农业产业较单一，以传统水稻、板栗种植为主，许多农民不愿向水产品、蔬菜、花卉等具有价格竞争优势的高效农产品转型。同时，分散经营农户无论是在种植规模上还是在养殖规模上都非常小，未能发挥距城镇较近的地理优势。此外，对结构调整与区域经济布局的结合点把握不够，规模经营没有形成气候，缺少对农副产品的深加工，不能提高板栗等农产品的附加值。

尹宏伟：我也来谈谈自己的认识。首先从承德种植业来说，较之前有了长足进步，大棚种植、特色种植等都有稳定发展，不过相对于发达地区，还有着比较明显的差距。农村经济底子薄弱，有天然的原因，一方面从种植业来说，承德多山，缺少成片的大面积土地，这也就限制了农业种植的机械化进程，大型机器用不了，喷灌设施难以普及，大部分的种植业还存在看天吃饭的情况，收成难以得到保障。大棚种植成本高，产品销路也是难点。特色种植缺乏长期有效的合作伙伴，难以成规模种植。不过随着近年来各方投入的增加，我们这地方的种植业有了一定的起色。同时一些地区逐渐发展了龙头企业、种植基地，这些企业的建立，一定程度上能解决当地百姓就业问题。

闫安：刚才有人提到了，我们这个地区山地多，农田较少，机械化耕作无法实现，农作物基本以玉米为主，原来个别村庄种植水稻，但后来各种因素导致水资源匮乏，水稻已无法种植。我们那里是京津水源地的上游，招商引资有着诸多限制，滦平现有一个张百湾新兴产业园区，入驻企业不成规模，无法形成上下游企业，产业链不够完整，无法给当地增加就业岗位。而且，一些项目很难坚持下来，不管是种植业还是养殖业，缺乏延续性和规模。拿承德怡达山楂来说，从 1989 年开始，人家就一直种山楂、加工山楂，不管市场什么样，都能坚持住，一点一点做起来，已经形成了完整的产业链。而滦平地区主导产业缺失，各企业间缺少联系，无法形成上下游产业链，导致成本增加，影响发展。

孙鑫：我更多从我们村子的情况来谈谈。刚开始到村子，跟村干部们打听村里的情况之后，我从村东头走到西头，又从南头走到北头。我发现这个村庄简直和想象中的完全不一样。这个有着1556人的村庄，都是新民居楼房，村子的公共设施健全，村民的精神风貌也很好。这也颠覆了我以前对农村的认识。

虽然农村有了这些可喜的变化，但是变化背后存在的问题也不容忽视。经过将近一年的村官生涯，我看到了村里还有着很多问题亟待解决。像我们这个靠近县城的农村，产业发展难度大，农户增收难，村集体经济收入微薄，没有上规模的产业或项目落户，产业带动群众发展生产、增加经济收入的能力不强。同时，受传统生产观念的影响，村民依然沿袭传统的小农经济生产模式，村民缺乏科学技术、市场观念淡薄，大多数村民对市场比较陌生，严重阻碍了村民增产增收。除此之外，近城农村还存在耕地面积少、零星分散、质量差、产出低等现象。像我在的村，村里人均耕地面积不到1亩，耕地面积少，土地质量也非常差，粮食产量低，加上基础设施条件差和自然灾害时有发生等因素，土地产出效率非常低。此外，人畜饮水安全没有保障。因地处钼矿边缘，地下水遭到严重污染，对农业生产、农民生活影响极大，曾发生过全村1100余人生活饮水困难的情况。这些问题成了村民心病，也是村两委心头的一个“难疙瘩”。经过大家的不懈努力，多次走访自来水公司，现在村里家家喝上了自来水。目前，已有不少农户转变了生产模式，一小部分人建起了大棚，种植反季节蔬菜，建立起比较完整的生产、销售机制，而且有更多农民了解了政府扶植政策后，也打算加入规模种植的队伍中。

张学梅：我也来谈谈我任职村子的现状。这个村子是个典型的贫困村，贫困成因也有很强的代表性。我们村现有贫困人口553人，占农业人口的56.03%，其中五保户4户5人，占总人口的0.5%，低保户53户56人，占总人口的5.6%。2014年人均纯收入3000元，农户人均纯收入不

夜间交流（刘扬摄）

足 3000 元。该村基本没有抗灾、抗风险能力，农户现金储备极少，生产资料缺乏，群众生活困难，集体经济空白，社会公益事业得不到发展，且基础设施欠账大，暴雨等自然灾害直接威胁群众的生产生活及生命财产安全。村里只有一间文化活动室，并只在夏季组织一些文化娱乐活动，村民的精神文化生活单调、信息闭塞、观念落后。造成我们村贫困的主客观因素主要体现在：一是基础设施建设相对滞后，生产经营投入不足，加之“十年九旱”的自然条件，导致全村贫困程度较周边地区更为严重。此外交通不便、信息闭塞等也导致全村以农为本观念根深蒂固。二是农民增收渠道单一，农业产业效益低下。全村没有形成经济效益较好的产业链条，农民经济收入主要依靠贫瘠的耕地取得。农业结构不合理，秋粮种植面积小，抵御自然风险能力极弱，单纯的种植业收入极为有限。三是农民文化素质偏低，观念落后，发展意识淡薄，接受新技能、新事物能力差，导致扶贫、培训效果不明显，有时产生的边际效应也在一定程度上挫伤了群众搞产业开发的积极性。四是因灾、因病、因残返贫群众多。由村情所决定，有些非贫困农户一旦遇到自然灾害，就会陷入贫困的行列；因农民收入本来就少，家庭成员中，如果有一人患重病，就会致使家庭更加贫困；另外残疾，也是导致少部分家庭贫困的原因。

崔书林：我来自张家口市，国家提出全面建设小康社会，与这个要求相比，我市农村生产力水平还比较落后。要带动农村先进生产力发展，我看有以下三个方面内容：其一必须发挥特色种植的优势，帮助农民增收。其二政府机关应出台一些支持土地流转的政策，因为农业现代化、农村工业化和城镇化是促进农村发展的重要力量。其三是农村信用合作社——这一农民自己的银行，应该推出系列贷款优惠政策，帮助农民脱贫致富，支持农村先进生产力发展。

主持人：大家可以多结合自身所在行业来谈谈。

武殿雄：从我自身所在行业来看，对于养殖业，政府没有形成长效的保护机制，养殖生产的原料和畜禽及其产品的价格时涨时跌，波动较大，养殖户还要承担生产过程中的风险等，养殖利益得不到根本保障。此外，养殖技术非常落后，大多数情况都是人工饲养，机械化程度较低。同时，在农村由于信息的不对称性，很多农户无法掌握市场行情，不能根据市场进行有效的改变，往往根据经验进行养殖，因此很难取得较好的效益。

尹宏伟：我也来谈谈对区域内养殖业的认识。主要特点是规模养殖少，大部分地区还摆脱不了散户养殖的现状，养殖业需要更规范的管理。牛羊的养殖，就本地来说，一直是大部分居民增收的主要手段，但是目前严抓禁牧，使养殖户增加了成本、降低了收益，再加之近两年来牛羊价格直线下降，本地的养殖业面临极大的冲击。散户养殖，不仅会给各地区禁牧造成很大阻力，更不利于村容村貌的及时整治，是很多乡村干部头疼的内容。但村民想提高收入，牛羊的养殖是一个简单有效的手段，而规模化养殖成本太高，一般家庭无法承受，合作社养殖又缺乏相应的规范制约，目前难以普及。所以本地的养殖业处在一个尴尬位置，食之无味，弃之可惜。

杨程媛：我同意尹宏伟讲的，特色养殖不成规模，养殖技术落后是个很突出的问题。承德地形多样，气候适宜，适合多种特色养殖的发展，但我了解的农村养殖还是比较倾向于小农形式的养殖，一家一户，不成规模，就算有的养殖户形成了规模，也由于经营或饲养不够科学，没有充分发挥特色养殖的经济效能。尤其是饲养方法不够科学，集中饲养的家禽远不如农户自己家散养的质量好，所以消费者更愿意花高价购买“老农民自己家养的（家禽）”。养殖户在质量上无法让消费者满意，只能在价格上满足消费者，长此以往形成恶性循环，导致缺少高品质、成规模的特色养殖业。养殖大部分停留在经验上，很少有真正科学的数据评估和机械化投入。二是没有充分利用地形优势，林下经济不发达。我工作的地方，主要是林地，林下经济十分匮乏，林禽、林牧、林菌、林药经济基本空白，尤其是林下菌类养殖一直没有被开发，这是十分可惜的。因为主要被针叶林和野生榛子林覆盖的山林里本身就孕育着大量的菌类，如果能够科学发展林菌经济，不仅可以节约生产成本，而且能够保证产品的品质，具有很强的市场竞争力。

邓振超：我在青龙县做村官，目前，我村各家各户基本都不搞养殖业，只有个别的几个养殖大户从事养殖业，原因在于养殖成本过高，市场价格难以控制，辛辛苦苦一年到头很可能会赔钱。另外，土地流转到少数人手中进行种植或养殖，他们在遇到农产品价低或种植成本高的情况时，丰产不丰收现象比较严重，而且农民搞种植或养殖对资金的需求大，而贷款却很难申请。

主持人：大家讲的情况都很实在！

董凯：我觉得各个地区确实应该结合自己的特点来寻找可以发展的地方，我所在的村是一个地理位置极偏僻的山村，农作物只有玉米，没有其他产业注入。但也正因为如此，它的优势在于保持了原始风貌，无论是村民家中的墙体还是景色，组合起来就像是水墨画一样，美不胜收。我们村在政府的领导下，已经流转了土地 700 多亩，但现在还没有形成一个整体的思路和设计。我们村的农产品都是纯天然无公害的，价格却和市场价差不多。

刘海伟：交通问题也是影响农村发展的一个因素，交通不便可能导致新鲜的产品不能够快速地进入市场。农村有大量的农副产品，却往往运不出去。最新鲜的农副产品往往保质期很短，但是由于交通不便，大量的产品只能自产自销，农民增收的机会就这样失去了。

尹宏伟：刚才有同志提到承德的经济发展，旅游业很关键，我也谈谈自己的认识。旅游业发展，不仅收益颇丰，对农牧手工业的带动作用也很大。别的不说，我所在的村，地处接坝地区，环境恶劣，不利于农牧业的发展，不过每年大量的客流是一个宝贵资源。为了能够有效利用这份资源，今年我村已经陆续建成了路边停车场、农贸集市以及农家院等设施，目前收效还不错。低成本、高回报也让百姓受益，当地的旅游业正在步入正轨。我想说的是，旅游业开发要有多样性，建立完善的附属设施是旅游业开发的必要手段，再配以观光农业、鱼塘、手工业品的加工销售，能形成一个促进当地经济的产业链。

王世凯：我村的农业产品结构也比较单一，农产品竞争力不足、流通渠道狭窄，农民收入不高等问题凸显。我觉得，一方面应合理加强政府对农产品销售的干预，打开农产品销售渠道；另一方面应该从本质上提升本地农产品的，立足当地特色农产品，打造别具一格的农业培植道路。还要不断完善农村信贷体系，强化农业生产的各个环节。

刘月：我插一句，金融机构对农户的小额信贷远远达不到农户需求；手续烦琐，很大一部分农民不懂得流程与相关条例，同时也缺少征信认识。

景硕：我叫景硕，是秦皇岛市青龙满族自治县大学生村官，我说说我们村的情况。我们村也是众多贫困村中很普通的一个，主要以林果业为主要经济来源，苹果有富士、国光，还有板栗、安梨，以及少量山楂。主要农作物是玉米，还有少数谷物豆类。依山靠山，家家户户都有果树，但是每年的收入却不见提高。一方面，村里因为水资源匮乏，每到干旱季节，果树得不到有效灌溉，坐果率大大降低。另一方面，由于全国经济形势的影响，农产品出现滞销问题，果农们得不到预期的收入。我们村属于“十二五”时期脱贫巩固提升村，今年有我县交通局驻村扶贫，给我村带来很大变化。为了推进老果园改造工程、解决果园灌溉用水问题，我村修建了扬水站、水井等设施。

农产品滞销问题近几年一直存在，我分析本村苹果卖不出有两个原因：一是苹果树管理不到位，每年冬季，乡亲们给苹果树剪枝是一项重活，家家户户闲不着，但每年的剪枝方法都是从前的老旧手法，没有更新过。二是苹果树的品种太过陈旧，想在观念上让大伙转变，但是行动起来很有难度，长了很多年的果树，说砍就砍，恐怕没有人会这么做。就这样年复一年，一直到现在，从前市场经济情况好的时候，不会太影响；但是现状告诉我们，引进新品种、打造好品质，才是出路。

刘竞泽：经常在下边跑，感觉不同区域村庄之间的差异还是蛮大的。虽然我们有许多农村的经济都取得了长足的发展，可是仍有很多农村的经济水平上不去，这种情况在本地区范围内就很明显。有的村经济发达，比如滦平的周台子村，是全国知名的村子；可是有的村却依然贫困不堪，甚至村里的许多村民连最起码的温饱都无法解决。造成这种情况的原因之一就是村里的经济结构单一。

段书娟：确实，一个地方区域产业结构变化对民众生活影响也是很大的。青龙县过去几年靠矿业发展经济，随之县域消费水平提升，街道上出现了好多奥迪、丰田霸道、路虎、奔驰等豪车，很多农村人到县城买房，送孩子到县城小学读书，县城的消费水平甚至达到三线城市水平。然而，这两年国家执行新的政策，铁矿业失去了以往的光彩。很明显的，我县的经济受到很大的影响，屡屡听见有人供养不起豪车而转手卖掉；我居住的小区，甚至有 40 多户村民还不起贷款，被物业工作人员断电。我所工作的村以前也是矿产丰富的村，很多村民因矿业受益，盖起了二层洋楼，而现在由于矿业不景气，一些二层楼房盖到一半就盖不下去了。

二　村庄创业

梁晓晴：我来谈一点带动农户的感受。感觉带农户一起做事比较困难，基层工作开展难度大，就算是有好政策、好项目，也很难被基层群众认可，除非自己做出表率，而且获得了可观的利润，才能引导大家一起做事，但有时又会出现盲目跟风现象。

孙鑫：这些在客观方面也存在很大的问题，从农民自身方面看也折射出一些问题。例如农民自身自主提高的积极性严重不足。像村里有占地款发放，虽然表面上看农民的腰包鼓了些，却滋生着“小富即安”的心理，可老百姓能够吃几年呢？（土地被征占地区）农户生活如何经营、如何维持是一个很值得思考的问题。再者农村人口老龄化趋势加深，有人力、财力的年轻人一般在外工作，老人留守、儿童留守现象严重。农村妇女群体庞大，娱乐文化生活却单调枯燥，平时大都跳广场舞、哄孩子，人力利用率低，整体文化素质偏低，也导致创业实践能力不足。

主持人：刚才大家说的留守儿童问题，我们后面会有一个专门的讨论会。

胥秀峰：规模化农业不适合丘陵山区，这里的农业承载着大量的就业与生存功能。大农业时代在一定程度上解放了农民生产力，用一小部分农业技术工人结合农业机械实现大农场化农业，有些60岁左右的失业农民是无法完成再就业的。所以在制定农业政策时，要保护小型农业的健康发展，这也是稳定农村社会的关键。

李超男：胥大哥分析得真是入木三分，句句说到要害。前天我们在村里开了小组会，希望带动百姓推进产业转型，害怕小组长传达不到位，今天又开了社员会。村里帮助百姓解决苗木、管理、技术、销售等问题，可还是有很多人不肯放弃种玉米，尤其是那些老农户。

胥秀峰：现在的这批老农户经历过数次政策调整，而政策调整的结果往往是少数人挣钱、大部分不挣钱。久而久之他们就形成了自己的认识和世界观，不听宣传、不听指导，但是有一点——他们相信赚了钱的榜样人物，榜样的力量是无穷的。

主持人：胥大哥讲的农民行事逻辑，让人感悟很深，使我想起了日本导演黑泽明《七武士》里农民的自白。

朱海涛：为什么老百姓老是受穷，就是因为他们总是按老的种植模式、旧的种植观念种植老品种，就是不愿意接受新鲜事物、新的理念和新的品种，所以他们最终会被社会淘汰。还有老百姓是最现实的，他看不到成功就不会轻易改变，可他们等别人成功后再去效仿时已经落后很远了。风险和回报是并存的，要想得到大的回报就必须有前瞻性，就必须在别人之前想到、做到，永远跟着别人走就会永远贫穷。

主持人：这里我稍微补充一些认识，根据清华大学社会学系ⅰ侬团队的一份调查，“资金筹措、产品销售、生产技术”是当前小规模农业创业者面临的三个最突出的问题。在沿海产业向海外转移、大学生城市就业困难、城市生活成本不断升高等因素共同作用下，在中国已经形成了一个数量庞大的潜在返乡群体。他们的共同特征是：“年轻，一般为30岁以下”“难以适应城市生活，感到未来还是要回到故乡”“虽然生在农村，但对农产品市场、农业技术、农村社会缺乏了解”“有一定创业资金，也在考量各种途径，但政策信息、创业资源信息严重缺乏”。这也就注定了乡村创业既可能是蓝海，也可能是深渊，同时也凸显为这个群体提供服务的重要性。

李慧颖：我也谈谈在这方面的感受，其实村民想自己创业，可又不敢创业。村民的钱，都是辛辛苦苦打工挣来的血汗钱，而创业则需要投入一定的资金作为前期的资本。扪心自问，谁愿意每天辛辛苦苦、加班加点给别人打工？谁不愿意多挣点儿钱？然而，缺乏文化知识、缺乏技术手段的村民，把握不好市场发展的方向，不知道创业究竟应该从何处着手，不知道创业的人脉关系、产品销路应该从何而来。他们没有足够的高度和眼界去看到中国社会未来的发展方向，他们没有足够的知识及资源去了解科技前沿的新事物，只是凭借着他们能够看到的、听到的，比如谁做了什么、赚了多少钱，盲目地选择跟风，而这恰恰又会导致他们在投入大量的资金后收效甚微。虽然我们也经常会在电视上或是新闻上看到一些农民朋友研究出来新东西，但这类人毕竟只是少数，他们更多的技术是来源于多年的实践而非课本知识，自身知识水平的局限性和惰性也阻碍了他们创新观点和想法。同时，形形色色的创业培训虽然开展数量较多，但质量很难保障。以至于村民只能眼巴巴地看着“大众创业、万众创新”这个“大饼”，望而却步。

朱海涛：我是张家口地区一名致富带头人，在家乡做了一些循环农业的尝试。可以说，现在城市对有机农产品需求很大，但为什么有机农业、循环农业举步维艰？为什么好多都半途而废了？我想主要有两个原因。

一是投入大，有机农业首先是不能用化肥、农药、除草剂等化学制剂，而改用有机化肥，但见效慢，人力投入大。不用除草剂就得全部人工除草，人工费用太高；生物制剂效果不明显，病虫害还是很多，而且费用过高。

二是市场很难接受，因有机农业投入大、产出小，所以销售价格偏高，普通消费者很难接受。

我觉得，做有机农业其实靠大型农场来实现可能性不大。

一是大型农场主在土地、机械、人力、生产资料各个方面投入都很大，而产出却少，没有回报是没有人愿意去做的。

二是因为常年使用封底除草剂，还有化肥已经把土壤污染，土地已经是病态状，想要长出绿色的食品必须要有健康的土地才行。但土壤恢复健康状态可能需要四五年的时间，而这么长时间只投入不赚钱，大型农场是很难维持的。所以说大型农场是很难做到的，最起码短期内是不可能的。

如果让老百姓各家各户自己来做就有可能实现，首先农户的土地都是分开的，不在一块，这样土地就可以轮做。可以先拿出一半土地来种植有机作物，这样也可以分担一部分损失。要想发展农户做有机农业，需要建立长效机制。

一是要建立农作物的秸秆还田奖励制度。秸秆还田能改善土壤结构，但有的地区是通过收割机把秸秆粉碎还田的，这样秸秆没有经过发酵腐烂直接埋入土里，第二年播种时种子不能很好地和土壤结合，导致发芽率不高。有的地区则是全部焚烧，导致空气污染严重。一个可以尝试的办法是每个村至少建一个秸秆生物有机肥生产公司，公司把每家每户都吸纳为股东或会员，秋天时农户把自家的所有秸秆送到公司做有机无害化处理，或做成相关产品；第二年农户可以从公司免费或少付费领取有机肥，还可以领取公司的销售红利。而有机农业或生物有机肥企业都是微利或无利的，国家必须有一些持久的扶持奖励政策，鼓励公司发展。

二是政府应以政策形式要求农户每年必须施用一定量的生物有机肥，使农户从少用化肥，到慢慢不用化肥，再到全部用有机肥，形成一个良好的习惯。而每年农户种出的产品要做一个检测，达标的可以得到政府和公司的奖励。

三是每个村可以分成多个组，以十户或二十户为一组，组长一定要由组员选出，不能委派，再选出几个副组长来协助工作。组长负责监督每个农户的生产，每年秋天要组织小组评比，优秀的，除村里奖励外，还可上报县里，甚至向市里、省里申请嘉奖。受到嘉奖的小组必须将奖励分给每个农户（由村里监督员监督）或在村级公开大会上发放奖励。这样便会让每个农户都有一颗积极向上的心。

夜间交流（刘扬摄）

其实绿色农业就是一个循环农业，农民把秸秆交给公司，公司可以拿秸秆做有机肥，还可以用秸秆种植食用菌，废掉的菌棒又可以发酵作为肥料用于改善土壤，此外，将秸秆做成蚯蚓有机肥，养出的蚯蚓可以用来做成高蛋白质饲料或直接投喂鱼类以及散养的家禽，农户把家禽放养在自家的地里，家禽的粪便又是农作物很好的有机肥，这样就形成一个良性的循环。

三 农业生产

胥秀峰：其实农业是一个高级学科，人一辈子可以念好几所大学却学习不了所有的农业知识。我觉得，要解决好农村发展的问题，扶贫攻坚的顶层设计很重要。从我自己在基层的思考，农村贫穷的根本原因，很重要的一方面是缺乏真正懂农业、干农业的人才。

主持人：农民的教育、专业农民的培养和农民的组织化是很重要的事情。

梁晓晴：农民教育是首要问题。现在很多农民思想相对陈旧，对新事物接受过慢。农村人口组成出现年龄上的失衡，年轻人大多不在家从事农业，使农村失去了活力，导致新的农业知识、农业科技很难得以推广。老年人思想保守，经历过生产队、“大锅饭”，也经历过分地单干，跟老年人说土地流转，他们一般都不愿意接受。应该给农村注入新活力，特别应注重科技兴农。

主持人：人的教育问题确实是根本性的问题。

杜平：刚才大家谈到的一般农民不愿意、不敢创业，农户经营能力不高等问题，与农业组织化程度低有很大关系。要提高农业抗风险能力和经营水平，就要有农业合作组织为农户提供多方面的支持，如技术支持、资金支持等。靠小农户自己去跑市场、搞懂技术、筹措资金实在是太难了，也不现实。但是现在很多专业合作社，据我所知，基本是几个大户做起来的，起不到带动一般小农户的作用，无法发挥合作社应有的互助合作意义。每年媒体都会报道一些农产品滞销而造成小农户一年劳作血本无归的事情，其实这正是农业组织化程度低而将农户直接暴露在市场波动中的后果，是农业发展水平低的表现。

梁晓晴：还有一点，就是在基层搞农业项目融资难、贷款难，金融机构只对房地产感兴趣，这对农业发展是很大的束缚。政府对金融机构有引导，但政府也不能做担保，所以金融机构不买账也是常有的事。

主持人：梁晓晴补充这点是很重要的，刚才大家谈得不多。推动小农户的组织化，一直是乡村建设的重要内容。其实日本、韩国和我国台湾农村发展中很重要的一点就是农民的组织化。虽然那里也是以家庭小农户为主体，但综合农协在农产品销售、农资购买、保护农民权益等方面都发挥了很大作用。

朱海涛：农村借贷确实很难，而且额度小，比如想建的养殖场从面积和规模上都不小，就因为是设施农用地，土地局不给设施农用地出证件，只有批文，银行都不给办理贷款。我们小微企业真是有点举步维艰。

门海：我从区域致富带头人整体状况来谈谈。一是总量小，比如蔚县有 52.8 万人口，致富带头人只有 1158 人，只占总人口的 0.2%。二是产业层次低，在种养业方面，种植养殖面积小，分布零星，不能集中连片，形不成规模；在生产经营服务方面，主要从事简单的商品销售，业态不丰富；在加工方面，大多是家庭作坊式的工厂，加工的产品档次低。三是抗风险能力较差，缺乏把产业做大做强、发展规模经济的意识，不注重资本的积累，不注重建立自己的销售渠道，一旦市场供求发生变化，很难抵御市场风险。四是制约因素较多，主要是一些农村基础设施建设滞后，贷款难、信息不灵、技术缺乏的问题也普遍存在。

胥秀峰：我是做小型农机开发的，我着重从这个方面谈谈。毛主席曾经说过，农业的根本出路在于机械化。现在农机行业虽然蓬勃发展了，每年国家对农机的补贴投入力度都很大，但农机的使用者只是在无序购机，且好多农机功能单一，搁置几年也收不回投资，本想投资农机致富的农民没想到却陷了进去。现在农民都在产业结构上进行着自我调整，有半农半工的，有半农半商的，也有种养结合的。农民如何经营自己的农田？是雇用农机户的大农机还是发展自己的微小型农业机械？相信各种情况都是有可能的。目前大中型农机合作社需要进行市场整合，共享信息，加强功能配置，以适应市场需求，适当的时候可流转土地成立农场。普通的农户可通过更换不同的机器配置实现一机多能化及整年使用。

胥秀峰：另外，我还想谈谈对农产品市场国际化的认识。把中国农民直接抛进国际竞争市场，和有着上百年农业积累的国外资本家同台竞技，有国家补贴的农企也许能上去走几个回合，一般农民还没有进场就已经退场了。农民其实是最需要社会关注的阶层。

四 农产品价格

董翠英：说到农产品价格，我所任职的村镇主要以板栗、山楂、核桃等果树种植为主要经济来源，所以农产品价格的高低直接关系着当地农民的家庭收入。市面上的板栗、山楂、核桃等农产品的加工品价格不能说是特别高，但是像板栗、核桃的加工品的单价也能达到20元以上，果丹皮等山楂制品也能达到8元以上，尤其是被冠上知名品牌商标时价格更高。然而，作为板栗、山楂、核桃的果树种植者的农民，他们不具有深加工的能力，他们所卖出的板栗、核桃相当于原材料，再加上没有直销出路，一般由大小商贩一层层下来收买，经过层层利润盘剥，果农们卖出的果子价格特别低，近几年板栗平均五六元一斤，山楂平均0.2元一斤。农产品收购价格低，一方面是由于缺乏深加工，另一方面也是商贩层层下压价格的结果。农产品没有固定的商贩直接收购，没有合理销售渠道，导致农产品收购价格低，农民收入有限，农村经济欠发达。

主持人：董翠英能结合自己掌握的数据说话，挺好。

刘竞泽：我接着董翠英说，觉得要注意一个农产品价格分化的现象。一方面是在超市等平台中农产品价格过高，现在我们走进超市，去卖菜的地方走一圈，有些菜的价格真的很贵，有时候买几根黄瓜就要20多元。而且，我们从电视和网上也经常看到“蒜你狠”等令人恼火的消息。这些农产品价格的上涨，对普通群众特别是低收入群众的生活产生了特别大的影响，同时强化了人们的通货预期，不利于经济的健康发展。而另一方面是农产品的初始价格过低。虽然市场的农产品价格高，但是在农村，一些农产品的初始价格、收购价格却很低，有的低得让人难以接受。农产品初始价格的偏低，严重降低了农民的种植意愿，使一些农民开始放弃种植土地，走上外出务工之路，从而使农村劳动力逐步丧失，土地撂荒严重。

主持人：我觉得收购价格低还加重了农户对农产品的粗放经营。而且要看到，普通农户被中间商盘剥的现象更深层的问题是缺乏代表农户利益、参与市场博弈的经济组织。

朱海涛：就我们当地而言，之前种植梨树，现在种植葡萄，这些都是多年生植物，而且种植的前几年光投入根本没有什么回报。种植第四年开始挂果，七八年才到丰产期，这样一个漫长的过程投资大、回报低，何况葡萄还有病害、老化等情况，如果农民重新种植又要从头再来，这样就太浪费资金、时间和精力了。种植品种的单一会导致市场抗风险能力的降低，像现在连续两年市场不景气就出现了大面积的土地撂荒现象，明年会更多。要想改变这种状况必须转变思路，扩大品种并与深加工相结合，改变农产品对批发市场的依赖。

五　土地流转

朱海涛：国家推行土地流转政策，是想实现机械化种植，节约人力去创业。我认为机械化种植需要在大面积的平整土地上进行，而在我们那里，土地不平整，一垄地和一垄地之间有的能有一米多的落差，机械化很难实现，所以我个人认为土地流转要因地制宜。

李超男：由于地区特殊的地理环境，山多地少，又被大山隔断，交通闭塞，每家每户只有几亩地的现象很正常，并且不成片，这给规模生产、产业发展造成了很大的障碍，更是难以改变传统种植结构。远的不说，就拿我们村来说吧，村里最集中连片的地也就 50 多亩，分到各家各户，有的才几分地，被分割得非常零散，个别种植户还将庄稼种植到路上，给生产和作业造成了麻烦，我父母都抱怨："土地不流转，什么事都干不成。"还有，刚才有朋友讲过的，我觉得农村信贷问题同样应当得到关注，一些有头脑的农民想做事、敢干事，但是迫于资金问题，贷款又贷不出来，所以无法实施。再有是特色种养殖问题，农村需要特色的种养殖项目，普通的种养殖产品无法有力地占据市场。

刘月：农民小农意识仍然严重，对农村土地流转起着阻碍作用。现在许多农民经济相对独立，同时很少与乡、村、组打交道，形成了一种思想闭塞、很少关心外界事物的思维，也形成了一种“穷得富不得”的思想，看到谁家先富起来就“眼红”。于是一方面是自我安慰，另一方面是设法阻碍别人发展，特别是在家的这些农民，他们所见的世面小，思想更为狭隘。加之人均耕地的减少，农民认为土地是块宝，舍不得拿出来流转。

李芳：接着刚才超男讲的，我也说说农村土地流转问题。现在村里土地都是分到每户人家，一户有个三五亩地，但是被分得四分五裂，一片连片的土地被分成你一块他一块的，可能这三五亩地在十多个地方。这样的不连片，造成什么项目都搞不了。比如你想租10亩地搞个种植，可能这10亩地涉及十几户甚至几十户，一下子租下来很困难。因为你还得解决纠纷，碰到一家子不讲理的就是不租给你，他们家地还在中心或关键位置，那就彻底废了。从另一个方面，有户人家本打算弄几亩地种别的东西，但自己家的地又不在一起，这种点那种点不值得，到最后也只好作罢，什么都不干了，大家一起种玉米省心。这一土地问题也是农业项目不好在百姓里推广的重大问题，也是我遇到的问题，不知道怎么解决。

六　农业生态

主持人：下面这个板块，我们谈谈农业生态的现状。大家觉得当前农业生产与生态安全的关系中面临的主要问题有哪些？如农药化肥的过度施用、土壤退化、益虫益鸟消失、地下水位下降、水系干涸等都可以谈谈。

武殿雄：这点我确实深有感触。因为30多年来化肥、农药的大量施用，造成了水质净化难等很多环境问题。20世纪80年代以后，我国由于受西方农业的影响，片面追求高能量的投入，形成了高投入、高产出、高污染的生产模式，化肥、农药开始被大量施用。我看过一些统计资料，化学肥料、农药的大量施用，并渗入浅层地下水中，使地下水硝酸盐含量增

夜间交流（刘扬摄）

加，加重了水质的污染，造成水质净化出现了新的难度。土壤污染的总体形势相当严峻。在很大程度上，土壤成为各种污染物最终的集结地，90%的污染物最终滞留在土壤内。土壤中的污染物质会向水体中迁移或流失，附着在上面的重金属能够进入大气，通过大气环流在全球范围内进行流动。土壤中的有害物质不仅通过食物和水体影响人体健康，重金属元素还会附着在土壤颗粒上，进入大气，通过呼吸系统进入人体。土壤污染不同于大气污染和水污染，直接关系到地表水体和地下水安全，可能导致粮食、蔬菜等食物品质下降，影响人体健康。

主持人：武总从总体上为我们展示了农业污染特别是土地污染的状况，真是很让人忧心。

刘美霞：关于这个话题，我也有很多感触。生在农村，长在农村，工作也在农村，一路走来，接触最多的便是农民以及他们赖以生存的土地。儿时的记忆里，都是骑着黄牛和父母一起下地，黄牛驮着满筐的家畜粪便，而这些是每家每户最宝贵的东西。因为有它，每亩地才能多打粮。每年秋天，等到所有的庄稼都收获之后，还需要一项特别伟大的工程便是堆肥。然而，随着发展，现在农民种地再也不用农家肥，再也不用黄牛，而家里的农家肥也再无用武之地。

随着农业的工业化、科技化，农药、化肥开始被大量施用。农药可以马上见效，施用化肥也可暂时迅速增加产量，而且很方便，用不着像施绿肥和粪肥那样费劲。但是，我个人认为，施用农药和化肥的危害现在已十分明显。

现在农民种地很幸福、很简单，春天都不用翻地，只要把化肥一撒，种子一种，除草剂一打，等着秋天收玉米就可以了。这是我所在的村里一位老伯跟我说的，说以前种地很累，却收成一般，现在随随便便就能一亩地打个800~1000斤。听了这些话，我不知道是该高兴还是该伤心。记得一次去一家农户的田里测土壤，用一个铲子根本就铲不起土壤来，费了好大劲，才弄了一包土，土壤的板结程度远远超出了我的预料。

土壤的板结有很大的危害。化肥施用使土壤板结，致使庄稼的根系生长受阻，保持水分的能力大大下降，庄稼更不耐旱。一旦天气干燥，很容易造成大面积减产。农家肥含有很多有生命的微生物，这些微生物在生存和繁殖的过程中，能分化沙粒和岩石，使土质疏松，从而更好地保持水分。另外，庄稼的根系不发达，致使庄稼的抗倒伏能力下降，每到雷雨天气，总有一大批庄稼因为刮风而倒伏，造成减产。

化肥的过量使用，导致农田的土质普遍受到破坏，也损耗了土壤中的有机物。土质的破坏降低了土壤肥力。现在我所工作的镇，以前是红星苹果主产地，享誉全国。然而现在，苹果树腐烂病越来越多，基本已经绝迹。有的苹果树先从根上烂掉，不久整株树由根到枝慢慢死掉。其原因主要是这20多年来过多地依赖化肥，使土壤养分缺乏，成分单一，不能抵抗害虫的侵害。以前，多施用绿肥及家畜（猪、牛、羊等）、人的粪肥，较为多样，有机质丰富。富含微生物的粪肥、绿肥能分解地里的一些矿物质，被植物的细根吸收，这样不但使土壤保护得好，还使农作物富有营养。

更严重的后果是土壤板结导致水土流失严重。板结的土壤没有农作物根系的固定，一旦遇到大雨天气，水土流失非常严重。而且流失的土壤会流到河流中，污染河水，并进入地下水中，被人饮用后，对人的身体也会造成非常严重的伤害。

朱海涛：化肥、农药以及畜禽类违禁药品的过度使用都会给人体造成很大的伤害。而农民过度施用农药、化肥有时候也是城市消费者的需求给逼出来的，比如，城市人在超市买水果要求个大、光亮、颜色鲜艳，可他们哪里知道这些都是化肥催出来的，光亮是用蜡做出来的。农户为了满足收购商的要求只能不断地往农产品上面喷洒农药来灭虫。

蔬菜也是一样，如果不是 3 ~5 天就打一次农药，就会出现病虫害，城市人就不会买。还有猪肉，以前农民用整整一年的时间才能把猪养到 200 斤左右，而现在养殖猪四个月就能出栏，难道人们真的以为这些猪是精心饲养出来的吗？其实那都是饲料添加剂和激素的“功劳”，还有瘦肉猪也多是瘦肉精的“杰作”。以前一年能养成的鸡，现在 40 天就上市了。人们不是不清楚，有时候是一种无奈，因为不吃这些就只能自己去种地或养家禽了。

主持人：说得很好，要改变食品安全的现状，一方面在农业生产端要有更多的监督，另一方面在农产品消费端也要对消费者进行教育。一种消费市场倾向的形成往往是消费端和生产端共同作用的结果。

杜平：化肥、农药过度施用的背后，很大程度上是农业生产、销售的无序化。施用多少化肥、农药没有标准，农产品是否超标缺乏在初始端的监督、检测，农户还要直接面对收购中间商。我想，这些都需要农业合作组织在市场、技术等方面为农户提供综合服务。2017 年中央一号文件提出要“积极发展生产、供销、信用三位一体综合合作”，这是个很有深刻内涵的提法。我们需要寻找如今农业面临的众多问题在制度供给上的原因。

周春：在农村工作的这三年，通过对我村的走访与调查，我觉得以玉米为主要经济作物的地区，都大量使用除草剂，而除草剂对水源的污染比较严重。化肥施用量也比较大，土地板结现象很严重，在我村甚至出现了沙化现象。这片区域是内蒙古草原向京津冀过渡地区，沙化现象的出现很是让人担忧。不过，相比农业生产，我觉得工业生产对地下水位下降的影响更为严重。听村民说，自从矿厂落户我村这10来年，以前2米多深的井现在都干涸了，再打井比过去要深好几米了。

赵杰：我是青龙县的大学生村官，我也觉得地下水位下降是很需要重视的问题。我们村有种植水稻的，在灌溉的时候两台水泵几天不断地抽水，一口直径5米左右，深四五十米的井，经常被抽干，过去打半腰深的井就能出水，现在都得打平均20米才能见到水。

基层风貌（宋佳摄）

梁晓晴：我也谈谈农药化肥施用过度问题。我所在地区对农药化肥的施用是相当多的，由于各村以种植板栗、核桃、山楂等果树为主要经济来源，这些果树又易生虫，且为了秋收方便，果树种植地多以百草枯等农药除草。而常年施用农药的结果是害虫逐渐变异，抗药性变强，果实味道也不如几年前、十几年前。以板栗为例，如今的板栗被虫蛀的变少了，味道也不如以前的甜了。从整体上看，生态环境破坏越来越严重，农业生产资料提供商、技术员只看利润，很难去考虑化学肥料对土壤的破坏。目前张家口市各县土壤均出现碱性化。而农户因自己缺乏专业知识，仍大量投入化肥，但带来的增收效果却很有限。在基层开展土壤保护工作，没人愿意听，因为土壤改良过程至少需要三年，而这三年农作物有适应期，导致产量下降，农户收入降低，所以容易形成土壤污染的恶性循环。

董翠英：我也接着谈谈土壤退化问题。我们地区，早些年因为板栗价格相对比较高，村民为增收致富，大量开山种植板栗树。如今，各山均布满绿油油的板栗树。而板栗树本身，并无防风固沙之效，且板栗树在生长过程中大量吸取土壤养分，多年种植板栗树，极易导致土壤贫瘠和水土流失。

李超男：农药、化肥过度施用已经成为一种常态，这和百姓们的安全意识淡薄有很大关系。更让人觉得恐怖的是除草剂的频繁使用，农民们为了简化劳作，几乎已经离不开除草剂了。记得小时候能用脚踩出大坑的土地已经不复存在了，到处是板结僵硬的土地。还有农药的施用，前几日有位老大爷说他家榛子树的叶子长虫子，我便建议他打些高效低毒的药，他不假思索地问“氧化乐果行不”，幸亏我给制止住了，说实话这种国家禁止施用的药，真正的使用者不仅根本不知道已被禁用，还可以买得到。至于地下水位下降和水系干涸，也不是一年两年的事了，连年干旱是一方面原因，另一方面原因就是工业用水量很大，掏空了地下水。

刘美霞：我再接着谈谈农药大量施用的危害。大量施用的农药中，主要的成分有 DDT、六氯化苯、六氯苯、硝基苯酚、二氯苯、氯丹等，还有溶解这些药物的溶剂，这些都是有毒物质，会残留在人的身体里，严重地损害人们的身体健康。

比较突出的是，打农药时农民皮肤中毒和脑中毒现象严重。现在，几乎所有的农民都会选择除草剂，在庄稼成长期内不止一次地打除草剂，而且在打农药的过程中，农民几乎没有任何保护措施，尤其是夏季大热天时，容易出现皮肤红肿、头疼头晕等现象，这便是农药中毒，可是农民却不知道，只当是中暑，以为休息一下就好了。

更严重的是，长期接触农药或者吃含有农药的产品，可能导致脑溢血、脑血栓等急性病。这些年来，村里有很多的人死于这些急性病，而且现在得癌症死亡的，基本已不算什么稀奇事情。这跟长期接触农药以及食用含有农药的产品不无关系。

长时间施用农药和化肥，使一些动物和植物灭绝，而另一部分发生变异，很多杂草现在用除草剂也不管用。年年打，年年除，却一年比一年凶。而现在农业过多地依赖农药和化肥，使农作物的抗性越来越弱，就要用越来越多的化肥，必须打有毒素的农药。从长远看，这直接危及农民直至整个人类自身的健康，影响到农业的可持续性发展。

现在，我在做绿色无公害野菜种植，可是在种植过程中，这些问题也很难得到解决，特别是土壤的板结，使我们的野菜种植难度非常大，不得不放弃现有的土地而去选择新开荒地，这无形中增加了前期的投入。而且，现在土壤的抗性非常低，如果单纯地施用菌肥，野菜很难长得壮。很多害虫已经变异，用一般的杀虫剂根本无法杀死，致使我们在遇到虫害时，不得不施用农药，为绿色无公害蔬菜的种植增加了难度。

现在的人们健康观念越来越强，越来越多的人愿意花高价购买绿色的有机食品。所以将来的农业一定要朝着绿色、健康的方向发展。我真的希望将来有一天，我们能再回到过去，用最原始的方法种植农作物。

张学梅：我觉得刚才大家谈的真是很深刻，我也很震撼！我这里再补充一个侧面。农业生产与生态安全存在矛盾，食用菌香菇种植进入我村已有一年时间，村民已经掌握相关的种植技术，但眼下食用菌的菌棒是由柞椤树树干等粉碎后发酵制成，此种做法对山林毁伤较大，很不利于生态建设。食用菌种植在其他各村都存在此问题，解决此问题就需要向外引进食用菌发酵材料。如果能在农作物秸秆上取材就需要相关技术，农作物秸秆的合理利用还能解决春秋两季焚烧秸秆污染环境的问题。

胥秀峰：农产品生产中科技带来的懒人效应，化肥农药除草剂过度施用带来的副作用已经超出了它的主作用。近些年，农产品过剩，价格低迷，丰产不丰收，加之不时出现的自然灾害困扰着每一位农业经营者。对化肥的过度依赖造成土壤有机质急剧下降，农产品质量、口味也严重下降。农药的无限制使用造成害虫越治越厉害，农药残留越来越高已经严重影响到全民的身体健康，除草剂的使用毁田坏地，某些专用除草剂更是固定了土地种植品种的生产能力，造成土地使用该除草剂后再也不能种植其他作物。

我们必须认识到，农业的发展不是采矿行为挖走完事，它需要的是可持续良性发展，需要农村各种组织相互配合、共同协作。这其中包括有机肥制备和普遍施用，还有就是秸秆如何处理、谁来处理、处理企业或者个人有什么优惠政策。不要用罚款来堵治环境污染问题，要引导创业农民利用好秸秆，搞秸秆养殖和有机肥料加工，提倡开发利用秸秆种植食用菌的项目。病虫害的防治要综合考虑，尽量多使用机械化物理除草，逐步取消化学除草剂，除草剂的使用弊大于利，这方面农民是深有感触的。许多农民因乱用农药、除草剂，给自己的健康造成伤害。

朱海涛：对农药化肥的大量无序施用，也与现在农村依赖打工经济有关。如果不出去打工，很难维持正常的生活，所以能外出务工的都走了，留在家里务农的都是老人妇女，不可能对农业精耕细作，只能找方便的办法，导致大量使用除草剂。农药残留渗入土壤导致土地好多年种什么都不长，以前施用的农家肥也都被化肥所代替。

主持人：我也谈谈我自己的认识，美国有一位很有名的社会学家叫米尔斯，他在《社会学的想像力》里说，要看到社会问题后边的宏观背景。我们现在讨论个体农户滥用农药、化肥，其实一个很重要的原因是，农户没有得到指导，没人告诉他怎样合理地施用农药、化肥。这里就有一个农户组织化的问题。

宋佳：我要说的一点是农村土地养分严重流失。所谓有机，在广大农村也许已经没有存在的痕迹，每年春季播种之时，都能看见整车的化肥、农药停在村里售卖。这些化学产品也是保证现代农产品产量的基本因素，但是产量有了，土地养分却没了，土壤板结也日益严重。现代农业快速发展，对数量要求严格，却忽略了真正的产品质量。长此以往，“可持续发展战略”何去何从？

杨国清：记得在我小的时候，种植土豆基本上是不用化肥的，每家每户都有自己的土肥。20 年前，马铃薯都是有机食品，没有农药、没有化肥，但是现在在经济利益的驱使下，在科技推动下，马铃薯等蔬菜的种植都开始大量施用化肥、农药。在当今发展种植业，如果不施用化肥、农药，基本上是无法维持的。

胥秀峰：我想再谈一点，就是杂交品种泛滥，农民手里面几乎没有自留种，清一色地购买杂交种子，长期种植产量高、品质差的杂交作物，以后农民手里将再无纯正的地方特产可以留种。

主持人：刚才大家谈论了很多农业生产与生态安全方面面临的问题。概括地讲，农药、化肥的过度施用造成土地污染严重，土地退化态势增强；生态水系遭到破坏，地下水位下降；生态环境亦遭到破坏，许多珍贵的动植物都不见了踪影。习近平总书记强调“既要金山银山，也要绿水青山”，我想这就切实需要相应的制度设计，让粗放的种养殖方式得到制止和转变，让更生态友好的生产经营方式得到确立。

七　食品安全

张颖：食品安全问题，是一个全国性的问题，而在农村格外突出。很多在县城不能出售的、有食品安全隐患的东西大都已经转移到乡下，而乡下又缺乏监管，使农村食品安全问题非常突出。食品安全问题并不可怕，可怕的是相关的管理人员对食品安全的渎职和藐视。

主持人：我们现在很多关注和讨论的往往是城市导向，忽视了农村地区面临的更严峻的情况。

李芳：现在农村土地污染问题十分严重。现在的农村简直就是化学药品时代，吃的农产品都是靠化肥、除草剂培育出来的。我们这边农村普遍种玉米，买了玉米种子后是拌种的，种到地里就开始来一茬除草剂，接下来还有两次除草剂、两次化肥，这绝不是糊弄人，这就是当前最普遍的懒人种地法。他们根本就不知道，也不去想化肥和除草剂的后果，这不仅使土地板结，而且危害身体健康。我在一次给百姓讲课中说到这些，问他们：“自己种出来的东西你们觉得吃着放心吗？”结果没有人说话，估计他们回去得想想。我的示范园里肥料都是我买的羊粪，除草是用人工拔草和打草机，给我干活的工人都说我这是自己找事，啥健康不健康的一样都是吃。等他们的子子孙孙都不能健康生育时，他们就会知道这是自己种下的恶果，现在他们还意识不到问题的严重性。当然这也是社会的责任、国家的责任。我想这个问题早晚都要解决，而且需要各部门、各方面共同努力解决，这是一个长期而又紧迫的任务。

董翠英：这几年来，由于人们越来越注重养生以及对绿色果蔬越发认可，加之经济发展带来的消费能力的提高，人们在快节奏的都市生活中，越来越偏好于农村果蔬采摘以及绿色食材的食用，因而衍生出一大批诸如精品桃采摘园、蓝莓采摘园、土鸡养殖（兼卖土鸡蛋）、粮食猪饲养等特色种养殖业。就目前来看，虽然这些采摘园、特色养殖等产业盈利情况良好，但是从长远来看，这些特色种养殖项目一般是有能力的个人或三五人合办，规模小，没有固定销售渠道，以散客为主，缺乏技术支持，宣传也不到位，因而不能真正发挥特色种养殖项目对经济发展的带动促进作用。

崔书林：张家口市是农业大市，但还不是农业强市，要适应当前日趋激烈的农产品竞争市场，必须大力扶持农村市场竞争主体，把绿色农产品作为主打产品，只有这样张家口市的农业生产才能具有顽强的生命力和市场竞争力。绿色农产品应该成为我市农产品参与市场竞争的重要主体，它也是农村经济中活跃的增长点。发展绿色产业才不至于加重土壤退化、水位下降、益虫益鸟消失等问题。

八　基层两委治理

主持人：基层村社最大的特色在于与群众离得近。面对基层治理存在的问题，发现一个个问题背后激励机制、监督机制上的漏洞，才能让基层留住带领群众致富的人才，让基层权力在群众监督下运行，让群众“话有地方说、事有地方办”。而这样的基层治理能力建设，也正是实现“让广大农民平等参与现代化进程、共同分享现代化成果”的一个关键环节。

周春：一个感觉是，村两委委员纪律涣散，不能正常值守工作，工作态度不积极、不主动，有个别主任、书记不能够为村民着想，不能够积极主动为村谋发展、为村搞建设、为村民谋致富。还有些基层干部思想守旧，不积极进取。自群众路线教育实践活动、“三严三实”、“两学一做”等一系列活动开展以来，我个人觉得镇政府越来越积极主动地谋发展、谋福利、谋事业，真心实意地为广大百姓做好事、做实事了，而且工作态度积极、服务态度好、工作效率显著提高。

李芳：我也谈谈村两委工作态度问题。我们这边一些村选举已经完全失去了它该有的本色，参选的人就是冲着个人利益去的，选上了能为自己多捞点钱，干企业多行点方便，不会为村里发展考虑，能为村里办点实事的已经少之又少了，更别说和村民共谋大计。所以我们创业要带民致富一直被他们看作笑话。

张颖：村民委员会是村民自治组织，实行村民自我管理、自我服务、自我监督。但由于农民参与意识和能力不足，以及相关配套措施不健全，一些地区出现了基层村委会瘫痪或半瘫痪的状况，自治无序化现象并不少见。在村委会选举中，贿选、暴力、威胁等不正当竞争手段时有发生。

主持人：让普通民众的意见有地方倾诉，让相关部门真正能回应百姓诉求，这本身就是在发挥社会减压阀的作用，也是最有效的“维稳”方式。

李超男：其他村的情况我不是很了解，但我在职的村，我觉得村干部还是有所作为的，最起码村里的大事小情，村民们都会找村干部来解决，实在解决不了的，才会找上级或者走司法程序。村班子的凝聚力也是很好的，我觉得这是一个村能发展好的最重要因素。很重要的是，村庄发展要有一个好的“领头羊”，也就是财力和能力双全的村书记。乡镇一级我很少去，了解不是很深，但就一点我想说的是，这一级存在部分人员素质不高的问题。

朱海涛：一个值得注意的社会现象就是干群关系不和，领导说什么群众不听从，甚至对着干。这有着多年积累的原因，特别是村干部都是本村人，而且多年执政在村里形成了霸权。利益先想着自己甚至独吞独占，老百姓怒不敢言，这样就给社会的稳定埋下了定时炸弹。国家培养的大学生村官只是走了个形式，没有一个真正走进农村担任村主任职务且管理村务。他们是国家的新鲜血液，他们的思想超前、敢闯敢干，这样才能带领农民创新致富。而原有的本村干部对自己没利益或利益很小的事情都懒得管，这就是现在基层的一些状况。

如果要改变这种状况，我觉得要发挥制度的作用，对不能为民服务的基层干部，就让他们下课，可以听听群众的意见，如果不合格就下课，合格甚至优秀就奖励。当然这样的工作要公开，不能暗箱操作。干部的工资可不固定，做得好的奖励，可以不封顶，差的就罚，最差的就下课，不要让村干部以为抱着“铁饭碗”，不管做与不做都可以高枕无忧。必须有危机感他们才会努力。这样老百姓才会信服。

刘月：从我接触的情况看，在乡镇政府，一般领导还是有带头作用的。但有部分领导作风不正，个别基层领导干部思想守旧、敷衍行事、行动力不足、有令不行，现在的不少政策、规章制度是写在纸上、挂在墙上，就是无法落实在行动上。

农村两委的情况，有乡村混混介入农村治理工作，严重干扰了农村民主管理、村民自治等各项工作。部分村干部选举有失民主、公正，很难达到民众的期望，这样加重了村两委主要干部之间关系的不协调。

从基层干群关系看，有部分干部脱离群众、工作方法简单粗暴，在一定程度上影响了农村的发展和稳定。基层干部中存在的不正之风引起人民群众的不满。此外，当前一些群众中的保守思想，也不利于建立和谐的干群关系。

段书娟：下面我主要谈一下农村基层治理方面存在的问题。

首先是干部群众沟通渠道不畅。一些村干部民主意识薄弱、民主作风欠缺，在事关群众切身利益的公益事业发展、惠民为民政策落实上，向群众宣传沟通力度不足，出现“替民做主”现象。某村是省级贫困村，按政策，上级有一定的财政支持用于发展经济，可是本届村党支部书记拒绝接受资金支持，原因是除了上面拨付的资金外，自己还得去拉额外的资金填补发展村经济的空缺。不仅如此，发展经济还需要自身花费很多精力去找项目、找销路。怕自身麻烦，在没和党员、群众商量的情况下，自己做主断然拒绝了资金支持，放弃了发展本村经济的机会。

此外，村两委关系不尽和谐现象也很值得重视。部分村委会与村党支部的关系不是很融洽，工作仍存在碰到问题互相踢皮球、扯皮现象，造成有些工作重叠，有些工作死角无人管。最近我被抽调到镇里负责村志的撰写工作，起初通知某村书记撰写本村村志时，他答应得很利索，对撰写村志的工作是很支持的，然而，一段时间过去了却不见工作有任何进展，趁此书记来镇里交党费的机会，我询问了村志撰写进程，此村书记说："开会说村志的事情了，村主任说不让写，写那个没用，所以工作没法开展。你去找主任吧，我管不了。"上述所说的村书记和村主任这种不和谐的关系，我相信不是个案。

主持人：说得对，保证行政决策程序正义是很关键的。也就是说，政策举措的出台，决不应是官员个人喜好或"暗箱操作"的产物，而应在信息公开透明的基础上，经过广泛的公众参与和科学论证。

贺香云：在基层治理中，如何选出村庄发展带头人——村党支部书记是个很重要的课题。"上边千根线，下边一支针"，一个好的村党支部书记，既要能带领村里发展、百姓致富，还要有过硬的政治素质。但现实情况是村干部的待遇过低，对优秀人才吸引力不够，村里比较有能力的青年都通过各种途径离开农村，村干部选择的范围实在有限。而且村干部选举往往还受制于村内各个大家族，以便维护农村稳定。最近国务院办公厅下发《关于支持返乡下乡人员创业创新促进农村一二三产业融合发展的意见》，明确提出对"农民工、中高等院校毕业生、退役士兵、科技人员"等返乡下乡人员到农村开展创业创新给予政策支持。我想，我们返乡青年应该抓住这个机遇，多为农村发展做贡献。

九 农村工作

乡村风貌（董凯摄）

刘海伟：现在的基层工作，每天要和最接地气的农民打交道，和他们相处不是上面人能够想象的。他们生活在基层，可能一直以来享受的资源比较少，所以从学习方面来讲，他们受教育机会较少、知识涵养比较低。当然在接触新鲜事物上，他们并不是很愿意接受新鲜事物，尤其是对那些改变他们生活方式的事物，他们显得束手无策。从这两点看，在和广大的农民朋友们交流的时候，我们需要更多的耐心，应该多用最普通易懂的话和他们交流，尤其是他们不理解的政策等，我们需要解释好，让他们明白，并落实好。在农村工作，当涉及农民利益的时候，以情感人可能比以理服人更重要，多和他们唠家常，少说大道理，工作就好做了。多帮他们解决家里的事，听他们的所需，让他们有事知道找谁，这对维护农村的稳定很重要。

张涛：在下面工作的一个感受是，村民对政策的依赖性很强。近年来，国家出台了各项惠农惠民政策，可以说一切都以农民为中心。以前是农民向国家缴纳农业税，现在是国家向村民发放粮食直补。国家越来越重视农村发展和农民利益。然而现在出现了一个问题，无论有钱没钱，只要生病了，就认为国家应该给他补助。有些村民甚至直接找政府要钱，要得理所当然。这种过分的政策依赖，往往导致村民出现惰性和对自身的认知不足，甚至影响政府的正常工作。我在基层工作时，做过易地扶贫搬迁工作，原本是对所有人都有利的工作，许多人依旧不满意。因为有人觉得自己在其中获利少于别人，得到的好处少，因此心存芥蒂。虽然最终他们也参与了搬迁，但是对村干部冷言冷语、态度恶劣。

梁晓晴：有个值得重视的问题是，村级干部和乡镇干部不敢大胆创新。做事就难免有错，但有错就会受罚，我觉得在基层干部发挥主导作用方面应该有激励制度，允许在开展工作过程中出现错误。发现问题就解决问题，而不是一棍子打死。这样基层干部才能敢干、实干，基层工作才能出现百花争艳的景象。

李超男：现在扶贫，老百姓一穷就找政府，认为没饭吃，政府就得养着他。农村的工作真是不好干。扶贫真应该先扶思想，让百姓把脱贫真正当成自己的事，自助自愿，然后政府助推一把，这样农民自然就脱贫了。关键还是农村受教育的人不多，思想认识有限，加之错误的引导，导致出现现在的局面。

金懿：现在对基层干部的考核，缺乏对干部究竟为老百姓做了什么事情的实质性考察，而更多的是对一些数据的考核。这些数据怎么能展示哪些干部是真做事的？哪些干部真正能和百姓打成一片？哪些干部工作能从实际出发？不仅如此，我觉得，这样的考核办法还会滋生弄虚作假的风气和形式主义的作风。而且，会造成很多干部更多看重做什么能得到上级的认可，而不看重百姓的认可。评价基层干部，不能光看数字、光听汇报，而要实际看看人民生活有没有提高、一些群众反映强烈的问题有没有得到解决，需要听一听一般群众怎么说。

门海：我觉得从行政服务上来看，现在的问题一是未建立帮扶致富带头人发展壮大的长效机制，二是未形成工作合力。虽然各有关部门都结合工作实际加大了对致富带头人的帮扶力度，但存在各管各的、各抓各的现象。还有就是扶持的力度不够，只注重对典型的致富带头人给予帮扶，帮扶的面较窄。

赵杰：当前农村面临的主要基层治理问题是农村两委缺乏干劲。我们经常会在新闻上看到某某村干部带动农民脱贫致富的报道，但实际上这样的干部并不多，大多数是对上面言听计从，交代什么干什么，没有任务时就搞自己的副业。村两委这样消极的工作心态当然并一定代表他们不想为老百姓做事，而是缺少能够适合本村情况的发展项目。大多数农村经济条件不好，只能靠政府的一些投入项目增加村里收入，但是这些收入不足以为村民办实事，更谈不上带动村民致富。以我所在的村为例，经济条件薄弱、土地贫瘠，仅有的 1000 亩耕地也是以沙土地为主，只能种植白薯、花生、土豆等作物，农民的收入主要靠外出务工。在这种受自然、历史条件制约的情况下，村两委班子要想鼓足干劲做事是不可能的，就像是有劲不知道往哪使。选择什么样的项目让两委有干劲是基层治理面临的问题。

张政：我认为扶农助农政策还不完善，且缺乏针对性。大学生村官进农村已有相关扶农助农政策，但是存在政策模糊、贯彻不力的现象，我觉得可以将惠农政策与大学生村官知识丰富、学习能力强、了解新鲜事物的优势相结合，尤其是要加强具体农业知识的培训。对农民种地来说，最重要的就是种子，有了种子，才有奋斗的希望，要充分发挥大学生村官在基层的作用，可以先将村官作为某些新品种种子的试种带头人，这样既可检验新品种种植结果和经济效益，又可为新品种的种植起到推广作用。

十　社会保障－贫富差距

杨程媛：农村的社会保障体系不像城镇那样完善，农民对大病、大事故的承受能力不足。有很多家庭经过多年的积累终于达到基本小康水平，然而一旦家庭成员中有人患大病或者遇到大事故，极易迅速返贫。我所在的村庄患大病的有 118 人，2016 年出大事故的有 12 人，因病致贫、因事故致贫的有 107 户，这个数字看上去不大，但是落到整个农村将是一个令人震惊的数字。所以，应完善农村医疗体系，建立农村大病和大事故应急

交流现场（刘扬摄）

机制，加强农民健康和安全意识教育，如此才能预防疾病，才能最大限度杜绝安全事故的发生。

刘竞泽：在基层，因病致贫现象确实相对严重。现在在农村，仍有很多人生活贫困，有的甚至连温饱都无法解决，造成贫困的最主要的原因就是疾病。在对贫困户进行走访中发现，除了老人和残疾人以外，大部分贫困户是因病致贫。一方面疾病使农民丧失了劳动能力。由于大部分的村民文化水平相对较低，失去劳动能力，就使他们失去了收入来源。而另一方面疾病又加重了农民的生活负担。他们除了要负担柴米油盐等生活必需品，还要负担高额的医药费，从而让他们不堪重负。

王国强：基层乡镇卫生院的医疗水平与大城市还有很大差距，不管什么病，基本都是打点滴，这样长远来看对人体质非常不好。由于不能及时诊断，一些大病，到了晚期才发现，给个人和家庭造成极大的负面影响。

主持人：这些农村边缘群体的福利状况、身体状况乃至精神状况，长期被政策界、学界和媒体忽视。

宋佳：农村少数贫困群体缺少保障，我也说说了解的情况。刚入村那阵子，走访了我村 208 户群众，我的心情跌至谷底，不能一一阐述，只能举例说明。我村的单身汉多达十几个，单身当然是有原因的，有的是因为精神失常，有的是因为天生生理缺陷，有的是因为后天发生意外事故，而这些单身汉，即使享受了低保，政府给予资金上的帮助，他们的生活还是没人照顾，衣食住行一塌糊涂，他们的住所，甚至不能用家来形容。我认为，“安得广厦千万间，大庇天下寒士俱欢颜”还远远不够，这些单身汉没人照顾，是个非常严重的问题。福利疗养院对农村人来说，往往是可望而不可即的。

张颖：与刚才大家谈的养老问题相关的是农村合作医疗问题。首先是异地看病不能报销。随着经济的飞速发展，人口流动的频率越来越高，合作医疗异地就医难报销的问题越来越突出。其次是农村合作医疗和城镇职工医疗保险报销比例不同等问题让广大的农民工很没有认同感。再有就是刚才大家也提到的因病致贫、因病返贫问题。在目前的体制下，由于大病本地治不好，去外地治病报销比例又很低，只要家庭成员中一人得了大病，不贫的也贫了，贫的就更贫了，甚至治不起导致死亡。解决异地就医问题可以靠实现全国联网，使农民工随时随地能看病、买药；解决在不同医院治病报销比例不同的问题及农村合作医疗与城镇职工待遇不同的问题，需要政府出台政策解决。

主持人：刚才的发言，让我想起了一件事情。前几天我们请日本基层农协一位负责人讲课，这位川上村长说得很明白，基层农协更多是对弱势者的联合。这部分人没法如村内精英那样掌控市场和技术。我想，这部分人在社会意义上是最需要联合的，但在经济意义上又是最不容易联合的。这就需要一种统一的制度设计，而非放任的自由组合。在初始条件不均衡的情形下，后者只会是强者愈强、弱者愈弱的“精英俘获”。

闫安：随着社会的发展，老百姓的生活越来越好，衣食住行品质都有了较大的提升，但我觉得，老百姓的思想认识并没有随着社会的发展而提升，反而下降了。“等靠要”的思想极为严重。随着国家政策对农民的倾斜、各种扶植力度的加大，老百姓似乎并没有“知耻而后勇”，更没有奋发努力赚钱，而是更加好逸恶劳，享受着坐等其成的扶贫政策，用一句俗话说，作为一个“地里刨食”的农民，不勤劳地种地，反而等着、靠着、伸手要着，好像就应该给他一样。我的父辈们也是农民，那时候的政策远没有现在这么好，我记得很清楚的一件事是，父亲在外边打工，母亲下岗在家，母亲跟父亲说：“你去大队找找，给咱们也吃份低保，咱们也符合条件。”我今天都很清楚地记得父亲说了什么，父亲说：“我多受点累就都有了，不要人救济，总是让人救济着，这日子就过不好了。”我不是想说我的家人思想多么高尚，我只是想说，这难道不是一个男子汉该说、该承担的吗？年前的时候贫困户调研，村民一个比着一个穷，说自己怎么困难、怎么不容易。我们必须承认确实有一些村民，因病致贫，因病返贫，或者家里缺少劳动力，因学致贫，这些都是无法避免的正常致贫原因，也确实是我们需要解决、扶植的。但有些住着二层小楼的、家庭条件不错的人也去申请，也要去跟真正贫穷的村民争。原来都是较劲把自己的日子过好，现在是一家比着一家穷，这种从众心理导致老百姓的思想状态极其消极。

张颖：是否进城买房这一问题困扰着广大农民。一是城镇化的快速发展，很多农民进城买了房，二是农村小伙娶媳妇女方要求县城有房。而仅仅靠种植几亩地，要想进城买房可以说很难办到。这就进一步催化了贫富两极分化。

主持人：说得很对，农业农村问题的解决，也与工业化、城镇化，乃至教育的质量有很大关联。城镇化不等于“盖高楼”，更多的创业机会、更多的权益保障是更为重要的，尽管这些不像高楼林立那样吸引眼球、“印象深刻”。是选择“立楼见影”，还是选择“润物细无声”，这恐怕是很多基层政府官员要面临的问题。我想，这也是中央领导反复强调“群众满意不满意是衡量政府工作唯一标准”及把“民生作为政府一切工作的出发点和落脚点”的深意了。

崔书林：我市如今还有许多贫困、边远的村庄，因贫穷、落后而造成人口流失。平均年龄在70岁以上的老人仍在留守，他们的养老问题，在很长时间被忽视。我们现在常说城市养老，其实农村面临的养老问题同样很突出。再者应重点普及农村初级教育，加大对农村普惠性幼儿园、小学给予政策性扶持，让孩子们有个美好的童年。

十一　人口流失－留守

李芳：现在哪个村庄如果偏僻一点，那这个村的状况就是几乎没人。就拿我现在住的这个庄为例，以前是庄里有三四十户人家一百多口人，老的少的都有，人口比例还挺好的。现在是庄里共住着七八户人家二十几口人，而且60岁以下的几乎没有，都去外面打工或者做买卖了，我们临近的几个村庄也都是这样的情况，人口流失严重。像我这样上完学又回来从事农业的，都被别人瞧不起，说没前途，更多人认为我是在瞎胡闹。我们年青的一辈已经没人愿意种地了，村里的劳动力也越来越少，干体力活的主要是老人，真不知道要是他们干不动了我们吃什么。

李慧颖：人口老龄化严重，这不单单是几个村子的问题，而是普遍现象，在以前和现在工作的地方比较来看，从事农业种植的人基本都在45岁以上，其中50岁以上的占70%以上。年轻人很少在家乡发展，一般年纪小的都在上学，“90后”渐渐成为这个社会的栋梁，但基本没有“90后”返回农村的，即使不上学，他们也不会选择在农村结婚生子。很多村子成为空村，只有房子却不见人。老人从事农业种植是当下实际情况，估计再过几年，土地就会面临流转，老人干不动了，年轻人又不回来，这也是发展趋势。

村民想在本地工作，可实现就业难。土地流转政策虽然把很多农民从土地中“解放”出来，让他们腾出更多的时间去打工赚钱，但碍于本地园区企业数量有限、实现村民就业能力的条件有限，更多的村民还是选择外出打工。而外出打工，也是现阶段村民最主要的经济来源。曾经在村里和村民聊天的时候，一些在外面打工东奔西走的村民告诉我：“姑娘啊，我们在外面打工，吃，吃不好，住，住不好，穿，穿不暖，我们也不想去外面打工，我们也想守着自己的家门口工作，守着自己的老婆、孩子，吃自己老婆做的饭，睡自己家的热炕头。吃得好，穿得暖，心里踏实啊！可是我们没办法啊，村里没有企业，挣不到钱，我们上有老下有小，不去外面打工挣钱，你说，我们能怎么办？我们在外面，不仅要看别人的脸色，更提心吊胆，生怕包工头知道我们超过 50 岁，人家不用咱。啥不都得靠人啊，有人的，多干几年；没人的，只能回家。我这还是因为去年在工地干活儿，把脚砸伤了，今年没出去，在家养病。"

刘月：现在建筑行业不景气，很多农民工就业机会减少。而且农民外出就业多受到行业和工种的限制，一些地区还存在粗暴对待民工的现象。

张立雨：我觉得中国农村目前社会问题都差不太多，主要是人口老龄化严重、人口向城市流失、疾病缠"村"、经济来源少、农民收入低且缺少积极有益的文化生活。像我们村全村 823 人，320 户，目前能够常年在村的不足 500 人，并以 40 岁以上为主；20～40 岁的青年能够长年在村的也就有 80～90 人（有十余人以长途运输为生）；60 岁以上的有 216 人，不完全统计，其中有慢性病或常年病（脑血栓、糖尿病等）的有 80 多人。

山村、石墙、老人（董凯摄）

董翠英：我来谈谈留守老人及妇女儿童问题。近年来，由于农产品价格日益下降以及消费水平不断提高等，再加上农民收入过低、村中基础设施不足，大家不免对城市繁华生活更加向往。外出打工成为近些年来大多数农民的赚钱途径。由于青壮年甚至年轻的村中妇女均以长短工等形式辗转各大城市打工赚钱，因而村中剩下的多是老人与儿童，即出现了空巢老人与空巢儿童现象。由于老人、儿童本身自理能力一般，生产能力低下或者说几乎没有，农村建设难以进行，成了空话，农村发展较为缓慢。

张政：确实如大家所说的，我们这边农村“空心”化问题很严重。农村中青年大量外流，其中一类是外出读书上学的学生，这部分人有知识、有文化，并且适应城市生活，毕业后基本都留在大城市打拼奋斗，只有逢年过节才回家探亲；另一类是外出务工青壮年，这部分人主要是家在农村，而人在城市务工，回村与进城存在明显的季节性，春夏秋多外出务工，冬季多回乡返村，这样造成农村留守人员多是老人、妇女和儿童，致使农村发展缺乏活力，农民处于既不能完全融入城镇，又不能充分建设家乡的两难境地。如何发展好本村农业、提高农业效益、增强农村对农民的吸引力是很值得思考的。

张颖：农村留守儿童问题，我觉得是农村现在面临的重中之重的大问题，也可以说是全国农村的共性问题。所在地区“地大物薄”，资源相对匮乏，农村产业结构调整有难度，因此，80%以上的青壮年劳力还是以外出打工为主。这样就造成了大量的留守儿童。这些孩子，缺少父母的关爱，往往性格内向、孤僻，并将成为很严重的社会问题。

主持人：现在已经有很多留守儿童心理、行为方面的研究，证明了刚才你说的。根据估算，中国目前大概有6500万留守儿童，他们的身心状况直接影响到民族的未来。6500多万留守儿童，不能单纯归结为家庭教育缺失和户籍制度，这背后是中国大量产业仍处于产业链低端，低附加值不足以支撑一般劳动力在城市完整和有尊严地生活。

刘海伟：很多农村地区因为交通不便，很多学生回家不方便，所以才10岁的孩子就要在宿舍住宿，就要做一个小大人，就要被迫独立，这是现在教育的悲哀，也是农村的悲哀。

主持人：这几年，一些地方盲目地撤点并校，也加重了你刚才说的现象。

李超男：目前农村人口流失还是很严重的，我所在的村庄，去年过年的时候，庄里只剩下了 11 口人，而我们临庄只有 2 口人在家过年，在生产季节可能人口会多一些，这些留守的人多数是老年人。

赵杰：刚才这位朋友谈的情况，在我的工作中也遇到过。很多孩子、老人留守在家，这对他们的心理健康非常不利：老人缺少子女的陪伴，易产生孤独感；孩子缺少父母的疼爱，不利于健康性格的培养。我们村有一位孤寡老人，她长年一个人在家，行动不便，做饭的时候几乎都是跪着烧火，她有三个子女，都不在身边，家境也都不富裕，赡养老人对他们来说也是心有余而力不足。这种由于贫困陷入困境的家庭在农村有很多，吃不饱饭、看不起病的人仍然存在，真正让农民过上好日子，我觉得还是得加大对农村产业的扶持，加大对农业项目的投入，引导农民就近就业。

王劲松：农村中常年驻村的人口数量变得越来越少，村内公益事业变得很难开展，以前兴修的公共基础设施无人问津，或已荒废，大面积的耕地被迫撂荒闲置。刚才大家讲的留守儿童、孤寡老人问题也随之凸显。

胥秀峰：我们可以回顾一下，伴随国家深化改革的步伐，城市化的发展需求主要由脱离土地的农民去填充，大量来自农村的农民工、学生和经商者，他们已经适应了城市生活，不会再回到农村务农了。农村出现了前所未有的人才、资本大量外流现象，高度城市化的虹吸效应让农村财富向城市房地产业高速流动，失去精英和流动资金的农村成为最难解决的“三农”问题。国家要强大、农业也要发展，我们中国是农业大国但并不是农业强国，资本和土地还没有完成整合，各种农业合作社大多数都没能有效运作。农业经营中来自天灾、市场行情变动的风险极大，许多农民感觉到在家务农不如外出打工收入保险，一些不发达地区农民放弃种地，专职打工。当然，这也为农业适度规模化经营提供了可行性基础，但是规模化农业生产的巨大开支，如技术成本、投资管理成本和风险成本根本不是一个农户能够承担得了的。

十二　文化生活

乡村风貌（董凯摄）

主持人：随着城乡结构的深刻变革，一些农村地区的文化生活长期得不到重视，不仅为诸多不良现象提供了滋生的条件，让很多曾经是“守望相助”的乡土社会逐渐成为精神文化上的“洼地”，也让那曾浓浓的“乡愁”渐渐模糊。赌博等不良现象在部分农村地区盛行，其背后反映的是农村文化生活的贫乏，显现着城乡之间文化、教育方面的巨大差距。

董翠英：说到文化方面，大部分农村地区除了秋收时期比较繁忙外，平时村民闲暇时间很多。一般村民怎么利用这样的闲暇时间呢？很多村民在闲暇时间热衷于打牌。虽说小赌怡情，打牌也确是一种消磨时间的好方法，然而对农村文化发展来说，打牌非但无益于良好村落文化的发展，甚至可能形成好赌之风，导致个别人滥赌成性，不利于个人发展，进而影响村子整体发展。

刘竞泽：这几年，虽然农村的文化生活有所丰富，比如出现了广场舞、扭秧歌等活动，但是总体上看文化生活依然很匮乏，尤其是看书的人还是很少。许多村都成立了农家书屋，里面有很多书，各种类别都有，可是鲜有人到书屋借阅。但是我们会经常看见许多人坐在村口聊着家长里短，更有甚者，将业余生活都交给了麻将和扑克。

主持人：有书屋没人去，是比没有书屋更值得反思的事情。

李慧颖：村里留守老人、儿童较多，文化生活却不够丰富。村内自己举办的活动较少，乡内针对农村百姓举办的活动也很少，县级的活动比赛想参加又不够条件。看到更多的是每天茶余饭后，几个妇女聚在一起聊天、打麻将。也只有每天晚上，在村里广场上才可以见到大妈随音乐舞动的身影。

另外，农村儿童的业余文化知识教育仍然受到一定限制。俗话说得好：要想富，先修路。对我所在的兴洲村而言，道路已经不再是困扰农村经济社会发展的问题，但农村儿童的教育问题，却十分突出。我们这个村孩子在义务教育课程及师资教育水平上与县城孩子的差距也许在缩小，但农村儿童的业余文化生活较县城孩子存在很大的差距。县城的孩子周末可以到青少年宫去培养书画、舞蹈、音乐等业余爱好，但农村的孩子只能在田间地头陪父母劳作，或是哄着自己的弟弟妹妹，在小巷子里穿梭奔跑，没有条件去培养自己的业余爱好。同时，村部的农村书屋也没有得到很好的利用，前来看书、学习的妇女、儿童，更是少之又少。

李超男：我说说我在职的村吧，总体来说这里的人口还是相对集中的，是改造过的新农村，曾经因为矿山而变得富有，经过几年的打造，如今这里已是美丽乡村，文化生活相对有所提升，每天晚上都有固定的广场舞时间和大秧歌时间。我觉得，农村最大的问题，归根结底还是教育问题，道德水平不可能一下子完善，也许需要几代人的努力，才能达到我们期望的水平，在经济没有达到一定水平时，农村的道德水平也只能慢慢完善。

李芳：我也跟着说说村民素质提升问题。我也认为农村问题归根结底就是教育问题，很多问题通过教育好像都能解决。比如现在农村婚姻不稳定状况比城市还厉害，出轨问题很多。特别是人们闲下来后，喜欢聚在一起玩牌，或者家长里短地聊天，易导致家庭不和睦、社会不稳定。人都忙起来就没那么多事了，提升百姓的各方面素质显得太重要了。民风好了，这个村肯定发展好，工作也好开展。但是我不知道具体应该怎样做。

梁晓晴：有些基层群众对国家政策、党的决策不关心。很长时间以来，一部分人在搞经济建设的同时忽略了精神文明建设，只认钱，“有奶就是娘”。很多人思想散漫，不积极进取，对村委、支委宣传的党的政策关心程度不够。

霍金磊：在农村工作中一个很让人忧虑的感受是，农村社会缺乏信仰，人们缺乏敬畏之心，缺乏对美德的传继，邻里互助、孝敬老人等传统美德似乎在逐渐消泯。在外挣钱多、开好车、有霸气的人，会让周边人刮目相看，攀比之风盛行。这就造成农村社会风气败坏，行为评判标准发生扭曲。什么是美的，什么是丑的，变得模糊起来。这让农村工作非常难做。

主持人：这样的现象真是很让人忧虑。如果有一天我们的生活中有了很多富足的象征，却是一个充满戾气、冷漠、笑贫不笑娼的社会，那真是我们要的吗？退一步讲，在这样的风气中，我想任何一项政策，到基层都会变形走样。

刘江宏：确实如刚才有朋友说的，农村社会现在有很严重的炫富现象，而且家庭内部各种矛盾很多，兄弟之间因为赡养老人大打出手、婆媳之间相互谩骂的情况也越来越多。

刘竞泽：这些年，我们国家一直都在进行社会道德建设，虽然有所提高，但是在农村，不赡养老人等道德问题依然存在。还有，我们会经常看见村民乱丢脏物、乱堆杂物等，还有村民甚至因为一些小事就大打出手。

主持人：赡养父母是我们民族最核心的道德伦理之一，现在都在瓦解，且恰恰是在本应是传统文化保留地的农村地区瓦解，这真是需要反思。

董凯：我觉得承德农村地区生活条件大幅度地提高了，人民的生活水平也达到了小康水平，但仍有部分偏远山区还是比较落后的，对这些地区，存在留守儿童和空巢老人现象。因为村里比较贫穷，年轻劳动力都愿意去外面发展挣钱，留孩子在家，导致孩子的教育跟不上。村庄面貌在不断提升，但是村民的素质还有待提高，特别是集体意识不强。现在农村的文化生活在不断丰富，网络也都进入各家各户，广场舞代替了村口集体唠闲嗑，但是文化生活还需要探索更多的形式，丰富文化生活结构，使其不至于千篇一律。

主持人：从另一个角度看，广场舞、现代歌曲占据了村中公共文化，也反映出村落本来的习俗、文艺形式的衰败。我知道在河北、河南地区都有很多地方戏种，但现在会唱的、愿意去听的人越来越少。

十三　人才教育

主持人：曾经，教育是农家子弟走出山坳坳、改变家族命运的唯一途径。随着改革开放的深入，农村青年所面临的机会更加多元，一浪浪的“打工潮”更是冲击着传统的价值选择。此外，看到很多城市的高校毕业生同样面临严峻的就业压力，不少农村孩子早早放弃了继续读书的念头。同样应当看到，农村教育本身存在的问题也让一些青少年产生厌学心理。有研究指出，很多地区的农村教育仍然走着“应试教育”的老路，上大学仍是农村地区教育评价的主要标准。课程设置与城市大同小异，内容繁难，使乡村教育偏离了农村孩子的实际需求。更进一步看，当前农村基础教育仍存在教育经费相对匮乏，教师待遇、教学条件与城市相比还有较大差距等问题，导致教学效果不尽如人意。这无疑让孩子们更加“无法抵挡外面的诱惑”。

王国强：农村教育的现状很让人忧虑。由于生源减少，很多村级小学撤销、合并，导致部分偏远的学生上学困难；同时，教师数量不够、专业单一，责任心还有待加强；更严重的是，很多农村孩子学习没有目标，读书无用论泛滥，致使很多学生从小学起就厌学、贪玩等；加上农村教师待遇低，尤其是贫困偏远地方的学校，这就导致教师工作的积极性不高，且缺少平衡感。与城市学校相比，农村教育设施落后，师生的水平跟不上时代发展，从而导致农村与城市的差距越来越大、农村孩子与城市孩子的距离越来越远，这无疑会让城乡两极分化越来越严重、社会矛盾越来越激烈。因此，我认为教育资源的不均衡是最大的不平等。

朱海涛：为什么会出现空村化？为什么会出现留守老人、儿童，而没有年轻人在农村？小农户单单靠农业的收入，已经无法养活一家人。就像教育，国家实现了九年义务教育，为农民减负，可是有些负担却增加了很多。以前一个小学生一年有几百元最多1000元就足够了，现在把村里的小学都撤了，中心小学也没有了，全县的学生都去县城有限的几所小学上学，一开学家长就开始找关系、送礼，生怕孩子进不了学校，且进城上小学一个孩子一年得将近10000元的开销，这样看并没有减轻负担啊！原来一个班40多个人，现在加到七八十人，这难道不影响学生学习吗？所以年轻的小两口都得出去打工来维持家用。怎样才能让年轻人回到农村？那就需要政府决策，拿出政策和项目让他们主动回家乡创业，带动大伙一块致富。

主持人：这样的教育现状，真是让人心痛。现在一些地区，优质教育资源相对集中、村级学校裁撤，引起城镇学校学生超员，一些城镇学校出现“超大班”现象，且很多家长从农村过来陪读，大大增加了生活成本。

周阳：我生在农村，长在农村，今年刚毕业就回家乡工作，也有了一些对农村更深入的认识。这里想着重说的是农村教育现状，在农村考上大学被看作逃离大山的唯一途径。我作为我们村的第一个一本类大学生深知从农村考上大学是何等困难。由于地区的教育发展不平衡和农村经济发展的缓慢，农村地区的师资力量和教学条件都很落后。农村大学生的比例在逐年下降，越是重点大学、名牌大学比例越低，这已经成为不争的事实。例如近年来考入北京大学、清华大学的农村大学生只占15%左右，浙江大学、南京大学、中国农业大学的比例均低于30%。而在20世纪80年代，无论是重点大学、名牌大学还是一般高校，农村学生都占大多数，许多大学的比例甚至在80%以上。我认为，要扶贫先扶智，鼓励和支持更多有知识的农村青年返乡工作，为农村带去更多的知识和技术是扶贫的根本。

霍金磊：不光是学校教育，还要注意农村留守儿童的家庭教育。父母出去打工，把子女交给爷爷奶奶、外婆外公抚养，而老人对孩子，多是孩子要怎样就怎样，根本管教不了，只是溺爱，缺乏应有的家庭教育。而且现在电子产品在农村很流行，很多小孩整天沉迷在打游戏上，荒废时间。同时农村有很多青年不学无术，成天在街上闲晃。我觉得，需要加大对基层教育的投入，如果一味地把村里的学校撤掉，会给家长带来很大负担，也不利于孩子成长和安全。村里的孩子不像城里的孩子，放学后能参加各种辅导班、补习班，在农村，学校教育还是很重要、很基础的。

王世凯：我所在地区靠近北京、天津等发达地区，而自身农村地区的基础设施建设又亟须加强，这就加剧了当地农村的人口流失。在我们村，大多数青年选择离开家乡，到更为发达的地区工作、学习和生活，这导致我村留守儿童、留守老人很多，据我所知，在周边一些地区还出现了空村化的现象。而留守的老人、孩子大多较为贫困，文化水平较低，道德素质不高，长此以往会形成恶性循环，更加不利于本地的长效发展和建设，并将形成各种严峻的社会问题。怎样吸引人才、留住人才就成为解决上述问题的关键所在。要想吸引人才、留住人才，加强基础设施建设不可或缺。针对当地文化水平较低和人们思想觉悟较低的状况，也应该大力加强宣传教育工作，从而根本地提升农村地区的道德和教育水平。

主持人：这里涉及的是教育公平问题，这也是公共服务的基本属性。所谓基本公共服务本来就是为了满足民众最基本的需求，包括基础教育、卫生、文化等。而涉及食品安全、社会安全、生产安全的安全类公共服务，更是所有民众生活之最基本保障，关涉每个普通人生命财产和国家利益。平等地、有效地提供公共安全服务也就成为政府义不容辞的责任。然而，公共服务，特别是公共安全服务的差别化却在诸多领域时隐时现。表现最明显的就是城市与农村之间、城市居民与外来打工者之间享有的公共服务的差别。

胥秀峰：现在农村人口老龄化比城市严重得多，并且农村务农人员的受教育程度低得离谱，农村青年务农已经严重到了青黄不接的地步，几年后务农人口将严重减少。此时，布局农场产业化是最佳时机，国家的涉农政策和惠农补贴以后将越来越多，越早着手去做越能及早积累经验，获得足够的发展空间。农村是个广阔的天地，有志青年请到农村来发展吧！在这里你们将大有作为，成为新时代的高科技农业人才！农村产业结构的调整将来必将涌现出大批优秀的农民企业家，他们会选择避灾的品种和技术来发展现代农业，随着农企的发展、发达，中国必将成为真正意义上的农业强国！

十四　环境问题

主持人：曾几何时，在城市人的想象中，农村代表着田园牧歌式的宁静与恬适，是山清水秀的“精神老家”。然而，近年来，随着城乡一体化的推进和农村区域资源的开发，大批工矿企业向农村转移。与环境监管力量较为集中的城市相比，广大农村地区环保力量薄弱，再加之一些地方村级组织松散，造成村级公共环境管理出现“真空带”。《国家环境保护“十二五”规划》显示，全国60万个行政村中仅有少部分开展了污染治理，大多数行政村还缺乏必要的环保设施。而污染监管不到位、污染成本低，又势必加剧污染企业向农村地区转移。此外，在环保设施基本为空白的农村地区，生态环境相对脆弱，一旦污染发生、生态平衡被打破，给当地环境和群众健康造成的危害往往更为严重。

周春：概括来讲，目前农村环境卫生面临的主要问题有：农村生活垃圾乱扔乱放，没有固定垃圾回收点，垃圾污染河水。有些地方道路还没有硬化，汽车一过，尘土漫天。建设没有规划，乱建违建较多，有些甚至影响交通。还有些村环境卫生治理经费不足，导致有检查就搞搞卫生，不检查就像个垃圾场。

贾云：我刚到村里任职一个多月，却是一个实实在在的农村人，我从农村人的身份来谈对农村环境的直观认识。夏天钓鱼、冬天滑冰是小时候最喜欢做的事情了，而印象中村里也总会有一两条河流，让村子显得格外有生机。我一直认为只要有水就有灵气，就有人气。可是，不知道从何时起，河流渐渐地变短变小，农药瓶子随处可见，澄澈的河水也变得“五颜六色”了，现在已经找不到痕迹了。河水没了，河沟也渐渐成了摆设，成了垃圾场。我现在所任职的村子正在搞美丽乡村建设，正在清理柴草和各处的垃圾，希望村庄环境能够好起来，回到小时候的样子。

主持人：儿时的河流去哪了？在这个带着深深无奈的问题背后，是全国不容乐观的河流环境状况。我给大家说组数据，据环保部《2012 中国环境状况公报》显示，2012 年全国地表水国控断面总体为轻度污染。长江、黄河、松花江等十大流域的国控断面中，Ⅰ～Ⅲ类、Ⅳ～Ⅴ类和劣Ⅴ类水质断面比例分别为 68.9%、20.9% 和 10.2%。

李超男：对于村容村貌，村与村之间的差距比较大，比如建设的美丽乡村，整体来说村容村貌都还是不错的，表现为街道整洁，庭院干净，村内绿化景观丰富。而一些普通村或者贫困村则表现为环境凌乱，街道两边都是柴火垛，垃圾也无人清理。

而林地保护问题，我倒觉得有所改善，记得小时候人们为了取暖，几乎周围几座大山都被砍得秃秃的，如今这种现象很少了，可能是新能源、新工艺越来越多，人们不需要太多传统的取暖方式了。似乎有十几年的时间了，没有那么多的人上山砍柴了，森林植被丰厚起来了。

刘月：从我了解的情况看，乡镇工矿企业污染也亟待引起注意。矿产、化工这些重污染行业受原材料、国家政策等因素的影响，多分布于城郊和农村地区。且随着城镇化进程的加快以及城市人口规模的扩大，加之产业梯级转移和农村生产力布局调整的加速，越来越多的开发区、工业园区特别是化工园区在农村地区悄然兴起。这些在农村地区建设的工矿企业排放的废水、废气、废渣已成为影响农村地区环境质量的主要因素。

李颖：通过我对村里的了解，我觉得除了刚才大家讲的农民过量使用农药、化肥和村容村貌问题，当前农业生态安全上面临的主要问题还有气候无常和常年干旱，雨水不充沛导致农作物产量不足、土壤退化，从而导致产业结构非常单一。水系干涸这十多年来很明显，听村民介绍，十年前，村里的河道水量相当丰富，那时候还种水稻，可随着气候的变化，水量一年不如一年，现在河道里都没有水了，剩下旱河一条，水的供给不充分，种植结构也就跟不上了。

门海：这点我也有体会，西古堡村所处的暖泉古镇目前就面临水资源危机问题。暖泉顾名思义，在历史上是个水资源丰茂的北方农业大镇。但是目前地下水位逐年下降，甚至著名的旅游景点——水过凉亭八角井，也日渐干涸。水资源涉及供水安全、防洪安全、粮食安全、经济安全、生态安全和国家安全。水是生态环境的基本要素，是农业的命脉。水资源制约已成为我国经济发展、社会发展、生态稳定，特别是耕地保障和粮食供应的瓶颈。

乡村河道（宋佳摄）

十五　垃圾问题

主持人：刚才大家也谈到了一些农村环境和农业生态的情况，有一点是很明确的，这样以牺牲环境、民众健康和公共机构公信力为代价换来的“发展”必然是不可持续的，在环境账、健康账乃至“公信力账本”上都是减分的。长此以往，也必将影响到经济发展。下面我们着重谈谈农村垃圾处理问题。

董凯：我所在的乡环境卫生治理得比较好，有专职的保洁员每天清理街道，但每家每户清理出的一些垃圾不能倾倒到指定的垃圾池，村民在垃圾处理的问题上还需要管理和引导。只有养成好的垃圾处理习惯，村容村貌才会长久保持住。但对于污水，尚未集中整治，现在借着美丽乡村建设之机，正在筹备污水处理设备。林地保护方面还是不错的，没有大面积的损坏现象。

王世凯：据我观察的情况，很多农村地区环境卫生状况较差，农村生活生产垃圾随处可见，污水排放不加限制，村容村貌呈现脏乱差的状况。长此以往，不但不利于农村的发展，甚至还可能影响农民身体健康。我觉得，这根本上还是思想和教育问题，应加强对农村居民环境意识的培养。

主持人：大家可以关注山西永济市寨子村，那里依靠社区内部村民自组织来解决村内垃圾处理等问题，大家不再“等靠要”，社区环境和精神面貌有很大改观。

刘竞泽：近几年，我们一直在进行美丽乡村建设，可以说取得了很大成绩，农村的环境卫生得到了很大改善。可是，在有些农村，脏乱差的问题一直没有改变。

很突出的就是刚才大家也谈到的垃圾遍地问题。垃圾问题可以说是农村环境问题中的老大难，大部分村民还是习惯将垃圾随意丢弃，杂物随意摆放，让本来很整洁的街道看起来十分脏乱，而且要花费额外的资金进行清理，实在是得不偿失。不仅如此，有些村的河道还被垃圾填满，造成河道堵塞。这不但造成了严重的污染，而且一旦发生洪水，后果不堪设想。

与此相关的是村容村貌问题。当我们走进村子，一看村里的村容村貌就知道这个村子怎么样。现在有的村子的村容村貌还是老样子——脏乱差，让很多人望而却步。

宋佳：农村生活垃圾无处安放是现在农村面临的很严重的问题。我村设置便民服务站，解决代办群众的日常问题，其中就有很多群众提出了生活垃圾问题。2012 年我村是基层建设年活动村，建设了垃圾池，安放了垃圾箱，这是第一步。可关键是，垃圾池和垃圾箱里的垃圾，它们的归宿在何方？有些村把这些垃圾放到山沟里，每逢狂风呼起或者大雨倾下，垃圾就被吹到村里，或者被雨水从沟里冲了出来；有些村是焚烧垃圾，而焚烧的结果就是严重污染空气。如何解决这样的问题，我们还没有一个可行的方法。

李超男：我觉得农村的垃圾和污水都是很严重的问题，因为山区村民们住得很分散，百姓的习惯就是把垃圾倒到门前的河沟里，因为很多村庄都是两山夹一沟的地形，门前的河沟便成了人们生活垃圾的处理厂，分散的生活环境，又使垃圾无法集中处理，导致污染河流和环境。再有就是粪水和生活污水的处理问题，现在农村很多地方为了表面干净，将粪坑挖深，让粪水和生活污水直接渗到地下，当然也有部分先进村，进行厨改、厕改，建设双瓮式厕所。

主持人：有研究指出，目前我国农村每人每天产生的垃圾量为 0.86 千克，全国农村每年仅生活垃圾排放量就已逼近 3 亿吨，为城市生活垃圾产生量的 70% ~80% 。

朱海涛：垃圾满街在农村是很普遍的现象，垃圾箱每个村倒是都有，但倒满了没人外运，结果堆积如山，村里干脆把垃圾箱撤走了。其实，农村的垃圾处理问题，本来是可以通过村民自己来解决的。但一定要做好分类，农村垃圾最多的就是柴草或生活垃圾，柴草一定要运去有机肥公司；生活垃圾主要是蔬菜下脚料或塑料等，这也需要进行分类，比如蔬菜下脚料可以拿到自己所种的地里晾干，做一些自然的生态回归，塑料包装袋都要送到回收公司做塑料再生颗粒。此外，生活废水应通过管道到废水处理厂做无害化处理。政府可以把清理垃圾、治理环境的资金以奖金的形式奖励给农户，这样的效果会比政府去做要好很多。

刘江宏：其实从垃圾问题可以看出，农村生活方式发生了很大变化，像塑料瓶、塑料袋、废旧家电这类东西，根本没法在自然环境中降解，要像城市那样集中运走、处理，政府就要花很多钱，所以现在的状况基本是放任自流。到很多村子走一走就能看到，沟渠里、荒地上一层层随意堆放着垃圾。

刘竞泽：林地破坏严重的问题也需要重视。在山区，林地就是我们最宝贵的财富，可是近几年，林地却依然遭受着严重的破坏。一方面是乱砍盗伐现象比较严重，使一些林地在不同程度上遭受到了破坏；另一方面，有些村民的森林防火意识差，在林区随意点火，从而造成大面积的森林火灾，使很多树木在短期内都无法生长。

崔书林：这边很多农村地区面临的环境、卫生问题还是非常严重的，污水流淌、垃圾成堆，炎热的夏天蚊蝇成群。当前在建设“美丽乡村”的好政策指引下，尽快给农村地区投资建设污水处理厂、封闭式的垃圾存放池，让村容村貌彻底改观，是势在必行的举措。再者，林地保护是至关重要的。自我市退耕还林政策实行以来，增加林地建设对防风固沙、改良土壤起到了非常大的作用，因此，林地保护是我们千秋万代的使命。森林在涵养水源、调节气候上的作用早已成为常识。联合国政府间气候变化专门委员会（IPCC）发表报告，提出气候变化对人类安全的影响，强调减少温室气体排放，控制全球变暖。作为减缓气候变暖的重要方法，保护有限的森林资源、杜绝毁林行为的必要性不言而喻。

主持人：一个值得注意的现象是，乱砍滥伐事例中，作为毁林生态后果最直接承受者的当地民众，却往往成为事件的被动接受者和旁观者。举报之时，毁林事件早已不可挽救地发生了。农村环境问题的不可逆性和隐蔽性等特点，决定了治理农村环境需要政策上赋予农民主体地位，还农民自主治理农村环境问题的权利。其实，在我国古代，村规民约就承担着社区范围内保山护林的功用。而即使在遥感监测等技术高度发达的今天，提高当地民众保护森林的意识和能力，把森林的可持续经营纳入地方经济－社会－生态发展的整体考量中，仍是预防毁林事件发生不可或缺的手段。

邓振超：村里过去的很多河道现在都是垃圾，本来清澈的河流现在满是污水。这里面有重大的安全隐患，因为这些被污染的水会逐渐渗入地下，直接影响村民饮用水质。现在每年村里都会有一些人患上怪病，我想，这与环境污染不无关系。

赵杰：过去在农村几乎看不到河道里有废旧衣物、废旧电器等，但现在那里已堆积成山，有的地方还堵塞了河流，发洪水时便随着河水流走，这些垃圾在夏天散发出臭气，大量的苍蝇在上面飞，有时也引来一些家畜在附近觅食，导致疾病传播的可能性很大。还有就是生活污水，村民家几乎没有排水设施，生活污水主要是排往河道或直接渗入地下，现在的河水已经很难清澈见底了，而且小鱼也少了，以前捞出的鱼能直接生吃，现在没人吃了。

【专题调查】吴桐：农村环境卫生现状

转眼已成为大学生村官两年，对于“基层”“农村”这样的字眼从陌生变成熟悉，从迷茫、厌倦变成适应、热爱，也是经过这两年的沉淀，我才更加坚定了扎根基层的决心和勇气。在这两年的工作和学习中，我对农村的环境卫生状况感触颇深，下面就我自己的亲身经历谈一谈。

现在农村经济生活水平越来越高，而随之带来的问题也越来越多，尤其是生产生活所带来的垃圾越来越多。这就难免会带来一些问题。目前我所在的乡镇，由于新兴产业示范园区的关系，常常会有不同的领导前来观摩、视察。所以，农村“搞卫生”便成为各个村的新常态和主抓工作。但这两年来，我发现很多时候，对生活垃圾采取的都是就地掩埋、焚烧的方式，今年掩埋后，第二年再掩埋时又会翻出去年掩埋的垃圾，大部分垃圾无法分解。这样不仅影响农业生产及环境卫生，而且更可能破坏地表植被。尤其是生活用的塑料袋，在土地中的残留率高达30%，而且10年都难以分解，夏季遇上大雨的冲刷，表层垃圾会全部冲出地面，臭味难除，并且细菌也会肆意蔓延，影响人的身体健康。

2015年我县开展农村环境卫生整治工作，根据上级部门的安排，要求清理河道垃圾，整治常年积存的生活垃圾，我村很快进行了安排部署，动用人工开始清理。然而很快问题出现了，由于村内没有垃圾处理系统，大量的生活垃圾堆积在河道内，数量十分庞大，动用人工根本无济于事。

于是各方联系动用了大型工程机械，其中挖掘机和铲车各一台、大型运输车三辆，从沟里向沟外推，清理一车算一车。随着挖掘机的工作，生活垃圾产生的气味也充满了村落，造成了不良的影响，最终根据我们粗略的计算，挖走生活垃圾 70 余吨。如此触目惊心的数目令人深思。根据调查显示我所在的村 20 年前经常发洪水，生活垃圾也就随之流走，但近些年来水位下降，河道干枯，导致生活垃圾堆存，而大量的生活垃圾都是有害物质，随着雨水浸入地下，对地下水造成了污染。据调查，村庄沟里的居民平均寿命普遍较长，我想这一点和他们常年所饮之水有密切的关系。生活垃圾已经影响了农民的生产生活，随着农村城市化，我认为农村的生活垃圾也应该得到妥善处理。

按照县里规定，各村应建立垃圾站点，系统管理垃圾，让村内呈现良好的环境。随着数十个垃圾池的建成，村内的环境卫生也有了好转。但是新问题又随之而来，村里可以把垃圾清理，但是清理去哪是个难题，县里有垃圾填埋场，但是外部车辆不得入内，而村内又没能力自建垃圾填埋场，最终的解决方案就是寻找一个深沟，将垃圾都堆放到此处。据我调查，我所在的乡镇每个村都有这样一个垃圾堆放地点，对环境的污染十分严重。

我曾经无法理解，为何生活垃圾不能及时清理，或者不能将垃圾运到定点投放的位置，后来带着这样的疑问，我从村干部那里找到了答案，主要有三个原因：一是村民的环保意识差。相当一部分村民的卫生意识较为薄弱，连“自扫门前雪”都难以做到。很多时候，村里刚把河道卫生搞干净，立马就会有村民将垃圾再次倒入，根本不考虑他人的劳动成果。二是缺乏足够的资金支持。在村子里很难发现垃圾桶，垃圾池也很少，而且位置比较偏，很多村户投放垃圾要走很长的路。在农村，可变现的资源非常有限，农民无法拿出更多的资金，而上级政府财政主要投向城市，乡镇政府和农村只有一少部分资金投入环境卫生整治当中，农村没有更多的资金用来建垃圾池、配垃圾桶，以及进行更为合理的垃圾处理，所以农村的垃圾根本无法得到及时有效处理。三是没有科学地管理垃圾，垃圾堆成山的景象触目惊心，而乡村两级无法解决这样的局面。

对于这个问题，我也实地走访了其他乡镇，并且询问了一些村干部和其他村官，发现有些地方的工作做法很值得借鉴学习，比如说给每户村民配备垃圾桶，要求生活垃圾入袋投放，垃圾桶装满后自行将垃圾运到垃圾点；比如说将垃圾池进行合理的规划，建在利于村民投放的位置；再比如说每年长期雇用保洁人员，对街道进行长期有效的维护，建设大型的垃圾回收清理厂。

其实生活垃圾，并不是什么大事，但如果不引起重视，就很可能成为影响我们生产生活的“拦路虎”，赚钱很重要，经济发展很重要，生活水平提高很重要，但爱护我们共同生活的农村环境更重要。

第三编 典型案例汇编

1. 李芳

【编者按】

大白话、大实话、真性情，是我们对这本新农人实践文集的设想，这些期待在李芳的文章里有了淋漓尽致的体现。从不甘于在办公室里消磨时间，到跑去大山中让生命燃烧，李芳完成了一次自我蜕变。这位皮肤黝黑、说话直爽的年轻村官，倔强地追逐着自己的梦想。这个梦想让青春少了怨艾与犹豫，多了汗水与勇气，也许她真正能在基层"折腾"出自己的一片天地。李芳属于那种内心不甘平凡的人。

女大学生"山大王"诞生记

——从最初到现在，村官经历的真实回顾

说起当村官，不得不说当村官的初衷。不光是我自己，还有我的村官战友们，其实当大学生村官普遍的一个现象就是奔着进政府去的，说白了就是毕业先挣着工资，然后借着这个职位考走，不管是考公务员还是选调

榛子丰收（李芳提供）

生。说起我自己当村官，最初的理想也没有那么高尚，说是为了建设新农村而去就有点假了，因为没有走上村官的岗位根本就谈不上扎根农村的高尚追求。我记得大学毕业时对自己的工作规划并不明确，因为我们家里三个女孩都上了大学，我是最小的，但和两个姐姐的年龄都相差不多，几乎一起大学毕业。受家庭条件的影响，我们迫切地需要靠自己解决工作和生活问题。父母一把年纪，我们几乎没有更多的选择，当然如果我能考上公务员是父母最愿意看到的。在他们看来，考上公务员就一辈子无忧了。所以当我没考上公务员后，就合情合理地当了村官，准备再抓机会考。说实话，可能是受了专业影响，我的梦想是拥有一家公司或者当一名职业经理人。

2011 年 10 月，刚毕业的我正式走上了大学生村官这个岗位，其实我对自己这第一份工作并不了解，只是在招考公告和网上查阅了“大学生村官”的字面意思。正式上岗前听前辈们说都是在乡镇上班，感觉应该还不错。很快我就“走马上任”了，被分到镇上的一个村里。果不其然，正像往届村官说的，我们都在镇里上班。本来把我分到村里那一刻，我还是对村官工作充满好奇和未知的。我喜欢这种未知带来的不确定性，因为感觉总有你发挥的余地。结果，在镇里将近半年的职员工作让我的一切想法几近崩溃，我甚至有时会痛恨自己——年轻的力气都被现实给打压没了，我不知道我二十几岁的斗志是否会在这种无聊的工作中被消磨没。2012 年一个周六的中午，我躺在沙发上想这周的工作，越想越觉得窝囊，越想越觉得心力交瘁。其实这不是我第一次觉得心烦。我觉得我完完全全地失去了自己的价值，也失去了年轻的斗志。我反复想：我就是为了考上公务员，为了一份稳定的工作吗？村官是干什么的？就当我考上公务员了，我二十几岁就将开始这样往复地工作，那这样的生活将持续到我死，虽然稳定，无大风大浪，但那是我想要的吗？不行，这样不行，当回村官，我不能就这么让它过去，我还年轻，我得奋斗。就这样，我被自己流放到了村里，不带任何沮丧和抱怨。待我慢慢来发现村官生活的精彩吧！接触村民，走家串户，家长里短，这才是村官的生活。虽然镇领导并不愿意我下去，但我还是顶着领导难看的脸色乐此不疲地往村里跑，其实镇里该我承担的工作我都抓时间干了。三个月之后，我慢慢找到了村官的方向，并为这个方向制订了一个不小的计划。

除了日常服务村民，我还决定带头创业，搞点实业。最初我只是每周给村里老百姓放点有关日常种养殖实用技术的课程视频，他们什么时候愿意听我就放，还给他们解释。但是我知道好多知识自己讲起来比较空泛，因为并不是自己的东西，慢慢地老百姓也都不怎么爱听了。有时候他们不听我自己也听。后来我就坚定要在村里弄个项目，但是弄啥没想好，就想着利用当地的优势和村民一起搞，想把山上原有的野生东西弄下来。后来各处查找，到处溜达，在和我姐商量后决定把新品种平欧果榛引进来。那时我姐在东北上学，听说有研究所研究出大榛子，我就当回事去查了，通过网络了解了这种东西。这个品种当时还刚研究出来没多久，刚刚投放到市场上做实验。去研究所考察后，结合我们村里的优势和自然条件，就决定引进了。因为是新东西，需要引进种苗，当时市场上售卖这种苗木的并没有几家，自然很贵，23 元 1 棵，却是一次投入终身回报的东西。考察回来后，我就试探着把这一品种介绍给村民。效果可想而知，没有一个人愿意弄，不是怕失败，就是怕受骗，最重要的是嫌苗子太贵。其实在农村为什么要提出带动示范，要先富带动后富，那是有一定道理的，不可能所有人都是第一个吃螃蟹的，更多人是看客，看着没风险了一起再上，这是普遍现象。但对我来说，这个项目我必须上，即使没有人干。经过效益分析、市场分析，发现项目都具有可行性，就是投入资金不足，刚毕业的我哪里来的钱啊。只好回家和我父母商量，他们分析之后，决定支持我折腾一下。

2012 年 10 月我承包了村里的 300 多亩荒山，这片荒山在一个平缓的山顶上，海拔 1000 多米，没水、没路、没电，荒草一堆一堆的，唯一好的就是地方大一点。要问我为什么选择这里，一是这里便宜，是小组的集体地方，没有个人闹事、漫天要价；二是这里地方大，成片，不是东一条西一绺的；三是，别看这里是山，但也算适合平欧榛生长。这里是我唯一能不太费力租下来的地方，小组地没人管，价格便宜。就是这 300 多亩的荒山成为我之后四年乃至更长时间的主战场，“山大王”也从此诞生了。我从 2012 年 10 月开始开垦这片荒山，没有路就上不去山，于是就雇钩机先修路，第一笔启动资金让这机械费占了不少。那时候钩机师傅和我每天 4 点就到山上，我一边给他做伴一边还很不专业地指挥，凭自己的脑袋计划上山路线，没办法，没有钱也没法请专业的测量队。我除了做伴和指挥，还带着我们两个的午饭，有时候不带着我就要提前下去拿饭送上来。遇到镇里、村里有事我就让我爸代替我上山，还是避免不了让他们跟着受累，只能自己能多做就多做点。说起第一批启动资金，可以毫不隐晦地说那是我订婚的嫁妆钱，什么也没买，都搁在这山上了。

2013 年春天订的树苗都来了，马上要栽。虽然修了路，但是因为山陡，达不到通车的条件，再加上冬天下了雪，什么车都上不去。可是树苗不等人，不栽就发芽了，成活率就降低了。一万次心如刀绞，一万次无可奈何，我最终还是只能连累自己年迈的父母和我一起了。早上天不亮我就起来把饭做好，吃完饭我们三口就拿着搞，扛着树苗上山去了。从家到山上要走 6 里路，再加上背着树苗，到上边就已经七八点了，体力已经消耗不少了。可到了山上就得打了鸡血似的干起来，刨坑刨不动了就干点儿其他轻巧活缓解一会，再接着干，我们仨一天栽300多棵树，整整栽了将近1个月。干体力活的第一个星期我手上到处都磨出了水泡，再后来就感觉不到疼了。记得那时候第一周自己每次睡觉都会哭半天，但是真的丝毫没有想过放弃，唯一心里最大的负担就是和自己一起受苦的父母，不能让他们歇歇，还要让他们拖着年迈的身体和我重新干起体力活。我爸说他把一辈子的树都栽了，那时候我真是心里剜着疼。顾及不了自己的疼痛，但心里对家人一直过意不去。所以无论他们怎样抱怨，我都乐观地对待，我还年轻，我不怕失败，无非就是损失了一些时间和金钱，可我对别人不能不负责任。这一年是最忙碌的一年，我兼顾创业和村镇工作，但是丝毫不觉得懈怠和疲惫，相反觉得生命这样才是充分有效地燃烧着。这一年我向我的同学、同事都借了钱，他们不知是被我折服还是感动，在很多方面帮助了我，最初的支持除了家人，还多了几个同学、几个同事和一些相关的人。

2014年，树长得很好，成活率几乎达到100%，超出了我们的想象，之后就涉及管理和技术的问题。因为车上不去山，树还需要浇水，山太高，离水源又远，就计划着打井。结果我跑了好多地方看水管和水泵。因为要在山下打井，距离太长，垂直距离也太高，一般的水管和水泵都不行，光上山的一套塑料水管需要定制，就得3万多元，还不一定能承受得住这么大的水压。这条途径行不通，时间长不说，也挺费钱。那就先修路，把车弄上去浇水。因为春天干旱，树苗迫切需要浇水，所以土地开化了就开始雇钩机修路，总算是把我们家一辆破货车开上去了。就这样，靠着这个被我称作“战斗机”的破货车，一次从家里拉上1000斤的水，拉着水管子开始浇树。记得那时候买了200米的软管，我就拿着软管一个台阶一个台阶地、一棵树一棵树地浇，一天真的会弄湿好几双鞋，而且几乎每个小时都是拎着管子小跑，身体练得杠杠的。有一次浇着水，我就想：这样闷头干不行，什么时候是个头呢。全都靠自己是不行的，我必须寻求一些政府的帮助。可是得到扶持不是你想要就来的，现在我没有成果、没有影响，靠什么得到支持和扶持呢？政府如果能帮我解决了水利问题就是帮了大忙，可是哪里有那么多雪中送炭的好事，我没有取得支持的筹码。但是我也不想闷头干了，我想给自己做广告，别的不说，我觉得我的精神还是可以宣扬的。于是我为自己写了一篇稿子，就写了我之前的创业经过。幼稚的我想靠这个去取得别人的支持，从而增加影响力，得到政府的关注，好把我的水利问题给解决了，要求不多，我也不要钱，解决实际问题就行。于是我把自己写的稿子投给了报社，结果石沉大海了。我决定是先踏实干，等着成绩的到来。一年不行两年，两年不行三年，总有一天这片山会成为宝藏，成为人民参观称颂的丰碑。每天在地里干活，我就把所思所想记录下来，把实践技术和经验也记录下来。就在2014年秋天，这些树结出了第一批果实，虽然很少，但它标志着我已经成功，因为我山上的这些树比研究所的长得还要好，这就是努力后最好的回报。我在山脚下立了一个大牌子，上面醒目地写着我自己命名的“大学生村官平欧果榛示范园”。这年秋天我在这片山地园子里第一次为村民上了一课，告诉他们我的项目是什么，它就在这里，在大家眼前，已经长出了胜利的果实。

2015年，陆续有人听说了这里，开始来这里参观。我也没闲着，经常去研究所学习，买书、买光盘，把理论和实践结合起来，全凭自己的努力去管理、管控。虽然已经外债累累，但我知道这只是暂时的，我对自己有信心。除了省吃俭用攒工资，钱还是远远不够，我想去贷款，可是好几次都不成功，最终还是在亲人那里借了点儿钱，尽量节约成本，自己多干点儿。我去林业局、农业局，又找到主抓农业的副县长，一一向他们解释我的项目的现在和将来。最后主抓农业的副县长去我那里看了看，决定给我解决水利问题，并让我报一个林业局的经济林项目，给了我11万元的苗木补助。这对我来说简直太管用了，用这11万元我能做的事太多了。也就是这第三年，我栽下的摇钱树长疯了，在合理的肥水条件下已经彰显出足足的后劲，而且结了不少果。这回来看的人越来越多，我在这一年里也不知道在村子里给村民上过多少次课，向他们讲述山上的情况，还一再地强调新技术、新品种的引进对现在农村是多么重要。百姓需要一点点儿地装下这些东西，改变传统的、不科学的耕作方式。也是在这一年，很多人开始引进这一项目，和我一起干了起来。而我自然而然地成了他们的技术指导，也义务地作为讲师和新技术的引领者，为我们农村共同的事业奋斗。为了让这个项目健康有序地发展下去，我也成立了合作社，希望做这个项目的人和我一样，尽最大努力去做到最好，我想弄出自己的牌子，统一管理，从最开始就管好，让人们有品牌意识和责任心。这一年我也定制了简单的包装，准备以后把我们的产品推向市场，一个属于我们自己、靠品质打造的市场。

2016 年，算是这一项目的大发展之年。全县很多人都到我这里参观学习，我也不用宣传就成了“名人”，组织上要求把我的事迹拍一个短片，大家也就深深地记住了这个其貌不扬的女大学生村官。年初我根据自己这几年来栽植的经验，又借鉴一些书，把栽植技术编制了一个小册子，发放给栽植户。这本小册子记载了这几年我的管理经验和栽培技术，还有自己的心得。我想通过这个方式告诉大家，我是怎么管理我的树的——尽量少用或不用化肥、除草剂等化学药品，注重产品质量，也提醒大家要加强环境保护。今年我认为我最大的收获就是下到全县很多乡镇的村里，为他们讲课，讲关于新型农业、农产品质量追溯、滥用除草剂和化肥的危害等一系列课程，让我们共同为农村、农业、农民服务，也让我自己做个合格的新型农民。今年的收获不用说，一定是很好，而且我从去年开始雇人干活，和他们一起干，也向他们传播一些知识信息。农村的农民教育问题是一个长期而又艰巨的过程，我们正在共同努力。

作为一名大学生村官，其实我们的地位真的很尴尬，乡镇把我们截留下来当打杂的，我们镇里几个村官都负责一些股所站的事情，而把乡镇那些人都闲下来。其实比起乡镇其他一些工作人员，大学生村官的素质要强很多。说到村里更是为难，本来下村接触就困难，又大部分时间留在乡镇，导致村里不愿意要我们，觉得我们和村里没多大关系，村里的事务不让我们插手，特别是涉及利益问题总是躲着我们，大学生村官在村里能顶个事的真是很少。在创业过程中，不用说镇里、村里协调帮助了，不说坏话打压我们就不错了，特别是一开始没有成绩，只能靠自己协调和他们的关系，尽量让他们满意。其实我们的组织是组织部，县里组织部的领导希望培育出一些优秀的村官，踏实肯干地做出成绩，所以成为组织部的宠儿对我们来说更重要，因为他们会和乡镇沟通给我们开绿灯，帮助宣传，为我们提供学习和与各个部门沟通的机会等。

要说创业申请项目或得到政府扶持，对我们来说不是很容易，刚起步的创业者连申请贷款都困难，去各个部门报项目大部分都会被拒之门外，因为每个部门项目都很多，但是没有一个适合我们，这也可能和我们的经验有关，没有准确把握信息。很大程度上人脉关系太重要了，在没有影响力的情况下，也只能靠人脉来及时获得信息、摸出门道。我创业的这几年几乎所有相关的部门都跑过，也不知道应该去哪里，就是误打误撞广撒网，但几乎收不到任何效果，最终能帮你的也许是那些素不相识被你的坚持和勇敢打动的人。记得我要给示范园通电，有将近1公里的高压线，架高压电线是很贵的，而且电力局不做此类小工程。我从镇里的电力站到县电力局一级一级申请、一级一级解释，用了2个多月才把审批手续办下来，结果到了电力承装公司（电力局下属施工公司），做完预算将近15万元钱，又不能自己找人施工。我就找该公司主管项目的副经理韩经理，蹲在他办公室门口一个星期，他终于肯见我，容我给他说说我的情况。他听我一个女孩子，创业也很不容易，他的女儿和我差不多年龄，他感动于我的坚持和胆量，决定尽最大努力节约我的开支，还把我的情况向总经理汇报了，结果他们赔钱把高压电给架了，只花了6万元钱，材料都是他叫手下工人想办法免费给的。我感谢像韩经理这样帮助年轻创业者的人，他们让我们这些创业者更有了信心和坚持下去的勇气。

现在我遇到的最大问题就是项目推广的问题。我们这里本来是靠钢铁支撑经济的，农村里的人也都在厂子里上班，大部分土地这些年都已经弃种成了荒地，老百姓心里已经很难接受回家种地的日子，父母那辈人有一部分还想着种地，我们这辈的年轻人已经没有几个想种地了，所以农业项目在推广上也面临没人干的问题。有时候我会感觉村里人都变懒了，特别是对一年四季种地很反感，他们认为靠种地肯定赚不了几个钱。我尽量每周抽出一天时间去给村民讲课，想改变他们的思想，让一些正能量传递出去：想各种办法让老百姓赚到钱，替他们跑市场、找销路，引领他们共同创造自己的品牌，为他们规划清晰可见的发展蓝图。其实我知道这些都需要漫长的过程，国内发展好的村子像华西村、西霞口村，都是靠一些好的带头人加上村民共同的努力，最终实现了富民强村。希望我们大学生村官的到来能为中国农村注入新鲜的血液，真正发挥我们应有的作用，让中国的农业活起来，为实现小康奠定坚实的农业基础。

【个人简历】

2003. 9 ~2006. 6　就读于河北承德宽城职教中学

2006. 9 ~2009. 6　就读于河北工程大学市场营销专业

2009. 9 ~2011. 6　就读于河北工程大学会计专业

毕业至今　任河北承德宽城板城镇峡沟村大学生村官

2. 朱海涛

【编者按】：

一个基层普通农民创业的艰辛与曲折在朱海涛的自述中有着充分的表达。在一次次碰壁与挫折后，朱海涛仍旧坚持自己的选择。在文中，他也表达了自己一直以来的愿望，就是通过努力，不仅让自己致富，而且带动周围的百姓改善市场处境，通过社区产业的多样化，提高抵御风险的能力。这样的动因，让人敬佩，更让人不禁希望，对于基层普通创业者，地方政府能否多一些更加亲民、更加从实际情况出发的配套措施，从而增加惠民政策的可达性和可感性。

我的创业路

我高中毕业就告别了学校，开始了一个真正的农民的生活。因父亲常年在外地工作很少回家，母亲体弱多病，姐姐们都已出嫁，哥哥又成家过自己的日子去了，家里的担子就落在了我的肩上。从开始一窍不通到很熟练地掌握大大小小的农活，经历了很多心酸。最深刻的记忆从第一次为家里挑水开始。记得那是毕业回家第二天早晨，母亲起床做饭发现水缸没水了，就叫我去挑水，虽然有点儿不情愿，但我还是挑起水桶出了家门。临出门，母亲还再三叮嘱挑半担水就可以了（就是每桶放一半的水）。到井边，看到每个人都是两桶满满的，自己也舀了满满两桶水。可当把扁担放到肩上时让自己意想不到的事发生了，自己根本就无法挑起一担满满的两桶水，怎么办哪！看看周围的人，如果把水倒掉怕被人笑话，自己只能咬牙把水担了起来，随之而来的是肩膀的一阵阵刺痛。这样一直持续了三年。

夏天是各种农作物管理的关键时节，也是农民一年中最忙碌的时候。有一个环节搞不好都会导致全年功夫白费，所以农民夜以继日地在地里劳作。有一次我半夜1点钟起床去浇地，扛着铁锹走在枯草丛生的田间路上，忽然听到“嗖嗖”的声音，我赶快用手电一照，一下子吓出了一身冷汗，感觉头发都已经竖了起来，一双冒着绿光的眼睛在看着我，我两条腿直打哆嗦，可还得硬着头皮往前走。那家伙看我走过来，“嗖”地一下跑掉了，原来是只野猫。

忙了一年，秋天很快来临，丰收的季节到了，为了不让辛苦一年的成果被冻坏，每家每户都抢着往回收农作物。饭都是弄点儿干粮在地里吃，我家当然也不例外。这些对我来说还都可以忍受，让人最讨厌、最不愿干，也是最无奈的，则是每年春节前必须要干的——掏大粪，一个不注意弄到身上那才叫欲哭无泪。以上是一个农民孩子生活的真实写照。

正是有了这样的经历，自己暗暗下定决心，以后一定不再种地，而要离开农村的生活。机会终于来了，在酒厂工作的父亲为了让我进厂，主动从领导岗位退下来（干部子女不让接班）。这样我如愿以偿，离开农村，成为长城酿酒公司的一名小职员。但很快，由于一些意想不到的原因，我只得再次回到农村。

在家务农期间，我每天必看的节目就是农业频道，想从中找到突破口，每天电视里播放的节目和信息我都会结合我们当地的实际情况做一些笔记。其中有两条信息最让我心动，就是野猪养殖和中华鲟的人工养殖。为了这两个项目我四处考察，那时农村还没有电脑，当得知需要很大一笔资金的时候，便开始向亲戚借钱。但结果是每去一家都是灰头土脸地被赶出来。因为在20世纪90年代，对一个刚结婚的人来说，没有人相信你会干成什么事。从亲戚那里借钱无望后，我开始去找政府。去找政府没人管又转去银行，银行给的答复是需要抵押或质押，我没有这些只能又一次地选择了放弃。在现实生活中，不是没有斗志而更多的是无奈……

一次偶然的机会，一个朋友告诉我有人可以帮我从信用社贷款，前提是要抽取10%的回报，而且是先付，我毫不犹豫地就答应了，也很快拿到了三万元的贷款。我用这笔钱在我家院子里盖了一间冷库用于葡萄储存，这也为我带来了人生中的第一桶金。有人会问有了钱为什么不去养殖野猪或中华鲟呢？因为三万元只能买三只猪仔，更别说中华鲟了。在不断努力我下终于有了自己的客户，我努力在客户与老百姓之间做好协调，不让他们起冲突，让各自的利益都能达到最大化。也就是在这样的过程中，我积攒了一些资金和人脉，为以后打下了基础。

很快人们见到冷库有利之后，蜂拥建库而导致周边的葡萄收购市场混乱，形成恶性竞争。我则选择淡出了葡萄收购行业，开始借助之前积累的资源，重拾梦想，到多地考察中华鲟养殖情况。当在邯郸涉县一个渔场，亲眼见到中华鲟一条有100～200斤重，我被震撼了，更坚定了我的信念。

回家第一件事就是按照渔场老板的设计开始施工。为了节省资金，汽车拉来的奠基用的石粉都是自己一锹一锹地散开铺好。每天回家全身疼得都躺不下去。但即使这样，实际使用的资金也远远超出了预算，实在没办法了只好硬着头皮去找从来都不认识的信用社主任，一天不行两天，两天不行三天，主任终于被我的诚心打动了，答应去考察一下。经过考察，主任同意用我的冷库作为抵押，贷给我 20 万元。鱼塘终于建好了，我又向朋友以高利借了 20 万元把鱼苗和饲料拉了回来。在从未干过养殖、一点儿技术都不懂的情况下，我每天看书学习，看完书马上跑到鱼池上观察，几乎到了痴迷的程度。有两次早晨起来就先到池子上观察，也许是太专注了，不小心踩到池沿上的冰直接掉到水里，从鱼池里爬上来，棉衣棉裤全部湿透了。即使这样，心里还是甜甜的，因为我的努力终于有了成果，鲟鱼马上就可以上市了，为了提高鲟鱼的附加值，我定做了一批手提式礼品盒。为了能让消费者拿到的鱼都是新鲜的，我们还做了很多次实验，并取得了成功，第一年就卖出了好的价格。

最初选择在本村建养殖场我有几个想法：第一，在本村河滩地建场，周边没有工厂企业，没有污染源破坏水质；第二，前面所说的葡萄收购已经形成了恶性竞争，最终受伤的还是老百姓，我想来起个带头作用，如果养好了可以帮助老百姓一起干，多一个产业来抵御市场风险，也可以带动更多人共同致富；第三，自己是本村人，不管有什么事都好办，还有就是周边几个县几乎没有养殖鲟鱼的。我的想法是把鲟鱼低价化（在饭店卖每斤 88 元），让鲟鱼走进平常老百姓的餐桌，来代替传统的草鱼、鲤鱼，这样我的鱼就不愁没有市场。

但实际情形总是不按想象的发展，第二年鲟鱼价格就大幅度下滑，一直降到最多保本甚至有些亏损的程度。在这样的情况下，为了降低养殖成本、缩短养殖周期，我又扩建了虹鳟鱼养殖池（鲟鱼在我这里养殖时间是一年到一年半，而虹鳟鱼则是 8 ~ 10 个月），来解决养殖鲟鱼周期长的问题。屋漏偏逢连夜雨，虹鳟鱼的价格也是直线下降。人说家有千万别养带嘴的，这回我是真正体会到了，我就算自己不吃也想尽一切办法买饲料。因为有政策，设施农用地不办理土地证就贷不了款。我就找畜牧局，希望能得到一些政策扶持，可得到的答案是全县水产养殖面积太小，国家的政策是扶大不扶小、扶强不扶弱。我又跑到到扶贫办去问，得到的答案是扶持资金大概是 100 万元，但是针对在建项目，已有项目不予扶持，而且需先自己出 100 万元的配套资金。我去发改局问，得到的答复是：“项目太小，不予支持。”我每天都看新闻、看国家政策，感觉政策对农民都很好，可实实在在没有几个普通的创业者能得到政府扶持。

鲟鱼、虹鳟鱼除了鲜食以外，其他相关产品在市场上非常少见。特别是鲟鱼其营养价值极高，对人体益处很多，本来想争取政府的扶持开发鲟鱼产品，同时来降低养殖产品单一走水产批发市场带来的风险与损失，可活生生的现实又给我上了一课，农民创业并非易事。

回顾创业历程，虽然很多坎坷但我不气馁，因为我始终认为我的选择是正确的，从鲟鱼的营养价值到产品开发都有广阔前景。如果条件允许，我将利用养殖鲟鱼、虹鳟鱼所排废水来养殖草鱼、鲤鱼，再用养殖完草鱼、鲤鱼的肥水种植有机蔬菜、水果、水稻，同时养殖稻田蟹，还可以在地里放养一些柴鸡，来达到资源循环利用、有机结合。

【个人简历】

1990 ~ 1993　就读于五堡中学

1993 ~ 1996　就读于涿鹿中学

1998 ~ 1999　长城酿酒公司

2003　自建冷库一座

2010　建中华鲟养殖场

2012　成立涿鹿县科景湾生态养殖科技有限公司涿鹿县科景湾蔬菜专业合作社

2013　建虹鳟鱼养殖场

3. 杨国清

【编者按】

作者只有26岁，但对农村专业合作社发展的认识，却已经很深刻了。处于社区内部的合作组织，不能一味以工商企业的单纯利润视角来经营，就像杨国清所说的，有时候“需要受一些损失，来换取群众的口碑”。合作社运营，对外要面对时刻波动的市场，对内要面对利益的分配重组，也许杨国清还说不上驾轻就熟，但每一次经历风浪，无疑都让这个年轻人离自己的梦想更近一些。

路在脚下，梦在前方

——河北省承德市围场县大学生村官杨国清创业历程

村官，是一个特殊的社会群体，而我有幸成为其中的一员。2013 年 7 月我大学毕业，按照毕业前制订的个人计划，回家直接参加了河北省大学生村官的选拔考试并顺利通过。当年 10 月份参加工作，被分配到河北省承德市围场县腰站镇六合店村工作，干起了村党支部书记助理的工作。

对选择村官的理由很简单，自己来自农村，对农村有感情。这也是自己一直以来的一个梦想。基层是一个大舞台，而自己想做一个有能力的舞者。毕业时招聘单位开出 3000 元一个月的工资，对于刚刚毕业的我来说是一个诱惑，是留在城市，还是忠于自己的梦想？我最终选择了我自己喜欢的这个职业——大学生村官。

我 2013 年开始在承德市围场县腰站镇六合店村工作，但在任职村官之前就已开始创业。创业地点在承德市围场县广发永乡，两地相距很近，所以我想在做本职工作的同时兼职创业。2015 年 12 月，通过组织部领导的协调，我调回自己的创业村——广发永乡广发永村，并担任村党支部副书记。

在广发永村，马铃薯是主要的经济作物，早在大学期间我就开始接触互联网农业，并协助家人成立了盛禾马铃薯种植专业合作社，建设网站，为家乡的马铃薯做宣传。毕业后，我一边工作，一边帮助家里运营合作社，同时拓展业务，将合作社业务由马铃薯种植、销售拓展到农资、种子经营服务等领域。这个过程并不是一帆风顺的，让在外边工作又兼顾合作社经营的我有些力不从心。但是选择了这个行业就注定要坚持下去，在做好自己本职工作的同时兼顾合作社的运营管理，同时将所工作的村子里的蔬菜统统上网，通过中国农业网、中国蔬菜网、土豆网、新发地网等帮助老百姓卖蔬菜、找客户。

在创业初期，我仔细分析了广发永地区种植行情，农户每年都需要采购马铃薯种子，但由于采购渠道不规范，种子种类琳琅满目、质量参差不齐，农户在种植过程中没有科学的指导，常会造成产量下降、马铃薯腐烂等问题。我们来算一笔账，以围场县广发永乡来说，按照2016年行情计算：每亩地需要马铃薯种子350斤，平均每斤1.8元，共计630元；种植规定内有机肥需200斤，每斤1.5元，共计300元；夏天防治晚疫病等需要的农药约100元；春天播种，秋天入库、出库等人工费用约400元，总计约1500元；若平均亩产5000斤，每斤按0.45元计算，一年下来，每亩收入2250元，除去1500元的投入，每亩地收入大概在750元。这对百姓来说，基本够维持生计的。如果在选择种子、肥料期间出现差错，亩产也就在3000斤左右，百姓连成本都收不回来。可以看出，种子、肥料、科学经营管理对普通农户的生产来说都很重要。我决定为百姓把好第一关，把马铃薯种子作为突破口，为村里百姓提供优质、正规的马铃薯种子。

经过实地考察，发现经营马铃薯种子的企业很多，还有很多个人经营的。经过多次走访调查，发现承德大丰种业和永丰种业相对来说资质齐全，经营管理科学，而且产量都有保证。所以，我就动员合作社股东，争取将马铃薯种子这一块做好，以保证产量。为此，我们召开了股东大会，部分股东认为将业务拓展到种子这一块风险大，而我认为，作为专业合作社，要承担一定的风险。经过我们仔细商量，发现种子对于农户来说十分重要，而农户作为一个单独的个体，面对这些风险是有一定困难的，包括种子的品质问题、种植过程问题等。为此合作社通过与专业种子公司合作并签订合同，保证马铃薯种子质量，并为农户提供法律保障，如果种子出现任何问题，由合作社出面与种子公司协商，减少了农户的种植风险。事实证明我们的做法是正确的。2014年，许多未参加合作社的农户因为种植了个人培育的种子，在种子尚未种植的情况下就出现了大面积腐烂的情况，这给农户带来很大损失。首先是耽误了种植时间，而且理赔渠道不明确，购买时没有任何书面合同，赔偿很难达成共识。遇到这种问题，农户通常没有任何办法，这直接造成了农户的损失。而我们的合作社完全可以处理这些问题，这就是合作社的优势所在。在2013年初，合作社发展到一定阶段，发展新品种种子200余吨，在田间管理的时候发现病情，如果不及时处理将影响马铃薯产量。为此我与种子公司联系，协调解决办法，种子公司派出技术员做出防御措施，立刻喷洒农药，防止了病情扩散。但是与种子公司签订的合同里并没有关于农药赔偿的事项。为此，我跑到县农业局，和领导反映此事。领导对这件事非常重视，并且当时农业局有项目，关于马铃薯病情防疫，政府给予帮扶支持，提供农药，但是接收单位要出资50%采购。这就意味着农户自己要出资一半。通过合作社股东的协商，我们决定将农户的利益最大化，这笔防疫款全部由合作社承担。在这年夏天，合作社为农户免费发放农药，共支出3万余元。当时合作社没有收益，反而赔钱，许多股东不理解。但到了2014年，许多农户纷纷加入合作社，说加入合作社有保障，出了问题啥也不怕，3万元的农药，换来的是农户的口碑。这样，我觉得很值。

2015年秋季，在与承德永丰种业公司合作的时候，由于气候、存储等因素，种子大面积腐烂，农户纷纷反映问题。合作社与公司协商赔付农户，在秋季补发原定种子数量的30%，在2016年春季合作社又自行补发种子原定数量的25%，保证了农户安全、顺利种植，不耽误农耕时节。补发的25%，全是合作社自己出的费用，在6万元左右。其实种薯腐烂现象只是个例，并不是普遍的，在补发的过程中，很多农户都很诧异，说自己的种子并没有腐烂，可是合作社坚持公平公正原则，都给予补助。

2016年秋季，原来的种薯和补助的种薯均丰收了，农户平均保持亩产6000斤。在这样的极端年份（干旱和洪涝），这不能不说是一个奇迹。目前，合作社的口碑在广发永乡是人人皆知，因为合作社有信誉，补助有力度，将农户的利益放在第一位。不过，今年合作社没有赢利，属于负债阶段。

在2015年通过合作社发放的优质种子达到600余吨，2016年继续发展新品种，推广新品种种薯300余吨，原品种500余吨。2016年由于河北隆化、内蒙古赤峰大面积种植早熟品种，将围场地区的时差蔬菜优势打破，所以合作社预计2017年继续开发新品种，永丰2号、冀张薯12号等高产、晚熟品种高达200余吨，保证了农户的利益。仅以2015年为例，全社示范、推广面积达4000余亩，亩产平均2.5吨以上，平均每亩增产500公斤以上，每亩增收1000元，仅此一项就增收400万元，社员户均增收万元以上。

第一，借助互联网，助力马铃薯销售。

2014年，合作社积极拓展业务，在做好马铃薯种子质量、技术指导等业务的同时，还积极为广大农户解决马铃薯销售问题，通过中国农业网、土豆商情网、新发地网、大洋路网等网站销售马铃薯。2014年底，帮助农户销售马铃薯1800余吨，解决了部分农户库存、滞销等困难。在收购马铃薯的时候，我经常接到农户的电话，“大侄子，我是邻村的××，明天把我这儿的土豆卖了吧，我想出去干两天活儿，土豆卖不出去，走不了”，“杨老板，我这有20多吨土豆，你来看看啊”，这样的电话络绎不绝。在做好本职工作的同时能为百姓做出一点点贡献，我内心还是很高兴的。记忆比较深刻的一件事发生在2014年秋天，那件事让我有了一个新的认识。当时，家里来了两位客人，他们听说我们合作社服务好、质量有保证、与农户都是合作关系，慕名来采购马铃薯。听到这些，我自然很高兴，并且积极为客户准备土豆。当时是初秋，马铃薯还不到成熟期，可能会出现腐烂情况，但由于秋季有的农户急于出售，而且两位客户是江西九江的，这次慕名而来也不能让他们失望。我就没多想，积极准备土豆，欢欢喜喜送走了两位客户，两天后却接到电话，说土豆都烂了，而且直接损失在2万元左右，客户十分不满意，表示需要赔偿。可是土豆上车的时候是好好的，到地方腐烂了，这种情况，一般我们是不负责的，但是客户不依不饶，在多方面协调下，我合作社决定赔偿客户8000元。当时很多农户和股东都说，他人又不来了，而且装的土豆没有问题，是天气、运输等问题导致土豆腐烂，和咱们没关系。其实道理是这么说，我心里也明白，但是出于信誉，还是决定赔偿给客户。这次事件让我成长了很多。对于马铃薯销售这一业务，必须要慎重，成熟期、气候、装卸货等问题都要考虑清楚，不能急于求成，更不能为了一个既定目标而损坏合作社形象。

合作社运用互联网的优势，做了许多宣传工作，如通过中国农业网、土豆网、阿里巴巴、一亩田等网站做马铃薯的推广工作。对马铃薯的行情信息，我们合作社与卓创资讯合作，由卓创资讯每日提供马铃薯市场行情及全国马铃薯价格。根据行情，我们制订销售计划，同时建立自己的网站，对产品进行宣传，在各大市场推广公众号，推送政策引导、价格行情等内容。网络销售在丰收的季节让百姓的产品有了销路，打破了以前“坐等收购客户”的传统销售模式。

第二，改良种植结构，为有机发展铺路。

马铃薯种植是广发永村经济支柱产业，但广发永村目前从事农业种植的人口年龄在 45 岁以上的占到 80% 以上，年轻人基本都在外工作。对马铃薯种植来说，超强的体力劳动对 45 ~ 65 岁的人来说是很大的挑战，所以要结合合作社的发展，探索脱贫致富的方向。2016 年春天，我们与北京农学院合作发展“黑五类”有机试验田。品种有黑绿豆、黑魔豆、黄豆三个品种。试验田长势良好，2017 年我们将在广发永村推广有机大豆。

第三，规范合作社管理，更好地服务百姓。

首先，说说我们合作社的基本情况和内部运营管理。我们的合作社名字叫盛禾马铃薯种植专业合作社，于 2011 年 11 月正式成立，2011 年 11 月 17 日工商局依法登记注册，2016 年 1 月增加出资额，达到 500 万元，登记入社成员已经达到 87 户，社员土地流转承包面积 1200 亩，辐射带动农户 500 余户。

合作社要发展，必须有规范的制度。目前，合作社基本搭建起运营规范，合作社以社员为主要服务对象，辐射带动周边农户。服务内容涉及农业生产的多个层面。一是生产资料统一购销。合作社提供给用户的价格比市场零售价低3%以上。二是统一调配开展农机化服务。社员农机具实行资源共享，水利设施、大型农机具，经理事会商议后，股金合作社也可统一调配，实行有偿服务。三是统一组织产品销售。自2013年开始，合作社自行开拓供货市场，发货地主要有河南万邦国际、北京新发地市场、大洋路市场、新乡蔬菜批发市场、湖北蔬菜批发市场等，解决了社员的销路问题。同时合作社以“互联网＋合作社＋农户＋市场＋超市”的模式运营，用新品种做物质保障，将合作社发展推向一个新的水平，这也是合作社的创新思维模式。社员所有生产资料及生产技术、种子均由承德永丰种业有限公司、承德大丰马铃薯种业有限公司提供，通过选择可靠的种子公司为社员提供优良种子，并且免费发放防疫农药、免费提供生产种植技术，在秋收时负责回收社员所有产出的农产品，产品主要面向市场、超市等，并通过互联网供给食堂、学校等。2016年初，合作社继续开发新客户，将现有马铃薯出口，并且积极研发新型品种，改良土地，发展有机农业。合作社在发展过程中慢慢摸索出“五个统一”的服务标准：一是根据销量，落实面积，实行统一供种，主要有荷兰15号、克新、永丰2号、夏坡蒂等高产品种；二是按马铃薯无公害标准化生产模式，统一采购生产性投入品；三是统一测土配方施肥，制订配方施肥方案，指导农户；四是统一农机化服务；五是统一收购、销售。

在改革规范合作社的同时，也触及合作社原始股东的利益，所以初始的股东很多表示反对。但只要想发展，就会面临改革，这也是避免不了的。2016年1月，我推动合作社管理制度改革，规范合作社内部机制，得到村两委班子的支持。股东大会上宣布了改革方案，很多股东觉得没有利润可图，纷纷表示撤股。这对合作社发展来说，是很大的打击，但对长远的发展来说却增加了动力。于是对决定退股的股东，我们按照章程同意其撤股并新增股东4人，合作社增加了新鲜血液，在运营上更加规范。这也是农村合作社发展的必然方向。2016年4月合作社向县农工委提交了市级优秀示范社的申请，如果想走正规化发展，必须有更加规范的管理。

回顾创业历程，收获很大，有支持的目光，也有嘲笑的眼神，而作为创业者，要保持不忘初心的信念，坚信路在脚下，梦在前方。在创业过程中，我觉得最重要的是要坚持自己的信念，创业者的信念一倒，创业就会磕磕绊绊，最终导致失败；只要坚定信念，成功就会属于你。再有就是项目的选择，一定要结合当下实际情况，看看有无发展空间和生存空间。在发展过程中，最好要与政府挂钩，获取相关支持和资金，减小发展阻力。对产出的产品要定位，是中端还是高端，同时做好市场调查，将产品品位和市场对接。同时，创业不是一个人的事情，团队的力量是很大的，对于团队的建设，在于管理，更在于人才的选择。

【个人简历】

2009.9～2013.7　就读于吉林体育学院，任团支书

2013.10～2014.10　任承德市围场县腰站镇六合店村党支部书记助理

2014.10～2015.12　任承德市围场县腰站镇六合店村党支部副书记

2016.1～　任承德市围场县广发永乡广发永村党支部副书记

4. 李超男

大山里的倔强女孩

我出生在农村家庭，家乡到处是连绵的大山，土地很少。我们家有三个女孩，因为土地少，我和妹妹一直是“黑户”，没有分到土地，三口人的地养活着我们一家五口人，常常吃不饱饭。因为是农村，又都是女孩，所以母亲经常受到周围人的歧视，为此母亲给姐姐取名李赢男，我叫李超男，而妹妹叫李倩男。她希望我们能够超越男孩，为她争口气。不负期望，我们三个虽不算优秀，但也都大学毕业，有了稳定的工作，而我和妹妹走了同样的路，当大学生村官。

说到回家创业，我多少受到了妹妹的影响，我和妹妹同时大学毕业，我选择了继续深造，读了研究生，而妹妹则回家当了村官。妹妹快工作一

创业照片（李超男提供）

年的时候，有一次她和我说："二姐，就这么上班，当一天和尚撞一天钟，太没意思了，找点项目干点儿什么吧。"我一听也是，在脑海里，就像放电影一样，寻找着。因为我的专业是园林植物与观赏园艺，方向是植物造景与配置，几乎每天都与植物打交道，自然首先想到的就是种植项目，再加上我从小在山里长大，对山上的野果、药材等都很了解，一下就想到了种榛子。经过查阅信息和资料，还真有新品种榛子在推广。就这样我第一次参与到创业项目中来。接下来由于我刚刚研二，不能天天在家，创业的实施几乎是由妹妹完成的，我只是在放假的时候回家帮忙，虽然干得少，但也亲身体验着。由于种植基地在海拔 1000 多米的山顶上，工人不好雇，农活，如打药、除草等几乎都是自己家里的人干的。也许很多大学毕业生都无法想象我们抱着羊粪袋子施肥、满脸羊粪的情景，更无法想象我们竟可以像男人一样背着 30 斤的喷雾器，一天打 20 喷雾器的叶面肥。

2014 年我研三，这一年成了我人生的转折点。2013 年 12 月的一天，我和室友吃完饭，在回寝室的路上，被一辆车撞了个正着，接下来，我便在疗养中度过半年。那半年确实煎熬，毕业论文要写，几个面试错过，似乎也无法马上工作了，整个人烦躁极了。因为腰部有伤，我更是无法长期从事设计工作，我开始有些慌了，不知道毕业后该何去何从。这时，妹妹建议我回家和她创业，我很犹豫，因为之前我俩商量过，她负责家里，我负责外围市场，在北京先找份工作，到时候扩大市场。还有一个原因就是，我年龄已经不小了，毕业就是要 30 岁的人了，若是到家乡农村里，恐怕是真的找不到对象了。就这样，我犹豫了很长时间，最后是因为我和妹妹的一个畅想蓝图，决定留了下来。我从 2012 年开始接触“沟域经济”这个词，查阅了很多资料文献，也看过很多成功案例，北京的房山、延庆和怀柔等地，都因为发展沟域经济，而让百姓富裕起来了。我就想我们村的环境也非常适合这种经济模式，所以想试一试。就这样，我和妹妹构想着，希望把我们的项目推广开来，形成片、连成面，这样几个村同时搞一个项目，就形成了沟域经济的雏形。

有时候真是会觉得，徘徊和犹豫中，有一只命运的大手推着你做决定，如果我没有出车祸，也许我就不会回家当村官创业了。还好我是个做了决定就不后悔的人，既然选择了，就踏踏实实地走下去，可是很多事，真的不是你有一腔热血就可以的。村官第一天上任，我是被镇领导接回去的，镇书记和我谈了很长时间，大概有两个多小时，这期间我几乎没有说话，最后我总结了一点就是，镇里要把我截留在乡镇里，我心里打着鼓，心想，要是在乡镇早八晚五，我哪还有时间创业啊。我顶着巨大的压力，誓死要下村，经过几番斗争，我坚持留在了村里。这边我已经得罪了镇里，心想村里那边可别出什么岔子。真是怕什么来什么，村书记怕让村里管我吃住，多次提出要把我送回镇里，我急得像热锅上的蚂蚁，最后我和村书记直接谈判说：“没事，你不用管我吃住，有事的时候你找我就行，我家离这儿近，我回家住就行。”他一听没村里什么事，还有个免费干活的，就不再提让我回镇里的事了。就这样过了一个冬天，4 月份，我所在的村要建一个休闲广场，我知道我派上了用场，为了获得村干部和百姓的认可，我用了半年的时间，几乎天天在村里，甚至是周六日，画设计图纸，带领施工，和村民们一起干活、一起吃饭，有时候栽树栽到半夜两三点，我也会坚持到两三点，然后在村部的小床上休息。后来村书记说：

"你可真胆子大，我都不敢一人在村部睡。"我就笑笑说："没事，我不怕鬼。"还好，功夫不负有心人，我在村里站稳了脚跟。因为妹妹之前的创业实例和示范效应有一定的影响，很快，我便在村里实施了项目推广。想到经济实力和威望问题，我首先把项目介绍给村书记，出乎我的意料，他对项目很感兴趣，带头试栽了十亩地。我心中暗暗高兴，我的创业路终于有点儿起色了。有的时候真的是觉得自助者天助，我看好了村里的一片地，那里有100多亩的蘑菇棚，地理位置好，集中连片。我就想，要是我能把那块地承包下来就好了。没多久，村里就和蘑菇棚的承包人商量承包到期的事。由于蘑菇市场不景气，承包人不承包了，村里正愁着，我就灵机一动，和几个村干部说："就是我的钱有限，要不然我就把这片地承包下来种植榛子什么的，总比种玉米强。"书记一听，觉得有道理，随即和我商量起了这件事，经过村民小组代表大会讨论，最终决定如果有人承包，就继续承包，村民获取租金。就此，开始了我在北五沟村的创业生涯，我们计划将这100多亩蘑菇大棚改良，旋耕、施肥，划成三个片区，分别种植欧李、树莓和榛子，形成一个特色采摘园。都说理想很丰满，现实很骨感，一点儿都不差。谁来承包？以什么形式承包？问题一个接着一个。我倒是很想承包，可是我没有那么多钱。经过几番商量，我和两个愿意干的村民以及村干部以家庭农场股份制的形式将这片地承包下来，这样我们的压力就不会那么大了。由于之前这里是香菇大棚基地，除了土地条件不太好外，水利配套设施还算健全，这给我们省去了很多麻烦。按照计划我需要采购欧李、树莓和榛子三种树苗，为了节约成本，我从山西跑到东北，实地看、实地考察，既要保证苗木品种的优良，又要节约成本，大概跑了一个多月，终于敲定了几家。人家看我是个刚毕业的学生，创业不容易，都给了最低价。索性这一路走来还算顺利，到目前为止苗木长势良好，其中树莓已经结果。专业技术方面，因为我本人属于相近专业，植物的栽培管理并不陌生，有些技术是到基地学习，有些是打电话咨询，此外最重要的还是不断自学，买最权威的书、经常看科技类的节目，借用他山之石，做试栽，将没有问题的技术推广给老百姓。由于很多种植者都比较老，不会用微信，我们便打电话通知他们什么时候什么病虫害高发，什么时候施什么样的肥，什么时候进行修剪。

听起来，我的创业路并没有那么大的风浪，没有那么多艰辛和挫折。因为妹妹之前把困难和不可逾越的坎儿先踏平了，也正因为看她如此辛苦，孤独地一个人走在创业路上，我多有不忍，这也成为我最终回家的原因之一。如今我们的创业路已步入正轨，尽管有的时候真的很累，我要翻山越岭，从山这头翻到山那头，大概五公里山路。山的这头是我家，山顶是榛子园，山的那头就是我的在职村，我经常忙于三地之间，观察长势、做技术指导，或者是亲自干活。上学时有位老师曾和我们说："任何一个行业，只要你坚持做十年，你就会成功。"我牢牢地记住了这句话，并想实践它。所以我和妹妹坚信十年后我们一定会成功的，我们的第一个五年计划，照目前看来已经提前实现了。

说了很多，也许人们最关心的并不是这些，而是为什么我们选择种植榛子、欧李和树莓，而不是选择种植其他东西，以及凭什么种植这些就会挣钱，产品出来怎么卖出去等一系列问题。尤其是老百姓，最关心的就是这些。我觉得可以从以下几方面解释：第一是种植环境。在我们这里满山遍野长满了榛子树，只不过野生榛子个头不大，树莓更是随处可见，欧李也是很多山坡上都长的东西，尽管栽培种植和野生物种会有差距，但比起其他没见过的品种，生存能力应该更强，最初我是这样判断的。第二是产品营养价值。榛子是干果之王，欧李是补钙之星，树莓是抗衰老佳品，并且在国外盛行几十年了，这些都是当下的养生佳品，更是二孩时代的宠儿，有需求就有市场。第三是市场空间，我有一个习惯，那就是每到一个城市，都喜欢看看那里的大型超市买什么新产品，包括价格，因为心中有几个敲定的产品，就会刻意捕捉有关这方面的信息。从南方的苏州、杭州、南京和上海等发达城市到北京、天津，再到东北三省的省会城市，看了不少超市，做了许多实地调查。同时我也不会放过万能的"度娘"和一应俱全的"淘宝"，笃定了物以稀为贵，在产品还处在市场空白时下手，带着分析和判断用十年的时间下了创业的赌注。第四是市场定位。要做就要做精，自然我们的定位是中高端，凭借离北京还不远的优势，首先拿下北京市场，随后进军上海、深圳等南方一线城市。第五是产品质量问题。虽然有相关政策出台要求建立产品追溯体系，但我们并没有看到具体的实施办法或者实施者，对此我们设计了自己的产品保障体系，简称“一户一标”，就是合作社成员出售的产品，每一家或每一户都有一个“监护人”，包装上会贴着带有“监护人”大头像的二维码，以此来控制产品质量。第六是保证老百姓的利益。也许有人知道我们宽城是京东板栗之乡，神栗集团就在我们县，可是近几年，我亲眼看见很多栗农将栗子树砍掉，因为一年到头来栽栗子根本就不挣钱，不知道是小商贩从中作梗，还是其他什么原因。我们不想重蹈这样的覆辙，坚信老百姓富裕了我们便不会穷。

回顾创业路，我觉得创业也是一个天时、地利、人和的过程，创业团队、点子、市场定位和政策支持等因素都影响着创业能否顺利完成。如果没有国家对大学生创业的重视，我想无论我再怎么坚持，结果都只有一个——最终被当地政府打压下去。我真正得以咸鱼翻身，得益于一次省委组织部下来考察，自此之后我才真正走上了创业路。对于资金上的支持，我想当地政府多数都只会锦上添花，而不会雪中送炭，我只希望政府能放开手让我自由发挥，至于他们是否能帮助我，我从不奢求。现在我在村里创业，得到了百姓的认可和村干部的支持，我觉得这才是最难得的。

【个人简历】

2002. 9 ~ 2006. 6　就读于河北承德宽城第一中学

2006. 9 ~ 2009. 6　就读于黑龙江农业经济职业学院园林技术专业

2009. 9 ~ 2011. 6　就读于黑龙江八一农垦大学园林设计专业

2011. 9 ~ 2014. 6　就读于东北农业大学园林植物与观赏园艺专业

毕业至今　任河北承德宽城亮甲台镇北五沟村大学生村官

5. 刘美霞

扎根热土：为了爱的执着

我叫刘美霞，出生于山西省晋中市左权县一个普普通通的农民家庭。家中姐妹多，生活担子早早地压弯了父母的腰。一个农民，一年的辛辛苦苦，只能靠家中的田地来苦苦支撑，那时我就发誓，一定要从根本上改变农村的现状，改变父母的生活。2005 年，我如愿考入农业大学学习农业技术。

创业照片（刘美霞提供）

2010 年，24 岁的我毕业了，可是为了爱情，我背离了家乡，追随着男友的脚步来到了宽城。然而我还是农民的女儿，为了儿时的梦想，我通过了河北省省聘村官考试成为一名大学生村官，2010 年 10 月，就任亮甲台镇新北庄村村支部副书记。

当我进入这个即陌生又熟悉的环境中，我的心是茫然的。从山西到河北、从学校到社会、从学生到村官，巨大的心理落差和环境变化让我感到了前所未有的压力。农村工作千头万绪，这对身上还带着浓浓书生味的我而言，除了条件艰辛外，更大的考验是很难适应基层的工作环境。村民的不理解、农村烦琐的各种工作，让我好几次都有甩手不干的想法，但是转念一想，既然选择了在这里做一名村官，就不应该退缩，还应该在村官的岗位上有所作为，不辜负百姓和领导的期望。我开始放下身子，走街串户，与村民真心交流，说农家事，拉农家话。在入户与群众的交往中，我渐渐感受到了农民的淳朴、善良，同时也感受到了他们思想上的保守、信息上的闭塞。当看到部分家庭生活还不富裕时，我便暗下决心，一定要为老百姓做一些切切实实的事情。

几年的时间里，我有时间便会去走访调查，我发现其实村民自主创业的愿望十分强烈，但是由于信息闭塞、经济上的束缚以及曾经失败的经历，他们对创业这件事心存顾虑。

亮甲台镇位于都山脚下，每逢春季，村民都会到山上去摘野菜，有的自己食用，有的则会卖到各大饭店，每年可获得一笔不小的收入。野菜不仅风味独特，而且具有防病治病、保健益寿的功效。随着人们生活水平的提高，野菜受到越来越多的人的青睐。我在想，既然野菜这么受欢迎，何不利用当地山多地少的环境，发展荒山种植，做成具有一定规模的正宗野菜基地呢？一次在网上查找资料时，中国林业网上的一篇题为《河北宽城县都山自然保护区发现山珍野菜——龙芽楤木》的文章给了我很大的启发。经了解，龙芽楤木含有蛋白质、脂肪、碳水化合物、矿物质、维生素等，可做菜、做汤，也可腌渍加工罐头，具有极高的药用价值。而且，其栽培技术简单，对环境要求不严格，种子繁殖倍率高、生长快且成本投入少、风险小，操作过程易掌握，另外社会需求量在增大，国内与国际市场销售前景很好。

到2015年，经过几年的考察与实践，我开始实施我的野菜种植计划，然后便开始动员村民一起种植。然而当我真正实施时才发现，事情并没有想象的那么容易。当我去动员村民一起种植野菜时，听到村民你一句我一句的讨论与不信任，我的心很酸、很酸，不知道该不该继续，不知道到底要怎么办。

这姑娘身子这么瘦弱，怎么能受得了农村的苦。当村官就是心血来潮，不一定能干好。

人家是高才生，说不定什么时候就考走了，哪能在这里一直待着。

她那就是瞎折腾，赔掉了怎么办？

人家折腾折腾，又不用搭什么东西，我们又出钱，又出地，又出力，万一赔了，或者卖不出去，不就是瞎忙吗？

听着村民们你一言我一语，我的心很难受，我想哭，不想干了。我反复寻思难道我的创业计划就要这样胎死腹中、无果而终了吗？我不甘心，冷静地思考后，我决定自己先试种做示范，等运营步入正轨后，再全面推广种植。只有自己种植成功了，村民才会相信，才能跟着我一起致富。

我开始亲自测土壤、选品种、盯市场，并与沈阳农业大学谈合作，到沈阳东部山区实地考察，然后选定品种，在亲戚朋友，甚至家里人都不支持、不看好的情况下，开始了我的创业之路。我承包了几十亩土地，开始了野菜的种植。

没有资金，我就去借，找朋友，找父母，甚至去找银行，跑贷款；没有工人，我就自己着手去做，处理种子、检测土壤、施用菌肥，到沈阳农业大学学习种植技术。有付出终将有回报。2015 年春季，第一批野菜试种成功，望着绿油油的农田，我终于松了一口气。有收益就有希望，村里的几户村民看到野菜种植收益不错，表示愿意一起种植。然后我们的合作社便正式成立起来。

随着合作社的成立、种植规模的扩大，新的问题又接二连三地出现。2016 年，当我们都在盼望丰收的时候，春季里的干旱导致很大一部分苗木枯死，为了缓解损失，我又筹资十多万元建设了农田滴溉带。然而，祸不单行，夏季时候，当芦笋苗木长到半米高时，一场突如其来的虫灾给了我灭顶之灾，近半数的芦笋被一夜之间吃得只剩下秆。我找了县林业局植保科的各位专家，然而，由于芦笋在当地没有种植过，他们也不知道是什么虫子造成的。继续求教沈阳农业大学宁伟教授后才得以控制，然而仍很多需要重新补栽，造成巨大的经济损失。

在我的努力下，美都山野菜种植专业合作社慢慢走上了正轨。合作社目前以种植刺龙芽为主，以种植蒲公英等为辅，实施“合作社 + 农户”的产业经营模式，带动当地农民步入规模化专业山野菜生产。另外为了长远的发展，我还在探索更为有效的林菜间作模式，利用现有的一些林果树荫种植一些野菜，充分利用空间，增加亩产量。

“农村虽然苦一些，但能锻炼人；虽然累一些，但能考验人。”通过几年的基层磨砺，如今的我已逐步蜕去一身稚气，用知识和坚韧悄然改变着我所服务的村庄。但是现在在种植方面，我还面临一些问题。

首先选择野菜种类是第一个大问题。一是要符合当地人们的饮食习惯。第一年，当第一批刺龙芽种植出来的时候，我们去推广，却发现好多人根本不知道这个东西可以吃，更不用说它的保健作用。所以一定要循序渐进，我又重新加了蒲公英以及苣荬菜的种植，先用大众知道的、可以接受的东西，去扩大市场营销额，然后再慢慢宣传其他产品的功效，以达到被所有人接受并认同的目的。

二是要选择容易栽培并且生长期短、见效快的产品。目前合作社的品种主要有刺龙芽、芦笋、山芹菜等几种野菜，全部都是多年生植物，一次种植，30 年受益，然而，用种子繁殖，基本都要三年才能见效，很多农民都接受不了一年没有收成的这种感受，所以我们除了增加蒲公英、苣荬菜又增加了野生秋葵的种植。秋葵不仅生长周期短，而且经济利润高，一亩地便能达到上万元的收入，不仅缓冲了多年生野菜生长年限长的弊端，又给农民创收增加了一条渠道。

其次要考虑野菜的存储以及销售问题。野菜现在都是靠卖鲜菜，第一不好保存，第二在运输途中容易变质，导致不能长途运输，大大制约了野菜的异地销售。以后要增加深加工，只有这样才能长久发展。

无论是在野菜种植技术方面，还是在储存方面，都有一定的缺陷。在种植方面，要多向一些种植大户学习经验，并聘请专业人士如沈阳农业大学的老师或学生来指导。另外不能一味地去追求扩大规模，一定要在储存及运输方面加强技术投资，让我们所种植的野菜能够销往全国各地。

野菜种植深加工才是长久之计。要学习把现在的野菜加工成为腌制品、速食食品、茶叶制品等。

现在，美都山野菜种植专业合作社有了一定的发展，然而，这不是我的最终目的，我要建设高效节水灌溉山野菜种繁育基地，发展无公害种植基地，通过合作社的科技示范、技术支持、资金扶持，形成“公司 + 基地 + 农户”的利益联结机制，形成种、养、加、销一体化经营的专业现代化合作社组织，我会一直朝着自己梦想的方向不懈努力。

人生的意义在于追求，人生的价值在于奉献。我相信，当有一天，我白发苍苍的时候，透过如水的岁月、穿过一生的纷繁，看得见的生命中唯一生动、鲜亮的，就是这段从事基层工作的历程和作为一名村官的光荣！

【个人简介】

2001.9 ~ 2005.6　就读于山西省晋中市左权县左权中学

2005.9 ~ 2008.6　就读于吉林农业科技学院　植物科学系　园艺专业

2008.9 ~ 2010.6　就读于吉林农业科技学院　食品科学系食品科学与工程专业

2010.10 ~　任河北省承德市宽城县亮甲台镇新北庄村支部副书记

6. 武殿雄

我的创业经历

我是坝上蔬菜产业集团、河北亚雄现代农业股份有限公司董事长武殿雄，一直以来致力于坝上绿色蔬菜产业的发展，建基地、办企业、搞加工，为推进农业现代化贡献自己的绵薄之力。我办的公司从小作坊“游击队”逐渐发展为河北省农业产业化龙头企业中的“正规军”。迄今，我创办的食品加工基地产业园占地 1050 亩，另有标准化蔬菜基地 3 个，占地 2000 余亩，富了农民，服务了社会，也发展了自己。我曾被评为“河北科技星火带头人”“中国特色社会主义建设者”“影响张家口十大民营企业家”“2015 年河北省创业功臣”等。

我所创办的河北亚雄现代农业股份有限公司于 2005 年注册成立，是一家集种植、加工、销售、科技推广于一体的高科技现代农业企业，公司主营速冻保鲜蔬菜、甜糯玉米、辣椒酱等系列产品。近几年，我公司以农民增收为目的，积极实施品牌战略，壮大产业规模，取得了显著成效。公司先后获得2006年度河北省农业产业化经营重点龙头企业、2007年度省级标准龙头企业、河北省产业化扶贫龙头企业、张家口市农业产业化龙头企业建设先进单位、张家口市农业标准化龙头企业、2015年张家口市"诚信之星"等荣誉。企业的"家家福"商标被评为河北省著名商标和河北省名牌产品。公司生产的"坝上鲜"香辣酱，在国内外市场深受欢迎，我们正尽全力将其打造成为本行业的最佳品牌。

从17岁到32岁，是我艰苦拼打的16年，充满了酸甜苦辣，但也正是这16年，为我后来的发展奠定了坚实的基础。给粮库做装卸工，年少体弱难支撑；承包国营旅店，在接待南来北往的客人时，忍受了许多委屈。但正是这些经历锻炼了我的体魄、磨炼了我的意志、培养了我应对各种情况的能力，使我积累了难得的社会知识。张家口大学校办公司聘请经理，我从众多应聘者中脱颖而出，让我迈出了从农村走向城市的关键一步，对我来说是一个质的飞跃。可条件好了，竞争也更加激烈了，就是在这样的环境中，我凭借自己多年来积累的经验和已有的能力，再度拼搏并逐步打开局面。对我来说，一个从乡下来的青年经理，仅仅是和大学里的教授、学生相处，就已十分困难，更不用说在商界实际操作中的困难了。经过几年的艰难打拼，我在经济效益、知识积累、工作能力等各个方面都得到了迅速的提高，但在激烈的市场竞争中遇到的困难是难以想象的。有人问我为什么能够在这浩瀚的大海中乘风破浪，我的回答是："信心和决心是我奋斗的动力。"如果没有对未来百倍的信心，在失败面前就很容易自暴自弃，一蹶不振。如果干成几件像样的事就沾沾自喜、妄自尊大，那必然成不了大事。

成就大业者，大都是在短时间内赚到第一桶金，然后用其去操作更大事业的人。而我，从来就没有过"第一桶"，总是在进进退退的波浪中行进，有时甚至是进的少、退的多，但我从不灰心。刚刚起步的现代农业是块好看好吃而又难做的绿色"蛋糕"，因而我的资金积累靠的是15年来艰苦奋斗中的涓涓细流、开源勤俭中的细细抔土。党和国家为繁荣“三农”经济，指出了一条走产业化科学发展的致富之路。我 2000 年走出校园，怀着对农民的一颗赤诚的报答之心，办起了今天的河北亚雄现代农业股份有限公司。

我清楚地认识到要办好自己的公司，光靠热情是远远不够的，企业要生存、发展、与时俱进，就必须在自身素质方面进行全面的再提高，要营造良好的社会环境，要有一套可行的操作方案和管理办法，这都是办好企业必备的前提条件。于是我在以上诸方面又做了深入的分析和探讨。其中，儒商思想是我认为最看重的方面。不是有些文化的人就可以称为儒商，他必须坚持以“爱”为基石，以“仁”为核心。这更是办企业不可缺少的，尤其不可仅停留在嘴上，必须把它融合在自己的思想中、落实在实际行动上。我汲取的儒家思想和国家的“三农”政策有机地融为一体，后来的实践证明，它为我做大做强自己的企业，发挥了重要的作用。

公司以“致力绿色农业，倡导健康生活”为口号，以“公司 + 基地 + 农户”为基本操作方式，以“公司、农民互利双赢”为出发点，以与农友签订农业订单作为双方互信双保的协议合同。公司种植品种多，有白菜、甘蓝、大萝卜、胡萝卜、西芹、葱头等，因各种蔬菜每年的市场价起伏不定，所以不能搞单打一，各种菜价应形成互补，不至于赔赚难测。公司向农民提供技术、种子、肥料、地膜等，农民向公司提供产品，形成“农民包种、公司包销”模式，实行保底价收购，并参照市场价波动。这样在很大程度上保证了农民的基本利益。说了算数、诚信为先，农资方面的垫付、保底价的兑现，深深打动了长期贫困的农友，因而企业这个雪球滚得越来越快、越来越大。从几百亩做起，逐年递增，到 2004 年就发展到近 2 万亩的种植规模。农民种菜种发了，企业做菜做强了。在发展期间，我向书本学习，向同行请教咨询，并多次向省市农科院院士虚心请教，又聘请专业技术人员以每年分片培训的方式，把蔬菜种植的有关知识传授给农民。面对千家万户素质参差不齐的农民，我做了很多艰难而耐心的思想工作。为了给农民吃上大胆合作的定心丸，我每年为农民垫付大量资金，把筹资的困难留给自己，把方便让给农民。每年都有十几户农民因买不起化肥农药，急得团团转，最终还是公司及时帮助解决问题。诸如此类难以言状的艰辛与付出不胜枚举，最终我们克服了各种大大小小的困难，换来的便是社会效益、经济效益双丰收的喜悦。

走产业化、规模化科学发展之路的重大意义，一直深深地吸引着我，激发了我极大的兴趣和决心，条件成熟后我就决定建蔬菜加工厂，这样便可以形成从种植到加工、藏储、销售的完整产业链，可以降低产业成本、保证产品质量、解决农村大量的剩余劳动力就业问题，从更高层次、更大规模为社会、为农民做出贡献。我将厂址选在张家口市万全区郭磊庄镇，从 2005 年开始兴建，用了多半年的时间，建成了占地面积 65 亩的蔬菜食品加工基地，拥有 2300 平方米的标准化加工车间、8000 平方米的保鲜恒温和速冻冷藏库，拥有管理技术人员 30 多人、生产工人 200 多人，年加工生产能力 5 万吨，共有十多个蔬菜品种顺利跨出国门，走进国际市场。对种植户的全程技术服务，保证了产品质量，先后投资达 3000 多万元，不断实现着公司和农民的互利双赢。每年都有少数农民上交的产品质量差，公司本应拒收但都给予照顾，不让一户农民掉队。迄今，据不完全统计，公司已带动 28000 户农民脱贫，为农民直接增收 5600 多万元，户均增收 2000 多元，在基地上班的 200 多名职工，现在都骑上了电动车、摩托车，有的盖新房，有的买楼房。亚雄农业真正架起了产销衔接的金桥。

近年来，在国际经济环境错综复杂、国内经济波动变化的形势下，亚雄转变发展观念，创新工作思路，牢牢把握加快企业自身发展、促进主导产业形成、拉动农民脱贫致富三条主线，在逆境中图生存、求发展，取得了较好成绩。亚雄逆势而上、创新思维，趟出扶贫新路的做法如下。

一是做强做大产业，实施产业拉动。近几年亚雄每年收购农民的蔬菜、糯玉米、辣椒等达 8 万 ~10 万吨，价值 9700 多万元。每年季节性用工 300 多人，长期用工 60 多人，工资支付 370 万元。周围一大批农户依托亚雄逐步摆脱贫困、走向富裕。

二是流转土地，培育“三金”农民。亚雄先后流转农民土地近千亩，流转了土地的农民，首先靠流转土地每年领“租金”，每亩500元左右；其次返回自己土地打工挣“薪金”，每天至少100元，一年至少3万元；最后个别农民用自己的土地入股企业，定期分红领“股金”。“三金”加起来，一户农民也就基本上脱贫了。多年来，公司每年都要租种土地1000亩左右，采取统一品种、统一栽培、统一销售的办法进行管理经营。当地农民到核心区打工，既拿到了租金又挣了工资，既学会了种菜技术又解放了思想，一举四得。

三是建立企业的产品基地，靠订单农业实施扶贫。连续几年，亚雄建立农产品自营基地1000亩，在周边县乡建立紧密型订单基地一万亩，松散型订单基地两万亩。在这些订单基地，公司坚持在种植时提供种子、农药、化肥，产中提供技术指导，产后照单收购产品。一户农民如果有8~10亩订单，就可稳定脱贫。

今后，我们将把既定的“企业上市、战略合作、品牌做大、项目延伸”四大目标完成好，为张家口经济腾飞和农民致富做出新的贡献。

【个人简介】

1993~1999　任张家口大学新技术开发公司经理

2000　任河北亚雄现代农业有限公司董事长

2003　荣获张家口市农业类唯一河北省“优秀青年星火带头人”称号

2004　荣获张家口市“民营企业家”称号

2006　亚雄企业被评为“河北省农业产业化经营重点龙头企业”

2007　任河北省政协委员

2012　被推选为省工商联常委、张家口市工商联副主席、张家口市蔬菜产业商会会长、张家口农业龙头企业协会副会长、张家口坝上蔬菜产业集团理事长

2014　荣获河北省“中国特色社会主义建设者”和“影响张家口十大民营企业家”称号

2015　被张家口市命名为“诚信之星”

7. 崔书林

在农业废弃物里淘金

我叫崔书林，河北邯郸人，现年53岁，原是一名自由职业者，开过饭馆、旅店，1992年底和朋友相约来到张家口宣化地区，做起了成品粮油生意。从最初的小门市买卖做起，经过几年的摸爬滚打，从小门市发展为多家粮油门市，最终在宣化菜市场成立了“振华粮油批发零售总经销处”，并成为“邯雪牌”面粉在张家口地区的总代理。因为做的是粮食生意，接触的是千家万户，认识的方方面面的人也比较多，除个体商户外，还和许多企业、机关及事业单位的人员交往。我是个好客交友之人，在所接触的人员中有几个宣化区及原宣化县粮食部门的主管人员，通过交往，他们认为我为人比较诚实、本分，不但可结交为朋友，还可以成为生意上的合作伙伴。1998年正是粮食流通体制大改革的时期，粮食行业除部分政策性收购、储存、销售外，大部分都走向市场。从1998年至2004年，我除了做成品粮油业务外，还做了许多原粮生意。在这六七年间，我不但积累了资金，更发展了很好的人脉关系，尤为重要的是在做原粮——玉米生意时，我发现了一个新的创业契机，其也是我来宣化十多年后的又一转折点。张家口地区是玉米主要种植区，玉米脱粒销售后的大量废弃物——玉米芯漫山遍野地堆放着，任凭雨淋日晒、腐烂霉变，不但污染环境，还带来消防安全隐患。我心想，如果把这些玉米芯都收集起来，并对其进行深加工及再利用，一定是个绿色环保、综合利用、利国利民的好项目。有了这个想法后，我四处打听，恰巧听说我的籍贯所在地邯郸有个永年县办起了几家用玉米芯为原料生产化工材料——糠醛的公司。通过网上查询，我发现全国有几十家这样的企业，大部分聚集在东北、山东及河南等地。于是在2005年春天，我和原宣化县粮食局的领导赴我的家乡以及以上地区对糠醛行业进行了实地考察。通过一个多月的参观、学习，我收获了许多颇具价值的、可参考利用的创业信息和经验。回来后请乐凯保定化工设计研究院对在张家口宣化地区建设糠醛厂进行了可行性研究，重点就投资的必要性、市场预测、产品方案及生产规模、工艺技术方案、原料辅料所具备条件、气象条件、厂址方案、公用工程和辅助设施初步方案、节能方案、环境保护方案、安全卫生与消防措施以及投资回报率进行了详细的研究和评估，最终得出的结论是：该项目可行。于是我们根据报告的内容进行了选址，当时有几处地块都可作为厂址，最后通过筛选，选定了宣化县江家屯乡江家屯村西南的一处旧猪场和旧砖厂用地。选择该处的好处在于，该地距宣大高速公路 6 公里，距张石高速公路 2 公里，交通十分便利。2005 年 6 月 28 日由我本人牵头和朋友李雪兵以及宣化县粮食企业改制后重组的上谷粮油公司共同投资人民币 500 万元注册了宣化县京西糠醛化工有限公司，主要是以农业废弃物玉米芯为原料生产糠醛（呋喃甲醛）、有机肥料，并从事粮食收购等。紧接着我们就开始进入繁忙的项目筹备建设中，项目占地手续办理、主体设计、办公设施建设、生产车间建设、原料场地建设、设备购置、安全设施建设、环保设施投入等累计投入约 2500 万元，历经约一年半的时间建成了一条年生产 3000 吨糠醛的生产线及其配套水、电等设施，并于 2007 年 1 月正式投入生产。公司下设生产部、销售部、财务部、办公室、化验室，现有员工 60 人，其中管理人员 5 人，技术人员 5 人，生产工人 50 人，组织结构体系规范合理。

主打产品糠醛是以玉米芯为原材料生产的有机化工产品，广泛用于合成纤维、合成橡胶、塑料、医药、农药、染料、香料等行业的生产与制造。原材料就地取材，可以充分利用当地丰富的玉米芯资源，合理利用农产品废弃物，每年至少消耗玉米芯约 40000 吨，这不仅带动了农民脱贫致富，解决了农村剩余劳动力的就业问题，而且具有很高的经济效益和社会效益。

从地方区域政策看，张家口市政府以宣化县京西糠醛化工有限公司为农业产业化重点龙头，发展规模化的玉米芯糠醛工业，建立了以综合利用粮食加工废弃物为目标、以先进生产技术和高附加值产品为支撑的废物循环利用生态工业以及相关产业群。张家口及周边地区是华北玉米主要产地之一，随着农业技术的发展、粮食产量的提高，玉米芯等粮食废弃物大量增加，利用农副产品废料进行工业化生产不仅能够调整地方农村产业结构，同时能大大促进玉米产区农业废弃物利用和农村经济的快速发展、推进当地循环经济体系的建立。每年可带动农户约30000户，促进农民增收千万元以上。

公司因前期投入较多，在运营过程中，出现了流动资金短缺的现象，于是我们就用土地、房屋做抵押，向中国邮政储蓄银行张家口市宣化支行贷款800万元，作为流动资金用于玉米芯收购。由于我们的项目好处多，企业自开办以来，得到许多部门的专项资金扶持，如农工委、发改局、工信局、财政局、环保局以及扶贫办都给予我公司极大的支持。

我公司拥有年产3000吨水解釜糠醛生产线一条，各类生产及环保回收循环设备及工艺都比较先进。2015年为响应国家大气污染治理政策，全力迎接2022年冬奥会，公司将原有的3台6吨/小时燃煤锅炉全部拆除，在资金相当紧缺的情况下花费约450万元更换了一台18吨/小时生物质锅炉并配套安装了布袋除尘器，目前生产运行已正常，完全达到了环保要求。另外公司建立了糠醛生产、使用、储存、运输等各项管理制度，储存设备符合国家标准，压力容器按期检测，企业安全生产条件比较完善，取得了河北省安全生产监督管理局颁发的“安全生产许可证”。公司通过废水中和循环、废渣回炉等国内最先进的回收循环处理体系和生产工艺，达到了废水废渣零排放，实现了废水废渣完全资源化和无害化，并转化为环保优质有机肥，通过了张家口市环保局的验收。

近年来，我国糠醛出口持续大幅度上升，国内糠醛市价也是一路攀升，因此我国糠醛在国际市场上还有很大的拓展空间。同时由于国内经济的快速增长，我国糠醛消费也在迅速、健康地增长。糠醛产业将是未来几年的阳光产业，市场潜力巨大。糠醛是有机合成化学工业的主要原料之一。它的用途很广，可制造橡胶、塑料、合成纤维、农药、医药、涂料、化学试剂和各种助剂等。因此，糠醛市场十分广阔，产品必将供不应求。

回顾这十余年的创业经历，我感慨万分，作为一名农村致富带头人，我觉得需要做的事还有许多，我很想将自己的企业继续做大做强，扩大再生产，开发下游产品，将农业废弃物回收利用得淋漓尽致，带动更多的农民脱贫致富，让农村剩余劳动力有更多的就业机会，希望政府部门给予我更大的扶持。

【个人简介】

1981.7～1983.6　在邯郸二中读书

1983.7～1992.10　在邯郸开饭店、旅店

1992.11～2005.5　在张家口宣化地区做粮食流通生意

2005.6～　在张家口宣化地区开办宣化县京西糠醛化工有限公司

8. 刘月

我的“黑花生”创业

我叫刘月，女，汉族，1990 年生人，2013 年 7 月毕业于山东交通学院，中共党员，籍贯黑龙江。2013 年 10 月被选聘为河北省秦皇岛市青龙满族自治县祖山镇牛心村村主任助理，2015 年 1 月被选举为牛心山村党支部副书记。从学校到农村、从学生到村官、从东北到河北，巨大的心理落差、经济落差和环境落差令我感到了前所未有的压力。就在我无所适从的时候，镇党委领导与村两委班子给予我很多关怀和帮助，也让我重新开始寻找自己的工作方向。经过一段时间的调整适应，我终于从迷惘和彷徨中走了出来，实现了角色的转换。任职后，我在做好各项村务工作的同时，进村入户与百姓座谈，寻找我村落后的原因，倾听百姓对发展经济的诉求。经过大量的调查研究，我发现，村民发展经济和创业致富的愿望十分强烈，但是，由于思想的束缚、曾经的失败经历和资金的困扰，他们对创业存在害怕失败的心理。

既然选择了村官，我就必须在村官的岗位上有所作为。2014 年，我

被推荐参加由河北省团委组织的农村青年读书班，在那里接触并认识了很多优秀的村官和农民企业家代表，从他们身上学习到很多创业思想，从那时我就产生了要为自己的村和村民们做点什么的想法。一个偶然的机会，我听说了关于黑花生经济价值的讨论，并开始在网上搜索关于黑花生的相关种植知识。牛心山村大部分耕地是沙土地，正适合黑花生的种植环境，这更增添了我想带领村民致富的决心。

经过市场调查，我认识到黑花生具有很大的经济效益，初步估算亩产值可达 4000 元。当时我村村民以种植玉米为主，平均亩产值只有 1000 元。由于收入低，青壮年劳动力多选择外出打工，部分土地闲置。如果能够种植黑花生对村民来说是一件好事，但如果真的大规模推广种植黑花生，是否真正能让老百姓发家致富呢？我村的土地是否适合黑花生的生长呢？黑花生在我村的土地种植亩产会是多少呢？老百姓会相信黑花生经济效益好并且种植吗？这一系列的问题让我对黑花生的种植产生了怀疑。为了解决这些问题，我决定亲自种植黑花生试验田。我想要通过自己的创业实践，帮助村民致富。

在种地上，我是一个门外汉。从来没种过地的我，这次下定决心去试试，一定要做出个样子给百姓看。我向县政府汇报了我想种植黑花生的想法，让我意外的是，组织部的各位领导没有打击我，反倒很支持，还主动帮我联系了外县的种植技术人员，教授了我很多关于种植黑花生的知识。在村两委的帮助下，我承包了我村 9 组的一亩沙土地。从播种、施肥、间苗到覆盖塑料薄膜、扣膜、盖土，所有过程我都亲力亲为。从没做过体力劳动的我，不怕苦不怕累，咬着牙坚持下来。种植期间，村两委干部也担任了黑花生试验田种植的技术指导，及时地帮我指正种植过程中的错误。镇政府的各位同事也来帮忙。县组织部的领导们也十分关注，时常询问关于黑花生试验田的情况，给予我很多关心和鼓励。

黑花生长势很好，村里的百姓看到我居然坚持下来，开始对我刮目相看，说话的语气也有了转变，从一开始的不信任到慢慢给予一定认可。虽然只有一亩土地，但是我从这片土地里看到了希望和憧憬。

2013 年，我加入青龙满族自治县大学生创业联盟（简称青创联）。青龙满族自治县外出务工人口多、耕地资源不足、荒山草坡资源闲置，经过考察市场、层层筛选，我们发现肉兔养殖产业风险小、成本低、劳动投入少、回报周期短等，在农村发展潜力巨大。于是我与张永泉（2011 届村官）、韩东红（2011 届村官）、艾明华（2012 届村官）、孙铁艳（2012 届村官）、汤金伟（2013 届村官）、周昂（毕业大学生）一拍即合，几个怀抱共同创业梦想的大学生村官很快走到一起，在组织部门和青龙县丰溢农牧科技发展有限公司的支持下，成立了肉兔养殖科技特派员工作站。面向贫困村和各站员任职村分批分步推广肉兔养殖产业和饲养技术，鼓励农民养兔脱贫致富。截至 2015 年累计服务农民 8400 人次，形成了“公司 + 基地 + 工作站 + 农户”的良性互动发展格局。

2015 年 8 月历经两年的学习、实践、积累，团队已经掌握了肉兔自繁自养的全套技术。为了更好地完成农村科技创业使命，充分发挥创业富民示范作用，工作站全体科技特派员自筹资金 14 万元，在青龙镇平顶山村挂牌成立青龙满族自治县青创联肉兔养殖专业合作社。合作社占地 10 亩，养殖舍 12 栋，预计年产商品兔 2.5 万只，年效益 27.35 万元。截至 2016 年 6 月自繁自养肉兔近 1 万只，产出商品兔 5100 只，总收益 13.14 万元。其中 2015 年 8 月至 12 月属于项目前期投入阶段，并无收益，可见肉兔养殖的年收益与我们的预计年产值相差无几。饮水思源，我们将打破合作社常规，创新合作模式，帮扶贫困大学生家庭、失独家庭、低保五保等特困农户，向其赊卖种兔，繁育崽兔出栏后合作社负责回收。同时合作社与青龙县优秀农牧企业丰溢公司建立了长期合作关系，约定以保护价收购合作社产品，将养殖户的利益最大化、风险最低化。合作社科学的经营理念和高效致富模式吸引周边地区农民争相前来考察，积极提出入社合作意愿，辐射带动作用初步显现。

2015 年 10 月，河北省省委组织部相关同志来我处调研，在详细询问青创联实践基地筹备建立运营情况后，省委组织部对青创联组织理念、第一项目经营方式给予高度赞许。2015 年 9 月，市委组织部副部长王慧同志到我处调研，勉励我们："大学生村官创业要有三种意识：一是要树立本职意识，创业不脱产，做到工作创业两不误；二是要树立吃苦意识，美好理想信念的实现，靠的就是筚路蓝缕的艰苦奋斗；三是要树立合作意识，多人拾柴火焰高，众人划桨开大船。"市委组织部大学生村官管理科李科长、县组织部柴部长也多次莅临基地指导，深切关怀，帮助我们解决资金等方面的困难。

当好村官，要有一种责任。毛主席曾经说过："青年人到农村去，那里有广阔天地，一定可以大有作为。"当前，我国仍处于社会主义初级阶段，农业人口多、农村底子薄、农民素质低的基本国情决定了我国解决"三农"问题的难度比其他国家要大得多。不下基层，不知百姓疾苦；不做村官，不明百姓所需，更不知基层干部不易。三年的村官生活充满着艰辛、挥洒着汗水、耕耘着成长、诠释着担当，也收获着希望。时光荏苒，在农村工作已有三年，三年时光，在我们每个人的生命历程中也许仅仅是一朵浪花而已，微不足道。然而，这三年对我来说是那么弥足珍贵，三年基层工作的磨砺，使我的思想从幼稚走向了成熟，品格得到了锤炼和砥砺，能力得到了锻炼和提高，人生阅历得到了丰富，也让我积累了宝贵的精神财富。

【个人简介】

2006 ~ 2009　就读于肇州县第二中学

2009 ~ 2013　就读于山东交通学院　物流与工程专业

2013 ~　任青龙满族自治县祖山镇牛心山村副书记

9. 吴桐

我所经历的创业困境与努力

我为什么要当村官？直白了说是离家近、能有份稳定的收入、可以有发展空间，我所说的有发展空间是针对我的家乡。同事开玩笑地跟我说兴洲就是小西藏，当然我知道我们这比不上西藏那神圣的地方，但是我确实深深地爱着我的家乡，爱着这个只有2000人口的乡村。

兴洲村地处大屯乡政府北偏西5公里处，距滦平县城15公里。国道112线横穿而过，是通往坝上草原的必经之路，我从小生长在这个村庄。近些年来村内变化非常大，两个河北新农业园区在本村快速发展，给村民带来了实实在在的好处。因此我想以特色生态农业为依托，把农业生产与旅游观光结合起来，讲求“原汁原味”，追求设施与农业系统、生态系统、人文景观系统的和谐统一，形成一个集旅游观光、饮食、休闲、优化生态环境和社会文化功能于一体的中国式农场。这是我最初的创业想法，工作近两年，我明白定位一个宏观的想法容易，实际去做却十分困难。

在有了想法后，我没有立即付诸行动，因为我知道我虽然爱上了一匹野马，但是我的家里没有草原。所以刚开始的两年我努力地工作，不断地积累经验，了解当地的风土人情，同时也不断地充实自己，沉淀自己，积攒财力、物力，丰富人力资源。2016年6月，我将我的想法同朋友和家人商议，开始家里十分反对，让我好好上班，争取在工作上有更好的发展。我理解父母的想法，但是这件事就像一条虫子，在我心里挠得我痒得难受，所以我还是敞开心扉地同父母谈了我的想法，每天商议。经过我的长久坚持，最终父母决定支持我，并且在村内援建400平方米的房子，帮助我解决了最现实也是最根本的问题。

在创业过程中最大的问题就是如何将来来往往的人留住，让他们在这个地方歇脚、在这里用餐，为了解决这个问题我专门去了距离我村很近的王家沟村调查市场。王家沟村是回民聚集地，当地的牛羊饮食行业非常发达，尤其以羊汤、烧饼、火锅和熏鸡最为出名，所以要想发展我村的饮食行业文化，必须要有特色。兴洲的特色是传统的饮食——满族的饮食，所以我联系了一些老人，由他们写一些菜谱，为以后的发展做准备。通过各方面的调查研究，我决定以饮食农场为突破口。由于兴洲村是通往丰宁坝上草原的主要道路，车流量非常大，村内的饮食行业变得尤为发达，过往行人中在这里吃饭、休息的人很多。用美味将来来往往的行人留住，使他们在这里停车住宿，可实现农场开设的前期盈利目标。同时，酒文化也是兴洲村的一大特色，白酒产业近些年已经初具规模，并且名声在外，许多人特意来我村买酒。所以我想借助这两个有利条件，吸引行人目光，让行人停下来、走进来。目前，我正在兴洲村临街建设一栋450平方米的房子，用于为行人提供食宿，同时将在房屋南侧和对面租用5～10亩平地用于停车和农产品种植。

兴洲村文化底蕴丰厚，有兴洲行宫、观音寺、古汉城旧址，人文气息浓重，历史文化悠久。浓墨重彩应属兴洲行宫，其坐落在兴洲村正中。据史料记载，康熙皇帝去木兰围场秋狝以显示大清军事实力，曾在此居住两次，第二次由于设带宫妃，余家一姑娘陪王伴驾一夜。皇帝临走之前，让其进宫选秀，由于皇后娘娘做了手脚，未被选中，回到家中，郁闷死去，报到皇宫时已是乾隆王朝。乾隆皇帝听罢，花匠在行宫正殿前，栽下四株牡丹，“文化大革命”时期被破坏掉两株，现存粉、白两株。白牡丹是牡丹中的极品，花蕊部分酷似皇冠，外衬五瓣白色花瓣，再外面是绿叶相衬。在牡丹盛开之际，北京、天津、石家庄及承德市许多游人慕名而来。乾隆皇帝为表彰余家此女，特在行宫前立下贞节牌坊，亲笔题下“石固松青”四个大字，现仅存牌坊座四个。据老人讲，行宫前有两个石狮子，现为文物局镇馆之宝。这些资源添加到农场中，丰富了旅游的内容。但是由于周边旅游资源尚待开发，没有整体的规划，这让我十分焦急。后经过村书记的努力，兴洲村成为全省美丽乡村建设重点村，得到省市县的高度重视，最终将观音寺、牡丹园等文物古迹修缮完整并开发利用。

京津冀一体化大家都听说过，滦平县在这环首都经贸圈中，力求将现代农业生产与旅游观光结合起来，讲求“原汁原味”，以求发展。而我也是借助这一思路联想到农场的建设，农业系统、生态系统、人文景观系统和谐统一，以特色生态农业为依托，形成一个集旅游观光、休闲、优化生态环境和社会文化功能于一体的新型农场。

在这其中，最大的障碍是农场的设计，如何能体现天然？如何既能达到娱乐休闲的目的又能发展农业？对此我不断参考手中的现有资源，走访了周围发展好的几个村落，可是我感觉这一整体规划还是欠缺新鲜感。

在农场建设中土地的征用也是很大的难题，规划建设房屋边上有大片土地尚未使用，按照先前的想法，我希望将这片土地租下来，种植果蔬，建设草莓采摘园，供游客旅游观光。这样既能带动食宿行业，也能开发农场。但是在征地过程中遇到了很多障碍，许多百姓不租地给我，让我十分头疼。我尽快地联系了村书记，积极解决问题，我甚至每天上门拜访这几户人家，最终我顺利地租下了土地。

房子建设到一半时资金出现了很大问题，房屋建造的经费远远超过预算，农场地租、建设大棚的资金尚未有着落也让我很担心。开始我联系银行贷款，但是根据我的状况银行根本不贷款给我，就算借出来，高额的利息我也承受不起。此时的我束手无策，家里将这些年的积蓄都压进来了，我也想尽了所有办法，面对这样的困境我只能求助当地政府部门了，争取得到政府的帮助。所有的材料我已经提交，当前还在等待结果。

【个人简历】

2007～2010　就读于河北承德市滦平县第一中学

2010～2014　就读于河北农业大学现代科技学院

2014～　在河北省承德市滦平县大屯乡任大学生村官（蔺子沟村党支部副书记）

10. 胥秀峰

张家口市农村致富带头人胥秀峰的创业故事

20 世纪 80 年代，中国刚刚进入改革开放初级阶段，还是孩童的我接受的都是战斗英雄的形象教育，当时的国际国内形势平稳，不会有大的战争发生，想当英雄的愿望无法实现，在当时人们时兴干个体户当“倒爷”，能够合法赚取财富的人成为英雄。

到90年代，年少轻狂的我不喜欢上班，一心想创业当老板，专心学习积累车辆机械知识，想为日后创业打基础。此后十多年为了积累到创业资金，我也进入过许多热门行业，但是不但没有赚钱反而把以前的积蓄都搭了进去。唯一的收获就是在此阶段我学习了互联网知识，学会了使用电脑和利用网络，为我再次创业奠定了基础。

2008年适逢国际金融危机，国内却因申奥成功发展形势一片大好，当时农民已经深刻认识到种地不如打工有用，所以许多农民纷纷背井离乡外出务工，这就造成农忙时节务农劳动力短缺的现象。和以前解决农村剩余劳动力就业相反的问题出现了，此刻我感觉到我的机会来了。解决农业生产力的方向一定是农业机械化而不是大量的农民，从那时开始我确定了发展目标，要造出适合农户家庭的微小型全能型农业机械。当我把这个想法告诉我认识的人时，他们的说法都是造机器能实现一个目标就不错了，要想一台机器实现多个目标太不现实了。我就不信这个邪，越是没人承认我就越是要做给他们看。当时我除了异想天开以外，还经常通过互联网查阅学习，联系到许多能够提供帮助的配件经销商。由于从网上获得了海量的机械原理知识，我的发明进展很快，当年我成功实现了一台机器具有松土、播种、施肥、除草等功能，受到群众好评，这更增强了我要把微小型农业机械化进行到底的决心。

通过在网上的不断学习和研究，我觉察出合作和接轨的重要性，我研究的产品要和已有成品的厂家和农户接轨，这样才能在最短的时间内出成果。经过走访考察发现，当地葡萄种植很广泛，每年秋季埋葡萄都会出现用工荒，农民渴望有一种小型机器代替人力挖沟埋葡萄。我上网一搜发现网络上这个领域还是一片空白。我决定要在这一领域有所作为，我当时已经在经销沧州产的一款微耕机，以营销养研发。选择后更需努力，理想的种子还得用辛勤的汗水浇灌，我自己研发的一些配置搭配其他厂家生产的主机，市场销售还不错，加上我会维修又有配件，农户很愿意购买我销售的产品。所以在看到挖沟机时我忍不住又出手了，我反复地在多种微耕机上改装配置，在地里试验，一次次无功而返，不是挖不深就是走不动，要不就是清不出沟来。多次下来，我开始考虑传统的方式可能解决不了问题，我得发现新的原理用创新的方法来解决这个难题。经过多次观察，我发现微耕机在工作时阻力臂消耗的一个无用功能够被利用，变阻力为动力，旋耕刀在松土的同时有牵引和外抛土的作用，所以我放弃了原有的犁翻土、刀行走思路，根据新认识到的原理在犁刀后面做了一个清沟板把土推给开沟刀，开沟刀把土翻出。测试成功后我兴冲冲地开着三轮车到温泉屯葡萄产区去测试，结果农户说沟挖得太浅，机器不肯走，太费劲了。就这样反复改，反复试，却总是不成功，最后我又拉着开沟机绝望地返回。那时候已是深秋且下着寒雨，夜幕降临时独行在寒冷的雨夜中，我仰天长叹，我是不是追求错了，人们怎么这么不理解我的苦心，我是为了解放农民劳动生产力的，怎么没人同情、没人鼓励呢？我费这么大的力气研究它到底值不值？

又过了一年，我把开沟机定位到果树施肥的功能上，不去理会葡萄埋藤开沟的事情，一位九堡村的农民看到我的挖沟装置，非要买一套回去使用，我也没太认真就卖了一套给他，谁知他返回的消息是用得挺好，有好多人想买但不知道是否耐用不敢买。这下我又重振了信心，我决定再次去测试，这次我要亲自给农民挖沟。一位当地的朋友给我介绍了雇主，干了一天雇主基本满意，由于当时雇工紧缺，埋晚了怕上冻，又有几家雇用我去给他们挖沟，其间不少农户来看，纷纷表示今年晚了，来年一定买一台这样的机器。第三年我反复改进的开沟机器开始销售，经过多次修改沟挖得既深又齐，种葡萄的农户纷纷购买，几年后再也看不到埋葡萄时劳动力紧缺的景象了。

2010 年适逢国家对农机购置实行购机补贴，当时不做补贴很影响农机销售，为了和国家政策接轨，为了让买我机器设备的农户也能享受到国家补贴，我借款成立了鼎峰农业科技公司。有了公司就得定位发展方向，决定做什么，怎么做，根据个人的能力和资金实力，我选择了做家庭微小型农业机械化产品，因为大中型农业机械化产品做的人太多，根本就没有我的机会。选择好项目我便开始起步了，招收了两位员工，其中一位是我以前维修车辆时的同行，我们互相商量、不断进步，产品受到各方用户的一致好评。微小型农机产品的研发、生产、销售既解决了留守农民的劳动力问题，也解决了我个人创业上的项目问题。利人就是利己，你的产品会说话，不用自己过度宣传，用户的好评就是最好的宣传。

接连的成功发明引起了当地电视台和宣传部的重视，他们多次采访我，节目先后在涿鹿台、张家口台和河北台播出，有《张家口日报》《燕赵都市报》《河北科技报》《河北日报》等多家刊物争相报道，虽说没有帮我解决资金技术问题，但是让我名声大振，这更坚定了我的信心，我决定把家庭农业机械化进行到底。继微型铺膜机和施肥播种机陆续成功后，我决定挑战微型玉米联合收获机。为了保险起见，我决定先联系这方面比较成功的人士合作生产，山西长治的一位网友也在研制此类收获机，我直接把资金投给他，与其合作开发，但做出的产品缺陷太多，反复改进之后还是不好用，这位朋友也因为家庭变故放弃了研发。理想依旧在、产品没出来，这不符合我的脾气秉性，我是一定要把这款产品完善出来的，哪怕是推迟我的财富计划。当时正是微耕机的旺销时期，我只需扩大市场销售就可以立马赚钱，但是为了完成我的农机全能化梦想，我再一次迎难而上，开始了新的征程。

微型玉米收获机这款产品设计复杂，零部件之多根本不是开沟机所能比的，有些部件可以购买和定制，有些部件因为数量少根本无法定制，要想把它加工出来就得买设备、开模具。目标是固定的、行动是多样的，为了稳妥地开发出这一产品，在有限资金的许可范围内尽量要用智慧来解决问题，这时候最有用的是毛泽东的军事思想——“艰苦奋斗，自力更生，排除万难，争取胜利”。买不起设备造设备，买不起模具自己开，就这样买的买、造的造，好钢都用在了刀刃上。我的工厂就在我的家里，简称“家工厂”；我的设计就在我的院子里，简称“设计院”。贫寒出贵子，困难出奇士，这一年是2015年，注定是我放大格局、着眼未来的一年。生产的50台小型玉米收割机通过互联网卖到全国各地，虽然还有很多缺陷需要改进，但是产品得到网友们的支持和认可，他们纷纷献计献策，提出加盟销售、共同开发的想法，尽管我还在蹒跚而行，但是我已经迈出货行天下的脚步，离我的目标更近了一步。

2015年春节，我被县委宣传部通知去参加春节联欢晚会，我本以为是去看晚会，到了会场才知道是让我上台领奖，我以为我只是在做自己喜欢的事情，谁知道竟然引起了县政府各部门领导的注意，这一年我被评为“涿鹿县首届创业明星”。披红挂彩地接受县委书记亲自授予的奖杯和荣誉证书，此时我的心情是亢奋的，我懂得了一个做人的道理：一个人的成功不在于你有多强的人脉关系、你认识多少达官贵人，而是你能服务多少人、帮助多少人，人们接受你能力的同时也为你打开了财富大门。

2016年，农产品持续萧条，农机销售低迷，但是我销售的农机依靠创新技术不断向外围拓展，年销量不减反增。2016年雹灾、洪水把农民折腾坏了，农业发展受各种因素影响效益接连下滑，本以为这一年会平平常常地过去，谁承想好运再一次降临，张家口市委组织部成立农村致富带头人协会，经过层层推举、选拔，我成为致富带头人农机协会的会长。我多少有了些成就感，多年的努力没有白费，同时也感到新的压力，自己身负带领群众致富的重任，不仅要把自己的企业管理好，还要把整个张家口市的农机事业搞上去。

目前我正在思考农机合作社的整合问题以及农户应该怎样规划生产品种转型的问题。最近致富带头人农机协会的刘主任给我打电话要我准备资料到清华大学接受培训，虽然现在是秋收季节，公司业务繁忙，但我还是挤出时间连夜撰写材料。曾几何时连梦中都不敢想象的最高学府——清华，我来了！

【个人简介】

2007　开始做农机发明

2010　注册涿鹿县鼎峰农业科技开发有限公司

11. 张颖

我的村官创业故事

创业照片（张颖提供）

2012年4月，在家长的鼓励下，我参加了省委组织部组织的“选聘优秀大学生到村任职考试”，很荣幸地成为一名大学生村官。农村对我来说并不陌生，因为我生在农村，但是村官这个岗位对我来说确实陌生而且充满挑战。2012年10月，经过市组织部统一培训，县组织部将我分到了卧龙镇二十家子村，现任二十家子村党支部副书记。

2012年是我人生的一个转折点，我实现了从学生到社会人的过渡，从“孩子”到“责任人”的成长，我感觉一切是那么突然而又自然。走出校园，走上工作岗位，我觉得最重要的是“责任”二字，尤其是作为一名为老百姓服务的基层大学生村官。作为学生，我可以“两耳不闻窗外事，一心只读圣贤书”，自习室和图书馆就是我的全部；但作为大学生村官，我要深入基层实践中，运用自己多年的学习积累，知百姓之难、解百姓之忧，积极配合村两委保质保量地完成工作任务。同时，要处理好与村两委班子、村民之间的关系，没有融洽的关系就不能真正地融入这个大集体中，就得不到大家的支持，自己的想法和意见就得不到施展的平台。

熟悉村情民情，走好村官第一步

2012 年 10 月 17 日，在卧龙镇组织部曲部长的带领下，我来到卧龙镇二十家子村，认识了二十家子村“两委”班子成员。我意识到我即将在基层开始自己的工作道路。经过短暂的适应期后，我开始熟悉班子成员和了解村内的基本情况。新的工作、新的环境，对我来说更是一次新的挑战及考验，带着激动又紧张的心情，我做好了准备，要在这片广阔的农村土地上奉献自己的一分力量。

上班之初，正好赶上镇里统计民情档案，民情档案包含很多详细信息，我主动承担起这项工作，挨家挨户去核查记录，克服了很多困难，共走访调查农户 215 户，掌握了大量民情民意。在村里考察村民情况之后，我还为满足条件的村民办理了失业证。符合失业救济条件的村民，凭失业证和劳动手册可在有效期内按月领取救济金，还可享受免费职业介绍等促进就业的优惠政策，确保村民能享受到应有的权利。民情档案整理结束后，我了解到二十家子村以农田收入为主，三个食用菌园区解决了部分剩余劳动力的就业问题，但是在企业投资方面仍缺乏进一步发展的平台。这也让我有了创业的想法，村民不敢自己创业，他们的每一分钱都来之不易，都是他们一点一点积累的血汗钱。从那时起，我萌发了带动村民创业的想法，我想自己先创业，让村民看到创业的可行性和利益，这样一个村的经济才能发展，然后再由先发展起来的人帮助贫困户脱贫，让二十家子村早日摘掉贫困村的帽子。

摸索药材创业路

2012 年底，我将自己创业的想法告诉了我村郑书记，郑书记特别支持我的想法，说正好赶上全县农村产业结构调整，政府在大力推广种植中药材。郑书记是二十家子村村民，但是一直在县城发展，经营一家鞋城和一个大型商品城，为了带动二十家子村发展，他回村任村党委书记，他是我学习的榜样。

2013 年春季，在全镇产业结构调整的大潮中，我带着这份美好的梦想开始了我的“创业”之路。我和郑书记一起挨家挨户签字租地，大多数村民的工作还是好做的，但也有漫天要价的，也有不讲理的。经过我们苦口婆心地劝说，功夫不负有心人，我们终于租下 50 亩地。在父母、同事的支持下，通过贷款我建立了一个小规模的药材种植基地，种植桔梗和射干。创业过程中，也遇到了很多困难，就拿水利设施来说，当时不懂怎么安装，只知道药材发芽对水的要求比较严格，没有充足的水就不能发芽，喷灌设备又特别多，为了更节省前期投入，我们调研了很多种喷灌设备，咨询技术员等最终根据实际情况选择了一寸水管微喷带喷灌设备。后来又遇到了桔梗不出苗的问题，20 多天过去了桔梗都没有发芽，我每天吃不下、睡不着，蹲在地边盼望，好不容易盼到桔梗发芽，突如其来的一场大雨又淹没了一部分幼苗，大雨再一次把我的希望浇灭，我真正体验到了创业的艰辛。但是我没有被这点困难打倒，又振奋起来，回到地里将一颗颗幼苗扶起，很多村民也来帮忙，虽然辛苦却在田间地头和老百姓打成一片，真正融入农村，看着绿油油的药材幼苗，我也看到了创业的希望。尤其是在秋季，看到桔梗开满了紫色的花朵，心里真是美滋滋的。

2014 年 4 月我牵头在二十家子村成立了平泉县峰阳种植专业合作社。因为当时桔梗和射干都是两年生长的药材，要提前为 2014 年秋季药材的出售做打算，合作社积极引导村民参与“农民 + 合作社 + 市场”的产业发展模式，提供产前、产中、产后一条龙服务，充分调动了村民盼发展、能发展的积极性。合作社长期聘请农业办技术人员向广大村民传授生产技术。这样农民种植药材不但有了学习的地方，也能更好地带动村民种植药材的积极性。在实践中不断地学习、摸索，克服了重重困难，合作社成立后带动本村群众发展中药材田地 100 亩，确实起到了带动农村发展的积极作用。

2015 年在我县大学生村官联合会秘书长陈楠的提议下，我镇七名大学生村官准备联合创业，决定成立大学生村官联合创业基地。我们说干就干，于 2015 年 4 月跟随陈楠外出考察葡萄市场，通过试验观察，筛选适合当地种植的品种，进行示范推广。2015 年我们引进辽宁盐碱地利用研究所研制的着色香葡萄品种，成功示范栽植，葡萄丰产，并成功插接葡萄苗，成活率达 80%，还引导四个农户发展着色香新品种。在种植期间我们积极联系农业专家，邀请辽宁及本县农业技术人员对葡萄种植户进行全程技术指导服务。为了打通产品销售渠道，我们积极跑市场，推广产品，先后与平泉宽广超市、平泉蔬菜水果批发市场建立了合作关系，拓宽了销售渠道；并利用微信广告，一传十、十传百为葡萄采摘做宣传，吸引了大量县城人前来采摘。2016 年更是通过对设施暖棚葡萄项目的宣传，吸引了更多农户参与到生产经营当中。

在这工作的几年时间里，我爱上了这里的村民、这里的安静与淡雅，也深深爱上了这份平凡无奇的工作，也正因为爱，我愿扎根在这片芬芳的土地上，留下年轻的脚步、年轻的身影。我相信“心有多大，舞台就有多大”。我希望在现实社会中实现自身的价值，我的信念是坚定的，因为这是无悔的选择，梦想的种子期待在农村的大地上扎根，我愿将无悔青春奉献给农村广阔的天地！

【个人简介】

2005.9～2008.7　就读于平泉一中　团支书

2008.9～2012.7　就读于南京工业大学生物号制药工程学院　班长

2012.10～　任卧龙镇二十家子村大学生村官，后被选为村党支部副书记

12. 赵献龙

我的创业经历

2011 年，我大学毕业，从无忧无虑的学生转变为一名村官，这是一个巨大的转变。我在农村出生、成长、成熟，我深知老百姓的生活、生产现状，我决心要把我学到的知识反馈到农村去。

向村民学习，融入农村

“村官”是我毕业以后的第一份工作，这份工作对于我一个刚从大学出来的“新手”来说很有难度，所以我决心从最容易的小事做起，虚心学习，向村干部学、向村书记主任学、向村民学，学习他们处理事情的原则和方法，多看事、多参与、多听他们讨论。“没有调查研究，就没有发言权”，我对村情掌握得还不够，还不知道村里复杂的宗亲关系，如果冒失地发表意见，很有可能适得其反，造成不良后果。

由于村里事情较多，档案管理疏于规范，于是整理档案成了我的第一项任务，经过一周的归档整理后，看到排列整齐的档案，心里的成就感不言而喻。而后定期搞好室内外卫生、更改公开栏等琐碎的事我都主动承担起来，支部书记和村民看在眼里、认可在心里。村两委班子慢慢地接受了我，村民也接受了我，正因为平时积累的小事，我得到村委会、群众的认可，也赢得了他们的信任和支持。

引导企业到村发展，形成初步带动

我村农民发展意识不强，经济来源大多数靠男劳力外出务工，家中留守的妇女大多数时间在村小广场上唠嗑、打牌。我想如果这一部分劳动力能参加到农业生产中，按每人每天 80 元计算，打工时间按半年计算，就能为家庭带来近 2 万元的收入。

2012 年，经多方面努力村里引来投资商一名，准备在我村征地 300 亩发展食用菌双孢菇项目，如果成功能增加 200 人就业。地块已经选好，可在征地过程中，有 3 户百姓就是不同意，谁去做工作也不行，闭门羹没少吃，村两委班子轮番上阵，还是没有拿下。后来我们就中午去做工作，中午太晚了就留下吃饭，基层群众都是很热情好客的，一连去了七趟，情、理、利、法说个遍。当我们第八趟再去的时候他们终于松口答应将地租出去，后来我们了解到他们认为地租有点低，我们通过在园区多给其找零活、补差价解决了这一问题，这项工作终于顺利完成。在农村工作只要付出真情，必然会得到群众的真心对待。

参与村庄创业，带动村民

村里的事情点多面广，要想改变农村面貌不是朝夕的事情，该怎样增加农民收入呢？我想不能强迫他们干什么，要靠政策、要引导，可是怎么引导，拿什么项目引导？于是我初步制订了村里的中长期发展计划。

2013 年，乡里开始扶持食用菌、设施菜、大田结构调整等产业。我考虑到食用菌和设施菜这两项产业投入资金较大，很多村民一下子拿不出那么多钱，便把侧重点放在了大田结构调整上，种植甜菜、万寿菊等，这两项产业投资小，还有收购订单，极大地降低了投资风险。我的这个想法也得到了村两委班子的支持。于是，我贷款 10 万元，解决了创业资金问题，大胆地用经验去影响和带动村民，第一年万寿菊产量很好，效益不错，很多村民都看到了希望，参与到创业大军当中。由于村民没有资金，我就帮助他们协调小额贷款，贷款上限 5 万元，村民自己再拿出 2 万～3 万元，很轻松地就能种植 10 亩万寿菊或者甜菜。自己家的土地亩产净利润有 1800 元，租的土地，扣除地租，净利润也有 700 元，比传统种植玉米收益高出一大截。的确，榜样的作用是不可估量的，这也验证了农民的淳朴和迫切的致富愿望。

经过这几年的发展，2014 年，通过贷款 200 万元解决了资金问题，我村双百亩标准化设施菜园区已经建立，参与村民达十余户，带动村民在家就业 50 余人。第一年因为经验不足，黄瓜产量和价格都偏低，每个大棚扣除人工费净利润不到 2 万元，而我们隔壁镇的设施菜大棚每个棚净利润都在 5 万元以上，好的能达到 8 万元。有的种植户抱怨，这样下去贷款都还不起，我们一起探讨，分析失败的原因，先后到本县、内蒙古和辽宁等地求经，第二年我们采用黄瓜、尖椒、西红柿三个品种分季度种植的方式，取得了很好的收益。

我村散养殖户很多，猪、牛、羊养殖不成规模，价格也上不去，带来的收入偏低。经过上网了解并找到县里有关部门，我联系了散养户负责人，请他们成立一个合作社，这样更利于节约成本、提高效益，同时也便于在管理上下功夫，能提高养殖户抵御风险的能力。

2015年，我们在市县人社部门支持下，在平房乡白池沟村挂牌成立了“平泉北部生态蔬菜创业孵化基地”，通过创业孵化基地优惠政策支持，吸引许多大学生来实践基地创业就业。为促进基地的发展壮大，平房乡政府专门在该基地成立了大学生创业指导办公室，目前办公场地及园区建设都已初具规模，正在和投资商积极洽谈投资入股、租赁大棚等合作事宜。

【个人简历】

2003.9～2007.6　就读于河北蒙古族高级中学

2007.9～2011.6　就读于河北工程大学农学院

2011.6～　任承德市平泉县平房乡白池沟社区党支部副书记

13. 李慧颖

我的创业梦

每个人在不同的时期都有自己的梦想，而人生，也恰恰是在编织梦想、实现梦想中度过的。

——题记

离开校园，我选择了村官

四年前，我不过是校园里机械设计制造及其自动化专业的一名学生，那个时候最大的梦想就是成为一名优秀的机械高级工程师。四年后，我却在兴洲村做着一名微不足道的大学生村官。回想四年前即将毕业时的场景，往事如昨，历历在目。考研失利，让我不得不面对毕业后找工作、签约的压力。一次偶然的机会，我听了学校一场宣讲会，突然对农村产生了很大的兴趣。原本就出生在小县城的我，决定当一名大学生村官，或许这样可以更接近自己人生最初的梦想。

经过层层选拔、培训，我当上了大学生村官。记得第一次见到大屯乡的组宣部长，第一次听说“分完村就可以跟着组宣部长回村”的消息后，我的内心此起彼伏。我甚至曾想过，组宣部长、村支部书记是不是会开着拖拉机来县里帮我拉行李，后来证明，我的想法是多余的。

还记得第一次到兴洲村的场景，我被兴洲村的村部吓到了，三层小楼，干净整洁的办公室，村部后面就是新民居。我当时心中一叹：原来农村是这样的啊！见到当时的村支部书记——60多岁的年纪、黝黑的皮肤、瘦高的身材、笑起来脸上有深深的皱纹，我心里又尊敬，又害怕，还夹杂几分担心。我不了解农村工作应该怎么干，怎么和村民相处，怎么和村干部相处。村书记看出了我的害怕，对我说的一句话，我到现在仍然记忆犹新：“孩子，大学刚毕业吧，没事的，农村人没那么多心眼儿，只要你实实在在地对他们，他们也会实实在在地对你。可能农村人说话是有点儿粗，有点儿糙，但个个儿都没坏心眼儿。”听完这番话，我的眼睛有些湿润，我的心暖暖的。

在兴洲村，我接触的第一份工作便是和村会计挨家挨户地收缴农村合作医疗保险费。面对每人10元钱的保费，还是有人不愿意缴纳。于是我们一遍遍地对着数字，一遍遍地查着人，一遍遍地给村民耐心地讲解新农合的好处，希望他们可以尽快缴纳。可即便这样，还是有一小部分人没有缴纳，最后村会计自己出钱为那些人缴纳了保险。也正是从那个时候开始，“为兴洲村做点事儿”成了我的梦想。

梦想驱动，创业想法萌生

十组村民崔凤友说：“我家4亩地，预产玉米2000斤，按2015年玉米0.78元/斤的价格计算，恐怕也挣不到2000元钱，扣除人工费、种子费、化肥费、拖拉机运输费等费用，能剩下的钱就更少了，但土地流转却可以实现每亩1150元的纯收益。并且我还可以腾出更多的时间去园区打打工，干点儿零活儿，还能再挣点钱。”土地流转政策，让更多的村民腾出更多的时间，可以去做更多的事情。于是带着对最初“为兴洲做点事儿”的梦想，我萌生了创业的念头。

我曾经逐户走访过兴洲村的村民，征求了他们的意见：种植经济林，搞一个采摘园，顺便再养点儿猪。因为猪 3 ~ 4 个月就能出栏，羊要 1 年多才能出栏，养羊时间久，见效太慢。兴洲村温差大，种植果树不易成活。听了村民的一些想法后，我结合自身实际，仔细地思考了一番：自己没有多少资金，没有什么人脉关系，没有对市场很好的洞察力，一时间，我对通过创业的方式致富兴洲的想法，感觉有些迷茫。有一次自己在家绣十字绣的时候，突然萌生一个念头：村里的留守妇女那么多，做手工活儿好的人也一定很多，现在纯手工的艺人那么少，何不做点儿手工艺品出来卖呢？也正是这样一个灵感，让我着手筹备手工艺品的制作和销售工作。

路程艰辛，依然努力坚持

创业需先有资金，而要想让村里的百姓投资，前提是先要让他们看到你做这件事情有收益，让他们知道你做这件事情能挣钱，这样他们才会百分百地相信你，才愿意入股，愿意跟着你干。

村妇女主任于凤君和乡计生办主任王丽君在这个过程中，给予我很大的帮助。她们不仅帮我组织人员一起学习，帮我寻找村里手艺比较好的村民，还在县妇联组织的古城川手工编织培训班开班的时候，特意转告我去学习。

学习了立体串珠之后，我自己还在努力研究沙瓶画、丝带绣、废旧物品再利用等手工艺品的制作方法。从一些针法、技法的研究，到一个个的成品，没有人能随随便便成功，更何况是创业的起步期。

闲暇之余，我喜欢做些关于农村儿童教育方面的公益活动，如辅导孩子写作业、教孩子读书学习、一起唱歌跳舞等。这或许对农村的教育事业只是杯水车薪，但对我来讲，做好农村儿童的教育事业是我人生的理想，我愿意全力以赴去实现。

我现在依然梦想着有一天可以成为高级机械工程师，也正在自学 TRIZ 理论。而我的创业梦，还在继续做着；我的创业路，还在继续走着。我不知道这个梦还要做多久，我也不知道这条路还要走多久，我将义无反顾地走着，偶尔停下来看看沿途的风景，但收拾好行囊，我还要继续努力前行。

【个人简介】

2004.9～2008.7　在河北省承德市滦平县第一中学学习

2008.6～2012.6　在河北工业大学城市学院机械工程系机械设计制造及自动化专业学习

2012.10～2014.12　在河北省承德市滦平县大屯满族乡兴洲村担任书记助理

2014～　在河北省承德市滦平县大屯满族乡兴洲村担任村支部副书记

14. 霍金磊

用心投入：我的创业历程

我叫霍金磊，男，1990年生，承德市承德县人，2013年6月加入中国共产党。2014年毕业于河北科技师范学院电气工程及其自动化专业，同年10月被河北省选聘为大学生村官，现任承德市承德县岗子满族乡大西山村党支部书记助理。

一个想法：全心融入

刚来到岗子满族乡大西山村时，许多村民第一次见到村里来了个白白净净的“大学生”，对我并不认可，认为我和原来的村官一样是过来“镀金”的，但是我没有放弃自己心中的梦想。在跟随村干部一起走家入户时，村民对我“格外”客气，有时候会让我感到自己在村民眼中只是个“局外人”，这种不被认同的“隔阂感”让刚刚参加工作的我感到孤单和茫然。没过多久，一个融入村民的机会就来了，当时村里的“承德县德能蔬果合作社”标准园建设项目正在申报中，需要报送的材料比较多，时间又很紧，由于草莓合作社从建设到成型我都有参与，所以村书记安排我去办理标准园建设项目的相关工作。在村书记的安排下，我从早到晚穿梭在合作社基地和村民家中，逐个为蔬菜大棚拍照，挨家挨户与村民签协议，一忙就是半个月，当时真的很累，有时候甚至连饭都吃不上。我用实际行动告诉村民，我不是来镀金的。村民看着我忙碌的身影，从内心里开始逐渐接受我，现在许多村民在与我碰面时都会主动和我聊几句。

在办理手续的时候也挺辛酸，我们村书记年纪比较大，所以几乎所有事项都是我一个人去跑的，在村里签完协议后就去县里农牧局准备申请材料，在农牧局那几天都在加班赶材料，那是我第一次感觉到累。缺什么我就得去补什么，最后经过一周的努力，七本厚厚的材料准备齐全，看着那些材料，我心里有种小成就感。那次的标准园项目建设工作，为我今后在村里开展工作、发展事业奠定了基础，对日后发展农村电商起了很大作用。

一个心愿：方便村民

我们大西山村是全县村级代办服务示范村，如何把代办服务做得更好，让村民享受到更深层次的代办服务？一次“曲折的”代办经历让我产生了灵感。

一次，村里的电工要为其在北京工作的女儿代办流动人口证，到村部咨询政策，我为他详细解答了需要准备的材料。但是几天后电工来办理时，还是忘记了向女儿索要身份证，只好打电话让女儿从北京快递回来，再到远处的乡镇快递点去取，来回又耽误了好几日。通过这件事，我发现农村的快递不方便，又想到一些村民让我从县城快递公司捎回网购商品的经历，近几年，随着电子商务的蓬勃发展，快递公司发展迅猛，然而像岗子乡这样的偏远乡村快递服务业却跟不上，除了邮政，其他物流还是一片空白，这种情况已远远不能满足村民消费的需求。想到这里，我就暗下决心，要在这里办一家农村快递公司，这样不仅能方便村民，还能实现自己的创业梦想。

我是一个实践者，于是说干就干。当时我首先来到县城的各个快递公司总网点，咨询如何加盟，他们的答复都是需要一笔数额不小的加盟费。对刚参加工作的我来说，仅凭一己之力难以实现，于是回家和父母商量，希望得到他们的支持。然而事与愿违，父母拒绝了我，原因是担心我刚参加工作，没有什么经验，把钱打了水漂。家人的反对并没有阻止我前进的步伐。回村后，我又去与附近的乡镇快递代理点协商，跑完这家跑那家，一次次被拒绝，一句句冷言并未打消我的念头。当时就是想能够尽快在村里建立起快递点，我对那些快递公司也很理解，虽然吃了很多闭门羹，但这也算是一种经历，因为我相信只要自己努力去争取，一定能够实现目标。功夫不负有心人，最终，我得到隔壁乡镇 YD 快递的支持，在岗子乡设立了代理点，并且不需要缴纳任何加盟费。

为了宣传好快递业务，我向村书记提出了“便民快递”的服务理念，将快递业务与村民代办紧密结合起来，自己去淘宝印制了 500 张“便民连心卡”，将代办事项和联系方式印在卡上，发放到每家每户。只要村民拨打电话，我就会亲自充当“快递代办员”，免费上门办理业务。

在推动快递业务同时，我还申请了岗子满族乡西山村微信公众号，主要是为外地打工及上学人员办理事项和了解家乡变化提供支持。这也算是网络代办的一个开端。

快递点和微信公众号的设立，得到村民的一致认可，大西山村的代办服务也得到群众的支持，村民们说，“现在有了快递点我们买东西不用跑那么远去取快递了”。

一种追求：共同致富

我们大西山村是承德县北部偏远村，条件较差。全村有 678 口人，1169 亩土地，2013 年人均纯收入仅为 1627 元，多数村民仍靠种地维持生计，经济发展较落后。随着京津冀一体化和“互联网 +”的推广，我发现农村电商的发展是一个很好的方向，其也成为我日后工作的重点。在推广代办服务的过程中，除了代办业务，我还会帮助村民解决手机、电脑等程序应用方面的问题。由于我在大学经营过淘宝店，感兴趣的村民经常来找我咨询。

在一次代办服务时，一个小伙子偶然聊到“微商”，我当时很高兴，感觉发现了发展电商的希望，愉快地和他攀谈起来。通过交流，我发现村民普遍对互联网商务感兴趣，但是缺乏相关的知识。于是我就想到要开展集中培训，结合县委组织部组织的“大学生村官志愿服务”活动，在乡党委的支持下，我找到了另一名大学生村官一起在乡政府会议室举办了网络知识普及班，为村民讲解互联网电商知识。培训班一开，就来了100多人，培训中，许多村民提出想把自家产的水果、蜂蜜、蘑菇等农产品放到网上销售，村民的想法让我更加坚定了做电商的信心。只要一有机会，我就会到村民家中手把手地帮助他们开通淘宝店，同时还建立了岗子创业联盟QQ群，帮助村民在线解答网店运营中的问题。

以上就是我在西山村的一些工作。2015年12月18日我注册了河北炕炊淘商贸有限公司。河北炕炊淘商贸有限公司主要是针对发展“三农”、促进农村经济、帮助村民致富而成立的企业。“炕炊淘”是一群大学生村官提出的服务口号，是英文country的汉译，主要目的是为河北省美丽乡村建设和农产品外销提供服务。但是由于我们没有企业管理的经验，在公司运营初期，我们遇到了很多问题，在经营一段时间后，发现我们的产品虽然都是家乡的特产，而且是村民自己生产的，但是在销售时和其他地区的产品相比并没有竞争力。于是我们注册了“炕炊淘”商标，准备先打造品牌，通过品牌来提升产品竞争力。这条道路很艰辛，但是我们会坚持。

农村工作是一份责任、一次历练，虽然在农村工作不满两年，但我这名“村官新兵”一定会坚持站好岗，努力建设好家乡，并且在带民致富的路上，积极奏响“互联网+”的田间畅想曲！

【个人简历】

2006~2010　就读于承德县第一中学

2010~2014　就读于河北科技师范学院

2014~　任河北省承德市承德县岗子满族乡西山村党支部书记助理

15. 杨程媛

在摸索中前行：承德市双滦区村官杨程媛的创业故事

创业照片（杨程媛提供）

作为一个土生土长的农村姑娘，农村有太多值得我眷恋和向往的美丽地方，因此大学毕业后我决定回到家乡做一名村官。当然，决定做一名村官也不是一时的冲动，经过对政策的研读我发现村官有许多优势和便利，做村官更有利于实现挖掘农村经济财富，更方便在政策允许的范围内进行农村创业。

真正步入社会后，我发现创业并不是想象中那么简单，有很多问题是以前不曾想过的，开始预想的创业项目到实践中才发现不具备开发的条件。

起初，我构想开办一个农副产品加工站，将山珍和承德特有的酸枣进行加工，然后真空包装销售。但是后来发现野生山枣的种类、质量很难把控，影响产品外观、口感和品质，在技术上也很难取得突破。在走访调查中我有幸与河北怡达公司的员工接触，得知果脯的制作和农产品加工最重要的部分是原材料的选取，最好能有自己的果园或者固定合作的果农种植指定的品种，这样可以保证产品的品相和口感，也有利于配方的稳定使用。但由于我刚刚开始创业，资金短板严重，靠贷款和自筹短期内不能实现这种规模化生产，所以看似简单的果脯生产事业在现实面前就这样流产了。

在基层尤其是在村官这个岗位上，每个防火期都会经历一场兴师动众的防火大战，我们和燎地边、烧秸秆的村民打着游击战。经过工作人员的努力，防火工作确实顺利完成了，但是这样一来有些村民把秸秆和杂草等堆积到河道两岸，长此以往造成河道淤积，给夏季汛期埋下隐患。我们结合这个实际，打算开启一段新的创业之旅——开发秸秆综合利用，我们认真地研究政策、核算所需费用、考察周边秸秆作物种植情况、了解运费情况，经过市场调研和计算，发现北方的山间平地无法实现机械化，如果投入生产将面临各种问题，不具有盈利的可能性。因此，我们只能联系一些养殖户和村民对接，将部分秸秆卖做饲料，减轻防火和防汛压力，创业计划再次破产。

2015 年，我所在的乡政府开始推进美丽乡村建设，这给乡村旅游开发和绿色农副产品销售带来了前所未有的发展契机。我和几个志同道合的伙伴希望能够抓住这个契机，实现自己的创业梦想，创收的同时也能为自己所在的村谋发展。我们把创业项目定位为乡村游和绿色无公害农副产品销售，为了方便经营，2015 年我与伙伴们共同创立了承德市游·你做主旅游开发有限公司，并于 2016 年入住承德市大学生创业园。这次的创业不再止于想法和市场调研，而是认认真真地开始创业试航。

首先我们开展市场调研，把握市场动向，应需开展业务。如果说 2008 年是国内景点观光旅游的爆发点，那么 2010 年以后的乡村旅游成为不可逆的热点。经过充分的市场调研，我们发现乡村旅游、农事体验、农作物采摘等体验类项目有很大的市场潜力，客户群体对新、奇、特旅游定制的需求日益增加，但是提供相应服务的机构少之又少，尤其在承德还没有这种类型的旅游服务机构。根据市场的需求，承德市游·你做主旅游开发有限公司准确定位，面向有专属私人定制需要的客户群体，推出个性化的新、奇、特旅游景点项目，面向群体“小而专”“精而细”地打造个性旅游新品牌。公司主要经营项目包括旅游景区开发、建设、经营，凭资质证从事园林绿化工程，大型活动组织服务，组织文化艺术交流，工艺品制作、销售，会议服务，票务服务，食用农产品开发、销售，广告设计、制作、代理发布。业务比较繁杂，现阶段我们主推乡村游和农副产品销售。

为了区别于传统的在线旅游和农村观光旅游，创新经营理念，树立旅游业新模式，避免出现传统观光旅游形式单一、游客缺乏参与等问题，我和公司团队成员一起推出了众筹游的新理念，同时打破传统的只筹钱的固有模式，一方面，利用掌握在单一用户手中的不完备资源，通过平台进行资源整合，组织兴趣相投、目的一致的用户，参与到 APP 推出的个性定制游玩、户外运动等活动中，用户可通过提供活动所需用品、物品、服务等，确定返现金额或折扣幅度，手中无资源且想参与活动的用户可以全额缴费参与活动。另一方面，为了更好地实现私人定制的旅游服务，与线下的各类服务商进行联营，满足客户提出的个性化需求，把质优价廉的服务或产品提供给客户。这一创新给我们带来了丰富的客源，也提高了整个公司的竞争力。

由于现阶段 APP 还处在开发期，我们通过微信平台对经营模式进行了试运营，已经成功举办三届陈栅子乡海棠花节，主要结合水果采摘、农事体验、百年梨花海棠花观赏和土地租赁等活动项目，开展了村游交友会、暴走游戏、海棠树系许愿飘带、夫妻松许愿等多种活动，共吸引游客 3000 余人。当地农副产品销售达到峰值，尤其是野生蘑菇、农家小米、农家豆腐等非常受欢迎，销量可观。

为了不辜负主办单位对我们的信任，2016 年 3 月团队开始策划海棠花节的各个环节，团队成员多次集中讨论后，书写策划书，然后与主办单位协商细节，不断修改完善，敲订了最终的实施方案。其间我们利用微信、微博等进行广泛的宣传造势，主要面对学生团体、青年情侣和一些对农事体验与采摘感兴趣的家庭进行宣传，我们预期活动当天到场1500人即可盈利，可喜的是当天到活动现场的有3000余人，远远超出我们的预期，这也让我们再一次认识到自媒体宣传的力量，认识到乡村旅游的巨大市场，认识到我们通过活动创新和丰富活动内容，可以有更大的发展和盈利空间。活动当天的展板、幕布、标识、彩带以及其他相关物品全部由我们精心设计和制作，反响很好。

海棠花节的成功举办给了我们很大的信心，同时筹备阶段的曲折和举办当天的一些不足也让我们积累了宝贵经验，不得不说的是我所在的乡政府和村两委给我们提供了很大的支持。当天会场人员爆满，乡政府和村两委帮助我们做好了交通疏导、安全维护、礼品彩带发放、路牌安装等工作，为我们省去了后顾之忧。

创业之初，资金是我们最大的短板，为了维持公司的正常运转，我们利用政策申请创业贷款，同时团队内部自筹一部分资金。在开展业务方面，我们利用大学生创业园内部企业多样性的优势寻求合作伙伴，以短期合作、个别事项外包的形势减轻资金压力。但随着业务的不断拓展，资金压力一直存在，我们希望通过吸引有实力的合作伙伴的方式彻底解决资金问题。

我公司以“年轻·自由·乐享·创异”为企业核心文化，以“轻奢订制·乐享生活”为经营理念，这就决定了我们的客户群体主要是猎奇心强、喜欢新鲜事物、注重体验和个性的人群。目前我们主要开发大学生、个性青年、年轻情侣、青年夫妇等客户群体，通过微平台广泛宣传，通过推出新颖好玩的游乐主题吸引用户。我们在初期主要通过以下几种方式扩展市场：一是与学校社团取得联系，利用学校社团在大学生群体里宣传；二是利用宣传单和流动广告牌宣传；三是通过微信、QQ、微博等平台发布产品信息；四是确保产品精良，口口相传营造口碑。

回顾近两年的创业历程真可谓感慨良多，虽然称不上筚路蓝缕，但是也有许多不易，从有想法到开展市场调研，从确立项目到建立公司，再到现在摸着石头经营，有很多时候觉得自己的能力有限，还好有相关政策的帮扶，有相关领导的关心和帮助，这给我们的创业提供了很多机会。在创业的过程中，团队协作十分重要，我们不仅在智慧、知识、创意和资金上合作，而且已经成为在精神上相互支持的重要伙伴，为了共同的目标团结在一起的我们有了“1+1”超越2的能量。能得到项目支持也十分重要，能够获得好的项目是成功的一半，尤其是在竞争激烈的当下，很多时候我们空有一腔热血和一堆点子，没有好的舞台去展示和发挥，所以争取像举办海棠花节这种有依托又能自由展现我们团队优势的项目，对我们的发展十分有利。

总之，在创新创业的路上，我们刚刚迈出第一步，但是我相信我们坚持的决心和乘风破浪的勇气终将给我们的团队带来不一样的生机和全新的未来。虽然我们的力量很单薄，但是我们也希望能通过自己的努力带动越来越多的有志青年人创业，能够推动越来越多的农民朋友创收，实现我们个人梦想的同时回报社会。

【个人简介】

2006~2010　在承德市双滦区实验中学就读

2010~2014　在河北工业大学人文与法律学院就读并获得法学学士学位

2014~　在承德市双滦区陈栅子乡陈栅子村做大学生村官

16. 孙铁艳

青龙县孙铁艳的创业故事

我叫孙铁艳，2009年6月加入中国共产党，2012年7月毕业于邢台学院地理系，同年9月被选聘为青龙满族自治县八道河镇天桥沟村党支部书记助理，2015年1月全票当选村党支部副书记。2015年9月因创业需要，我被改派到青龙镇蛇盘兔村担任党支部副书记。我在农村长大，对农村有一份特殊的感情，看着乡亲们面朝黄土背朝天地辛勤劳作，为了生计在贫困线上挣扎，我在心中暗暗立下誓言，既然选择回到生我养我的土地，我就要用自己的知识和技能让他们过上更好的生活。

挖掘特色产业

“大学生村官是新农村建设的排头兵，理应走在创业富民示范引领工作的前列。形象地说，大学生村官就如同挑夫一般，一头担着党和国家的重托，一头挑着群众的期望，哪一头的责任和分量都重如泰山，哪一头都需要辛勤的努力和执着的耕耘。”入职培训会上，组织部领导的创业动员让我内心久久不能平静。自己选择留在家乡，立志建设家乡，可真正到了农村，要从哪里入手呢？

2012 年 9 月入职以后，我开始跟着老书记入户走访，赶上农忙就到田间地头跟老乡们攀谈，两个月下来对村里的基本情况有了初步了解：青龙镇蛇盘兔村位于青龙满族自治县青龙镇西南部，距镇政府所在地 12 公里，总面积 15 平方公里，其中，山场面积 1.8 万亩，耕地面积 1100 亩，板栗、苹果等干鲜果树 50 万株。村辖 5 个自然村、有 14 个村民小组，420 户，1720 人。其中耕地有 74.1 公顷，粮食产量达 389.6 吨；园地有 397.5 公顷，年产各种干鲜果品 810 吨，其中苹果产量为 200 吨，板栗产量为 600 吨，山楂等其他杂果有 10 吨。常住人口不足一半，年轻人大多去县城或外地打工，无经营性集体资产；农民经济收入以务农、外出打工收入为主，有低保五保家庭 18 户 18 人。人生只有创出来的精彩，没有等出来的辉煌。要在这样一个社会经济基础差、自然资源贫瘠的地区谋求发展，唯有找准穷根、因地制宜、带头示范。

立足家乡县域外出务工人口多、耕地资源不足、荒山草坡资源闲置的自然社会现状，我多次咨询县农业部门、科技部门，上网查找资料，考察市场，深入农牧型企业调研，层层筛选，最终发现肉兔养殖产业具有风险小、成本低、劳动投入少、回报周期短等优势，在农村发展潜力巨大。在一次全县大学生村官交流会上，我把自己的考察心得与大家分享，很快得到本县六个大学生村官的认同，我们一拍即合。七个怀抱共同创业梦想的大学生村官很快走到一起，在组织部门和青龙县丰溢农牧科技发展有限公司的鼎力支持下，成立了肉兔养殖科技特派员工作站。我们一方面跟着丰溢公司学习肉兔养殖技术，另一方面向贫困村和各站员任职村分批分步宣传推广肉兔养殖产业和饲养技术，鼓励农民养兔脱贫致富。截至 2015 年累计服务农民 8400 人次，形成“公司 + 基地 + 工作站 + 农户”的良性互动发展格局。

专业合作社的成立

一切没有行动的梦想，都是妄想。科技特派员之间建立了深厚的友谊，互相帮助、共同进步，为后来创业联盟的建立打下坚实的组织基础。2015 年 8 月历经两年的学习、实践、积累，我们已经掌握了肉兔自繁自养的全套技术，为了更好地完成农村科技创业使命，充分发挥创业富民示范作用，工作站全体科技特派员自筹资金 14 万元，在青龙镇平顶山村挂牌成立青龙满族自治县青创联肉兔养殖专业合作社。合作社占地 10 亩，有养殖舍 12 栋，预计年产商品兔 2.5 万只，年效益可达 27.35 万元。饮水思源，我们打破合作社常规，帮扶贫困大学生家庭、失独家庭、低保五保等特困农户，允许其赊购种兔，繁育崽兔出栏后合作社负责回收。“栽下梧桐树，引得凤凰来。”一位四川绵阳的客户到养殖基地考察，对我们饲养的喝山泉水、吃牧草的肉兔品质十分认可，当即表示青创联肉兔养殖合作社出栏的肉兔有多少要多少，可以说我们饲养的绿色无公害肉兔，还未出栏就已售罄。

回顾肉兔养殖科技特派员工作站到合作社成立的一路艰辛，没有人知道我们经历了什么。工作站成立之初，我们去村里宣传推广肉兔养殖产业，对比饲养猪牛羊等大型牲畜成本高、风险大、回报周期长等缺点，讲解肉兔养殖产业优势，很多村民们报以质疑的目光，表面上点头称赞，我们转身刚走他们就把发放的资料塞进了灶坑。也有一部分村民反问我们：“这么好的买卖，你们怎么不干？说得好听，我们花钱真养了，最后没人要（回收）不是全赔了？”还有部分村民担心养不好，白搭东西。其中有一户让我记忆深刻，是一家五保户，母亲早逝，老大南下打工十几年没有音信，家中只剩下患有脑血栓的老父亲和 40 岁还光棍的老儿子，这个老儿子跟我说："干活我不惜力，但是一年就靠这点地打点粮食卖钱，也只够糊口，你们说的养兔子我很愿意，小时候我就养过几只野兔子，但是要我现在花钱买来养，我实在是拿不出。"我们一方面耐心地向村民们解释，另一方面将村民的种种疑问记下，回到工作站一起探讨如何解决，后来把很多思路写进了合作社章程，凝聚成创业富民的宗旨。

我们以为掌握了肉兔养殖技术，就掌握了打开带领村民致富之门的金钥匙，谁知道这只是万里长征的第一步，场地、资金、手续等难题接踵而至。为了扩大示范效果，用创业实绩打消村民们的顾虑，我们打算成立自己的合作社，我们向丰溢农牧公司的负责人征询意见，令人意想不到是，公司负责人非常支持我们创业，表示为降低我们的创业成本，愿意将自有的一个小型养殖基地腾出来供我们使用，这样我们就省去了十几万元的厂房建设费用。得到丰溢公司的鼓励，我们干事创业的劲头更足了，开始筹措启动资金，精打细算下来，种兔、笼具、产箱、料草这些必需品的购置也要十余万元，对于月工资只有 2000 元的我们来说着实是个天文数字。我们东拼西凑找到 7 万元，面对还有一半的资金缺口，我们想到了组织部门。县组织部主管大学生村官的同志告诉我们，依据中组部的相关文件，大学生村官创业可以从银行获得创业贷款。随后我们开始到农行、农村信用社、邮政储蓄银行、建行游说，得到的答复出奇的一致："我们没有接到上级相关通知，无法办理。"现实有时是残酷的，它能将你托到梦想的脚边，也能在你以为触手可及的时候让你重重地落下。想起村官入职时的铮铮誓言、想起工作站里终日忙碌的身影，我决不能就此放弃。回到家里，经过软磨硬泡，我将自己结婚的嫁妆拿了出来，加之其他成员东找西借，勉强凑够了一期启动资金。

组建村官创业联盟

多人拾柴火焰高，众人划桨开大船。创业的想法和热情都是父老乡亲赋予的，自己能够有所成就，只是有幸站在了巨人的肩膀上。为了使更多怀有创业梦想的大学生村官、农村青年实现创业梦想，开发更有价值的、适应农村发展的产业项目，我们发起成立了青龙大学生村官创业联盟，并将“创业富民是宗旨，根本目的是富民”作为基本原则纳入章程。

对下一步青创联的发展，我们有着自己的“大学生村官创业联盟项目规划”：项目建设采取“一村一品”或“创业示范园区”形式，各分项实行常务理事专人负责制，全程自媒体跟进，营造创业氛围。

初期建设项目应采取小步快走、稳妥推进、求微利或保本经营的方式，如种植、养殖及简加工、代加工产品市场开拓等。本阶段主要目的在于巩固会员创业热情，使其将创业理论自觉应用到创业实践中，做到两者相统一，为中长期创业项目积累经验；鼓励、引导、带动、扶持村民（低保户及困难家庭）以劳务或者小微资本参与项目建设，精准扶贫，真扶贫、扶真贫，实现从输血到造血的转变，从根本上解决温饱问题；打造文化名片和青创联自有品牌。

中期建设项目应以低投入高收益型、中下游产品开发销售为主导，资本回收周期可按项目建设类型适当延长。例如，初期建设项目产出物的深加工和实体店经营、地方特产产业化经营。本阶段主要目的在于激发县域青年创业热情；带动半劳动力即中老年村民参与，最终形成反磁力，促使外出务工人员返乡就业创业；形成文化名片和自有名优特品牌，取得绿色产品认证等荣誉资质。

长期建设项目应以与电子商务对接、打造互联网销售平台为抓手。前期稳定，中期强劲过后，本阶段应充分利用前期优势，借力电子商务平台，开设农村淘宝经营模式，将高品质的自产、加盟的丰富、健康、绿色农村物产经由互联网平台送至城市的千家万户，展现农村美食特有气质。

提质增效，助力美丽乡村建设

2015 年 10 月，青龙大学生村官创业联盟被河北省科技厅评为“大学生村官科技特派员农村科技创业奖励性后补助项目”，并获得 10 万元资金；同年 12 月被我县扶贫部门认定为优秀扶贫项目并得到资金支持；2016 年 1 月，被河北省委组织部评选为“十佳大学生村官创业典型”，随后，相关创业富民事迹相继被秦皇岛市电视台、秦皇岛市日报社、青龙县电视台等多家媒体报道。

【个人简介】

2004.9～2007.7　就读于青龙满族自治县第一中学

2007.9～2010.7　在邢台学院地理系读大专

2010.9～2012.7　在邢台学院地理系读本科

2012.9～　任青龙县大学生村官

17. 梁晓晴

张家口梁晓晴的创业故事

我叫梁晓晴，男，1980年生，河北省张家口市怀来县人，中共党员。谈起创业，感觉自己的历程挺乱的。我是学临床医学专业的，由于成绩突出，后来留校任教了。因为我要教中专学生，而自己也是中专毕业，所以要进修，要提升学历，后经母校保送至河北北方学院，一边上班，一边学习。因此，留校教书成了我第一份工作。2004年，根据学校的安排，我们在全国多家医院搞实地性教学，以增强学生的临床实践能力。我被派往山西太原，在太钢集团职工医院负责教学工作，同时穿插着进科室接待患者，拿着学校和医院给的双份工资。

2005年国庆节放假，我带着妻儿回老家探望母亲，当时正是我家乡葡萄收获之季。走在回家的路上心里还在想，一串串的葡萄，香甜可口，口水差点流出来。到家后第二天得知父母要早起采葡萄，所以我自觉负责把早饭做好等父母回来吃。结果两位老人10点才回来，而且执意要先去交货，说把葡萄卖了回来才吃得安心。结果被商贩挑毛病直接折半价卖了，母亲眼眶还湿着，父亲不说话。回家后，谁也没吃饭。看着父亲的皱纹，母亲的白发和粗糙的双手，心里一阵阵地酸痛。我忍不住说："这不是抢吗？"母亲叹道："唉！这么多年都是买家说了算，咱们村是搬迁村，到现在连个代办也没有，有什么办法啊！"

那个十一小长假我过得一点都不开心。2005～2006年，我时常想起父母的样子和他们无奈的眼神。2006年7月，学校放暑假，我去跟我的恩师（校长）说了家里的事，同时递上了辞职报告（大致内容是我要回家种地，我要为农户的农产品找出路）。原以为校长会留我，谁知他老人家说："孩子，去吧！去闯自己的一片天。不过记住，学校的大门永远向你敞开，想回来的时候就回来。"我谢了恩师，抹了抹眼角，带着妻儿走向回家的火车站。

由于在单位期间，妻子照顾孩子，我一个人上班，是典型的月光族，所以回到家后，翻遍箱底和口袋，只有2000元。厚着脸皮向父母借了1万元，开始每天泡在网上。父母对我的归来很不满意，同时也觉得很不光彩，看我主意不变，分了三亩葡萄地给我们，让我们自己生活，另开了炉灶。这年我26岁。我在各农业网站、论坛上发布怀来葡萄信息。后来，我担心收货老板们未必能看到，自己印好名片，前往北京、上海、江苏、浙江各大水果市场发名片。终于当年秋天，我做了我们村第一个接待外地客商的代办人，为村民销售葡萄23万斤。北京的自酿爱好者纷纷来我处采摘赤霞珠葡萄用于自酿葡萄酒，当年为农户销售酿酒葡萄5万斤。

冬季村民们都来问我，"你刚回村，这是怎么办到的?"我说是通过网络，大千世界什么都有，不仅可以宣传自己的葡萄，还可以了解外面的世界。

村民们听说还要购置电脑，拉网线，要投入好多钱，一下子热情就下去了，然后说村里有我就行了。我不甘心让农村的信息这么封闭。2007年4月，我从亲戚家借了3万元，从本地农村信用社贷了5万元，开了一个小网吧，想着农民不用自己投资买电脑也可以通过网络做宣传，了解外面的世界了。结果运营过程中发现上网的全是学生，而且学生没有查学习资料的，全在打游戏。如果控制学生不让进，网吧就会空场。后来我开始给周边村民做工作，没人理睬，要么觉得电脑太深奥不会操作，要么觉得那是孩子们玩的东西。我单纯的理想就这样被活生生地熄灭了，还背负上了毒害中小学生的罪名。我开始从网上找一些政策性的文件，看有没有能帮到农户的。国家惠民政策比比皆是，中央一号文件更是让人振奋。可是符合我们实际，能实实在在用在我们这儿的却没有几项。终于，2007 年 7 月 1 日《中华人民共和国农民专业合作社法》颁布并实施。我立刻组织村里的葡萄种植能手、种植大户商量，组建合作社。好多村民认为这是又要回到生产队，又要吃大锅饭，表示不认可。做了好多的工作，终于组建了只有 12 人的合作社，收总股金 6.6 万元。开成员大会时，我主张葡萄能卖不是目的，卖个好价钱，让大家增收才是根本目的。在当年葡萄采收前，我调研了一些大型水果市场，决定把合作社的葡萄自己拉到市场上销售。结果让我知道了什么叫“货到地头死”。由于合作社刚成立，为了让大家对合作社有信心，我自己又从亲戚那里借了钱，给大家按高出本地价每斤 1 角钱付了葡萄款。当年我赔了 8 万元，眼看就要揭不开锅了，妻子也开始有反对意见。这时，村民们看到的是我们合作社的成员葡萄卖价比本地高 1 角钱，纷纷来咨询。又有新成员加入，投入股金，可以维持合作社基本生存需要。酿酒葡萄除北京酿友之外，通过网络，我们在全国各地都有了客户。通过为农户销售酿酒葡萄，合作社有了 2 万元的利润，直接补到亏损里了。这样一直到 2010 年才把合作社的亏损填平。2011 年合作社通过网络向全国销售酿酒葡萄突破百吨，赚了第一桶金。合作社成员得到了股金一倍的分红。同时合作社带动了一些年轻人，他们也开始通过网络卖葡萄。酿酒葡萄种植户因此多了一个选择，不是非卖到本地葡萄酒企业，也可以卖到合作社。我们要求限产提质，以质取胜。2012 年合作社有更多的成员加入。我们的注册资金达 350 万元。2013 年为了向周边农户提供农资、农技服务，我成立了怀来荣辉农业科技开发有限公司，服务周边农户近 1000 户。

经过几年的宣传，酿酒葡萄成了热门产品。除本村外，周边村也开始效仿，带动农户 2000 户，覆盖总面积达 3 万亩。由于多年来的经验累积，无论是品质控制，还是运输环节，我们都把控得很好，并开通了空运、冷链物流、快递、普通物流等多条运输途径。至 2014 年，我们合作社酿酒葡萄总销量达 5000 吨，最高价达 7 元/公斤。农民种植积极性有很大的提高。葡萄产业是怀来的支柱产业之一，我们从事葡萄销售也算是小有成就，觉得我们应该从多方面服务更多的农户。

2014 年，我花了半年时间走访了全国多省市的葡萄种植区，考察了各地的设施葡萄，发现差季成熟的葡萄价格不错，利润可观。所以回来后我与合作社成员商议做设施葡萄的事宜。结果因投资大、见效慢，没有得以实施。我想只有自己做起来，见了效果大家才有激情。所以在村委的大力支持下，流转土地 120 亩，准备建设设施葡萄基地，不但可实现差季、返季采收，还可以提供旅游观光。通过对全国各地葡萄大棚的建造特点分析，结合自己的思路，我们研发了新型农业设施，集节约土地、环保节能、自然加温、不破坏土地、易折易建、抗灾能力强等特点于一体，并申请了三项专利。2015 年，新型设施大棚开工之季，我们成立了河北唯可塔瑞农业开发有限公司，承接全国新型农业设施建设。我们的新型设施受到了各级政府的高度重视和大力支持，而且拿到省财政补贴一百万元。我们引进了 5 个新品种葡萄，2017 年便可上市采摘。

我们的工程预算为 430 万元，实际工程造价为 540 万元。在建设过程中，合作社成员和农户们大多是观望的，无人合作，部分村民以土地入股参与进来。本地银行觉得此类建设投入大、回收期长、风险大，所以未对我们提供贷款，使我们举步维艰。我到处筹资，当年只有我的恩师支持我的发展借款 120 万元。目前还有近 300 万元的资金缺口，距离我们的葡萄园盈利还有一年时间，我们还在不停地思考破局之法。

2016 年，我通过学习国家相关政策，利用互联网思维，为本地农户解决了种植成本高的问题。至本文结束之前，我们启动了“互联网 + 农业”的新里程，建设服务农民的网上商城，依托怀来诺发电子科技有限公司，以消费资本论为理论依据，学习李克强总理关于发展分享经济、免费消费等新理念，最终实现大众创业，万众创新，以此来带动更多的农户，让大家生活更美好、更富裕。或许这也可以缓解我们当下资金紧张的局面。

回首过去，不知不觉十年过去了。我们一路走来是摸着石头过河、探索中前进，有快乐，也有辛酸。我们前面的路还很长，任务还很艰巨。不知道有多少困难在前面等着我们去面对，但是，我对未来有信心。总体来说我有四点感触。

1. 政府：思想应进一步解放，讲格局。农业的发展，需要政府多部门协调，重点扶持。要发展就需要有突破，要突破就可能会不按过去的老政策办，只要合法、合情、合理就应该加大扶持力度。

2. 教育：新农民的教育很关键，应进一步解放农民的思想，让其放宽眼界，如此才能使他们在农业上找到新出路。

3. 资金：当下，农业资金扶持、金融机构风险控制缺乏保证，在没有政策倾斜的前提下，没有银行、企业单位、个人愿意帮扶。信用体系建设应尽快落实。巧妇难为无米之炊，没有资金一切都是空谈。

4. 市场对接：应建设双赢的战略思想，有好市场，更要有好产品。作为农民的我，感觉良心教育比科技都重要。农民的任务是生产高品质的农产品，不能以次充好，给对接单位脸上抹黑，这样才能长久发展。

【个人简介】

1998. 9 ~ 2000. 7　就读于石家庄协和医学中等专业学校

2000. 7 ~ 2004. 9　石家庄协和医学中等专业学校留校任教（进修成人大专）

2004. 9 ~ 2006. 8　太原太钢集团职工医院　任职医生同时负责实地性教学工作

2006. 9 ~ 2007. 3　怀来县海科网吧（个体）

2007. 4 ~ 11　怀来县海科电脑服务中心（个体）

2007. 12 ~　任怀来海科生态农业专业合作社理事长

2013. 4 ~　任怀来荣辉农业科技开发有限公司董事长

2015. 8 ~　任河北唯可塔瑞农业开发有限公司董事长

2015. 11 ~　任怀来葡韵葡萄酒销售有限公司总经理

2016. 1 ~　任怀来诺发电子科技有限公司董事长

18. 张涛

“懒人”的农业科技创业

在我大学毕业之后，其实我对将来到底从事什么职业并没有具体的想法。有幸的是我参加了西部志愿者计划，成为一名服务于家乡偏远乡镇的志愿者。乡镇离县城一个半小时车程，那也是我基层工作开始的地方。之后我又参加了考试，成为一名大学生村官。算起来，在乡镇工作也有两年时间了。当初之所以选择成为一名村官，与我的志愿者经历有关，同时也想更好地锻炼自己。成为村官的决定也得到了家里人的支持与鼓励。

创新都是从懒人开始的，最初的创业想法也是因为我和朋友比较懒。我和朋友在一次外出时，由于时间比较长，他家里的花都干死了，为此我们就想能否设计一个装置，保证家里的花木在家人外出时，依然能够很好地生长。这也是我们最初的一个简单想法，随后我们就着手进行这方面的设计。

通过一段时间的努力，我们取得了一定的成绩，装置可以实现在家中无人时，保证家里的花木在一个月内正常生长。之所以出现一个月的限制条件，是因为事先准备的装水桶仅仅够一个月的用量。如果仅仅是这样，当然也算不上是创业，这仅是我们设计的一个产品而已，并不具有太大的推广价值。而接下来我们得知承德市将举办大学生创业大赛的消息，这使我们产生进一步优化产品、组成团队参加比赛的愿望。我们把握了这次机会，进行了大量的准备工作，对市场进行了调查，最终将自己的产品和设施大棚相对接，根据现代设施农业中对自动控制的要求，设计开发设施农业智能控制器。产品能够控制环境检测（土壤湿度、温度、光照环境）、智能控制（控制喷灌设施、滴灌设施、大棚卷扬机、通风设备、取暖设备）、远程控制、集中管理等模块，可以实现在无人值守的情况下全自动保持区域内土壤湿度、温度恒定，根据需要自行定制浇灌计划，我们还进行了二次开发和个性化定制，以满足不同行业的需求。这次创业比赛我们取得了三等奖的成绩。

我和朋友都在基层工作，了解农村农业的现状。现阶段的农村温室技术水平仍处于初级阶段，设施材料、技术设备、自动化水平还比较落后。多为单坡面，后墙、侧墙一般是土质或砖混结构，骨架为木质或金属结构，覆盖材料多数采用塑料薄膜，保温材料主要使用当地制作的草帘，难以保证温室内蔬菜适宜的环境条件，产量和收入不稳定。相对而言简陋的温室大棚创造的价值有限，所以我们就想到了将我们设计的产品用于温室大棚，来实现自动化农业、设施化农业，从而创造更多的价值。

通过调查，我们发现目前承德地区山区大田普遍存在种植技术落后、作物经济效益不理想等情况，农村土地集约化成为趋势，规模大棚数量逐渐增多，国家出台了一系列惠农利农、脱贫帮扶的政策，从侧面为设施农业和智慧农业打开了市场。所以我们依据土地流转和经济作物模式的市场需求，开发能够科学地避免资源浪费、降低成本、稳定产量、提高收益的产品。

显然我们的产品是有市场需求的。对未成规模的大田，人工成本相当高，传统的水泵抽水最少需要两个壮劳力，一个控制水泵，另一个理顺水管。田间井房的沟渠灌溉蒸发损耗也很大，所以，产量稳定、适用性强的“日光温室+经济作物”模式会逐渐占领市场。

我们团队进行了前期市场调查，目前市场上的智能灌溉系统主要有两种：一种是通过传感器感应控制器的集中控制系统，另一种是可移动喷灌车。经过市场调查，覆盖式大概5元每平方米且需要成规模，移动式成本相对较低，且可移动使用，对农田适应性较好，但是这两大模块的联动性和操作性结合不够紧凑，而且目前主流的智能喷灌系统主要面向的是规模型农业，对小规模大棚、花卉养殖、中药材种植、园林绿化和家庭用户等方面支持不够，并且多是一体化设计，维修维护不方便。家用的灌溉设备虽然售价便宜，但是功能不够完善，主流产品采用交流定时器集成电磁阀，以接自来水的方式进行浇灌，如果无人值守易出现跑漏水情况或者漏电情况，造成损失。我们的产品使用 APP 远程控制，可完美地补充这一短板，让整个养护过程变得简单。产品全部自主研发，在产品的成本控制和最终定价上有巨大优势。

我们的产品主要目的是实现无人值守、环境控制和模块化可定制，对比现在市场上的产品，集成度更高、成本更低、维护更简便。产品采用 PLC 或 STM32 主控，可实现温度湿度检测和灌溉保温功能的联动，并且通过网络和显示屏将数据直观地展示出来；安装简单，采用模组化传感器，维修维护方便；滴喷灌喷头用 ABS 塑料材质，耐用、耐腐蚀，模块可以根据用户需要定制添加，如肥料农药定时投放、远程视频监控、大棚卷扬机控制、园林门禁控制、网络连接模块等；产品还可以根据客户规模进行定制，以满足各种规模的用户群体，按照客户的具体要求和农作物的适配环境，实现不同季节、不同农作物的灌溉计划，保证农作物的适宜生长环境。我们的市场定位是针对环境要求较高、规模相对较小的大棚或者农田。我们的产品改进了以前的扦插滴灌方式，用预埋渗透的方式使灌溉效果更好，降低了蒸发损耗，更加节能环保。智能控制器采用 5V 直流供电，待机功率低且安全性好。对各类农业设施，我们的设备也可以精准对接，例如滴灌带我们有配套的水位检测模块和电磁阀模块，喷滴灌系统有压力感应模块和继电器模块等，产品兼容性强。产品后续开发可以根据现有的优势条件进行对接，如可用现有的取水水泵或者市政供水系统，通过加装继电器和电磁阀实现对接，利用现有设备升级，可大大节约架设成本。

大数据的集中应用和物联网的发展，让智能化设备渗透进各个领域，随着各类电子传感设备和主控芯片成本降低，目前市场上出现了很多自动灌溉设备，但是功能较为单一，且都针对具有一定规模的农田；对于小规模的大棚和农田、园林绿化等领域，人工成本较高。我们曾经去过丰宁的两家花卉大棚实地调查，发现他们在冬季工作比较繁重。众所周知，大棚的目的就是让植物有恒温、恒湿的适宜环境，走访的几家花卉大棚用卷扬机在棚顶铺设防风被保温，大棚内部用火炉取暖，冬天晚上需要不停地烧煤，且需要人来看护。丰宁四季分明，早晨和晚上气温较低，所以烧煤和人工的成本相对较高。另外我们的团队发现有些需要特殊环境的经济作物，如中草药半夏，需要通风除湿，我们的控制器也可以和现有的通风设施进行对接，从而让种植环境“智能化”。另外，我们的产品还可以应用到其他领域，如畜牧业供水投食、环境监测消毒、微型家庭灌溉系统、个性化智能家居（如远程浇灌、宠物喂食、水族箱投食换水）等。

目前我们正在和企业展开初步合作，收集实验数据，通过数据反馈不断改进我们的产品。我们将继续定位于中小规模农户，并积极拓展家用产品的开发与推广，逐步扩大产品种类，丰富产品功能。我们希望通过和相关企业合作，更好地开展特色种植产业，比如草莓采摘园、蔬菜大棚，通过发展绿色农业带动农民增收，提高企业效益。

当然在创业过程中不会一帆风顺，我们设计产品的时候也出现了各种各样的问题。克服设计上的问题相对容易，因为有明确的目标，我们可以通过查阅各种资料、询问从事相关职业的朋友来解决这些问题。现在我们面临的主要是推广和产品进一步开发的问题。因为团队初创，我们无法大面积推广产品，其中有资金问题，也有知名度问题。我们希望能够脚踏实地，通过自己从事的工作来取得更多的合作机会，及时、准确地抓住一些有利的优惠政策，响应国家精准扶贫的号召，在将产品推广出去的同时，带动当地经济的发展。我们会在将来的生产过程中不断提升自己产品的质量，努力做到精益求精。

我们的创业之路与我们的工作息息相关，希望在做好本职工作的同时，能够依靠我们所学知识、所掌握的技术，做出更好的产品，来帮助农民朋友创造更多的价值。

【个人简介】

2006.9～2010.6　就读于承德市丰宁满族自治县第一中学

2010.9～2014.6　就读于河北联合大学轻工学院

2014.8～2015.10　参加西部志愿者计划

2015.10～　任河北省承德市丰宁满族自治县五道营乡五道营村大学生村官

19. 迟浩

现实与理想的差距，边缘里对梦想的救赎

也许作为一个艺术生，天生的就有点不着边际的小浪漫、小情怀、小想法，毕业前看到一纸宣传，我恰巧又都符合条件，本身骨子里就不想朝九晚五地上班，带着养殖致富自己、种植致富全村、只要创业就能成功的想法，带着自信，带着对农村美好的想法与规划，我做了人生第一个重大决定——回家当大学生村官。

9 月培训，10 月入职，我是一个能想到做到的人。初到村里，经过了十多天的磨合，我渐渐地了解了村里的情况，我觉得农村到处都是黄金、遍地都是宝贝，想到这里我便开始了创业之路。弄大棚、种草莓、养羊，一次又一次地研究、准备，一次又一次地失败，我才发现农村的事真的不是看上去那点儿事。干不成，就找找原因从头再来。经过向村长、书记请教学习，我才知道干不成的原因：土地、技术、资金缺一不可。我原来没有在农村生活过，生活过以后才发现有些事在农村真的不好处理，因为在农村充满了人情关系、邻里关系、亲戚关系。这些关系就像一张大网，紧密地联系着村子里的一切。弄懂了这些的我开始联系村长，整合村里的合作社、果农干了一件惊天动地的大事。可是现实又一次击败了我。三个多月过去了我什么都没有干成，沮丧的我第一次有了放弃的念头。新年的一次同学聚会又深深地刺激了我，同学们要么是机关单位的公务员，要么是自己辛勤地打拼出自己的一番事业，就算给别人打工的也拥有一份自己喜欢的高薪工作，只有我还一事无成。我感觉可能是我还不够热爱农村，我来的目的也不够单纯、不够清晰，也许我是时候放手了。

我辞职报告都已经写好，在晚上逛淘宝的时候却发现了让我眼前一亮

的东西——电商、众筹，这一次我没有再和往常一样得过且过，计划我就做了半个月，能想到的我全都考虑到了，能利用的、能协调的资源我都去协调了。说来自己都不能想象，我竟然拎瓶白酒和大爷说半天，只为劝说他相信我。可到最后还是应了那句话——理想很丰满，现实很骨感。我又一次失败了，这次回到家里拿起辞职报告，我看了又看，发现我不想辞职了，因为我爱上了这里。准备计划的这半个月里，我走遍了村里的每一个角落、每一块土地。我的内心告诉我不能就这样失败，即使我要走也要做出点事再走，不为钱、不为利、不为功，只为我最初的梦想，只为这全村600多人的信任。

接下来的两个月里，我整理档案、维修电脑、报扶贫、收农合、整医疗，过得还算充实。闲下来的我研究来研究去，开始了“最不靠谱”的一次创业，却是比较成功的一次。说起装修我都有点不好意思，别人的创业都和农业有关系，可我的创业实在有点上不了台面。在县组织部领导给我打电话通知我准备这次学习的时候，我的第一反应是弄错了。我是学室内装修设计的，在学校期间比较努力，社会实习、实践做得也比较好，有一定的底子。有一天，村里的一位王姓大哥，他是个家装瓦工，找到我说：“小迟，我家里亲戚在城里有套房子，我听说你是学设计的，能给设计设计不？要是设计得好，你就组织村里的这几个人给他弄弄，还能挣点外快呢。”我就答应了下来，利用休息的时间帮他装修。等装修完我发现不是我挣了点外快的事，我前前后后竟然用了村里9个工种的工人，一共给大家开了3万多元的工时费。我突然觉得眼前的世界都明亮了。你有你的阳关道，我有我的独木桥。抱着试试看的想法我向村里、镇里、组织部的领导说了我的想法。原本以为会被驳回，可得到的回复是：“只要按时保质保量地完成村里的工作，我们不会阻止你带领百姓脱贫致富。”有了领导的支持与鼓励。我开始了可能是全国大学生村官里“最不靠谱”的创业——装修，而且一干就是三年。在这三年里有困难，有曲折，也有心酸，可还是在村民的理解、支持下挺了过来。在这个行业里我做的就是服务，只要活好、服务到位，你就能创造出口碑品牌，就能屹立不倒。创业并没有影响我在村里的工作，防火防汛、民情村事也样样拿得起来，在2015年村委换届选举的时候，我被大家推选担任村党支部副书记。三年里带动技术工种务工人数达43人，出工次数每年能达到2600多次，最让我自豪的两件事：一是因为我的创业，村里开始向本村村民提供工作岗位，近年来，从北京、上海等地回来了9个常年在外务工的村民，村民们说回来不仅能有活干、挣到钱，还能守着父母孩子，愿意回来；二是除了店里长期雇用村民前台外，还额外为留守妇女成立了保洁团队，让她们在照顾家庭之余，也能实现自我价值。

这就是我的创业故事，不能算好，也不能算成功，只能说大家一起给了我这个机会和平台，让我做成了这件事。一晃到村已是第四个年头，对村里我也有了更深的了解和认知，我也不再是初出茅庐的愣头小子，手里有了一定的资源，但我还是想回到村里来，还是想着最初的梦想，所以我申请了这次培训学习的机会，我想走出去看看，想把农业和电子商务更好地结合起来。我希望这次能学习到对我有用的东西，回到村里后我能趁年轻再折腾一回，再创业一次，带动的不再是六七十个人，那几十家子，而是信任我的全部村民。

【个人简介】

2005.9～2009.7　就读于河北省保定市美术中学

2009.9～2013.7　就读于河北建筑工程大学

2013.10～2015.2　担任河北省承德市承德县下板城镇石湖村党支部书记助理

2015.2～　担任河北省承德市承德县下板城镇石湖村党支部副书记

20. 张立雨

美术教师的特色教育创业路

我毕业于新疆石河子大学，2013年，我选择回到家乡做一名大学生村官。我本身是一个农村人，我最快乐的时光也是在农村度过的，我喜欢农村清新的环境和朴实的人情，毕业之后好多同学选择去大城市发展，认为大城市有更好的发展机会，我当时的想法和他们不一样，我认为农村有更多的机会等待我去发掘。

我还在读大三的时候，我就有朋友已经在家乡做大学生村官，之前对村官我还很陌生，或者说它离我很远，从朋友的口中我了解到不少大学生村官的事情。大学生村官是一个最基层的工作，可以体会最朴实的民风和民情，而不是朝九晚五地上班，灵活性较强，最重要的是政府鼓励大学生村官创新创业和带头致富。这些深深地吸引了我，后来我又多方面了解了村官的信息，让我对村官有了更深刻的认识，也为我下定决心做一名大学生村官做了铺垫。

2013 年 10 月我正式被分配到下板城镇牤牛叫村担任党支部书记助理一职，被分配到村里的前期我感到知识在这里没有意义。我大学的专业是师范类美术系油画专业，美术一直都是我生命中的主题，学习绘画已经有十多年的时间，但在村里我发现我的专业丝毫没有用武之地，一段时间里我都感觉这样的生活没有一点意义，用我的专业并不能在村里创造出更大的价值，我开始怀疑我当初的选择。

一次不经意的机会，我发现村里有一所小学，这所小学当时只有 40 多个学生，都是采用班主任带全科的教育方式。于是我找到校长详细地咨询了情况，我和校长商量想义务地给孩子上美术课，校长很高兴地答应了。当时我觉得如果能把我学到的东西教给孩子们，起码我的专业知识没有浪费。

后来我慢慢发现，不仅是农村的孩子缺乏正规的美术教育，县城里的孩子也同样缺乏正规的美术教育。牤牛叫村离县城很近，我为什么不在县城开办一家美术教育机构呢？后来我对整个县城做了一次调查，发现当时只有一个公立的文化馆里有一个美术班，还有个别的美术老师在家办小班，教学质量参差不齐，多数只是为了挣些零花钱，并不在意真正教会孩子什么，而且教育理念还停留在十几年前的教育模式上。我认为这是一个机会，如果我把这件事做好，第一可以解决经济上的问题，第二可以填补市场上的空缺，第三可以让县城和村里的孩子得到更专业、更正规的美术教育。

做了这个决定后，我和家里人商量，但是家里人都很反对，认为这是不务正业，好好看书考上公务员才是正道，村官只是一个跳板，让我不要想太多。我认为家里人的反对是正常的，但我并不认为村官是考公务员的跳板，村官更看重的应该是创业精神。而且对做好这件事我很有信心，首先我不仅是师范出身，专业也是美术，在上学期间也开办过两次培训班，在教学方面有很多的经验，最重要的是这是我喜欢的事业，无论多困难我都能坚持下来，所以我决定不再考虑家里的反对意见，而是按自己的想法去做。后来我找到村里书记说了我的想法，书记也表示支持。他认为这件事很有意义，如果我能做大做好会对村里教育水平的提升有很大帮助，这更坚定了我的决心。

于是我着手准备开办自己的培训机构，首先我认为选择一个合适的位置很重要，还有就是房租不能太高。经过考察，我选择了实验小学边上一个临街楼房的二层，这里的位置和价钱都让我很满意，但当时我身上只有1000多元钱，连房租都付不起，更不用说装修和宣传了。于是我和房东商量，经过协商，房东同意让我先用再交房租，资金问题解决后，我用剩下的资金在二手市场购买了桌椅，并印制了一些宣传单。用我以前学生的画和自己的作品对教室进行了简单的布置，一个简单的画室就基本成形了。

剩下的问题就是如何招生，这个问题才是最关键的。于是我每天在学校门口和家长讨论美术教育问题，发放宣传单，宣传我自己的美术教育理念，鼓励他们到画室体验并感受课程。来的每一个孩子我都不收费，只要孩子喜欢我就会一直教他。

我做了一个月的免费体验课程，不断地在学校门口发传单，这一个月来的人确实不少，在这一个月当中好多家长都和我成为朋友。每当我到学校门口都有家长和我打招呼，我信心满满地觉得正式开课一定不成问题，来我这里学画画的孩子一定很多。但当我正式收费上课时发现大部分的孩子都没有来，班里只有五个孩子，还有两个是亲戚朋友家的孩子，当时对我的打击很大，我觉得这一个多月的努力白费了。

这时候好多人都劝我别干了，“这事行不通，你能干得过公家吗?”“还是好好看书考公务员吧!”我这个人就是拧，别人越说干不成我就越想把这件事干好。我就一直顶着压力坚持了下来，我还向劝我的人夸下海口：我一定要办一个一百人以上的班。当时很多人都觉得我在吹牛。

我的自信不是没来由的。首先我喜欢这件事，无论挣钱与否我都能坚持得住；其次我对我的教学方法和教学理念很自信，虽然当时家长不是很认可，但是我相信大家迟早会认同；最重要的是，这块市场在县城里还是空白，先做就能占领市场先机，所以虽然我现在学生很少，但是我有信心把这件事做好。

慢慢地，画室开办前期的工作起到一定的作用，在画室学过的孩子，因为感受到学习的效果，也开始帮做义务的宣传工作，这样来画室的孩子一点点多了起来。半年之后我交了房租，换了一个更大的地方，装修档次也有所提升，我自己已经教不过来这些学生了，于是又雇了几名老师，开设了不同的班级，很快我就完成了最初设定的百人计划。

接下来我又对整个校区做了升级和改造，经过一年的发展，画室已成为当时我们县城内人最多也是最专业的美术教学机构。经过不断地外出学习和考察，一年后我们又重新选择了地方，进行了全方位的升级，调整课程体系，聘请专业的招生老师和课程老师。在新校址，我们严格按照专业美术教室进行装修和设计。目前，在校生源已有300余人，成为我们县城内最专业、最高端的美术培训机构。我们的画室在某些方面甚至不低于一线城市的标准。

吃水不忘挖井人，对一直支持我创业的村两委和县委组织部我一直怀有一颗感恩的心。在这几年的创业过程当中，除了完成村里的各项工作外，我的大部分时间都放到创业当中。村里也尽量协调好我的日常工作，让我有更多的时间来创业，所以我也要尽最大的努力支持村里各项事业的发展。例如，利用专业学科的优势，定期派老师去牤牛叫小学开设免费课程，在佣工方面优先考虑牤牛叫村的就业人员，目前已有三名牤牛叫村户籍人员在此工作。再有就是支持牤牛叫村的文化建设事业，每年画室都向村里捐款2000余元，并于六一对牤牛叫小学进行捐赠活动。我想尽最大努力用我的创业成果助力牤牛叫村的发展。

回顾创业历程，感慨良多，我认为在整个创业过程中，坚持、创新和改变是最为重要的。没有坚持就没有现在的成果，没有创新就没有自己的特点，没有改变就不会有发展和希望。创业的初期是一个人的事，随着扩大与发展，一个优秀的团队将会带领事业走向新的道路。

【个人简介】

2004.9～2009.6　就读于承德县一中

2009.9～2013.6　就读于新疆石河子大学

2013.9～　担任承德县牤牛叫村大学生村官

21. 刘竞泽

我的创业之路

选择回家做“村官”

2012年7月毕业时，许多同学都已经选择了自己的道路，而我还在迷茫中，不知道自己今后的路该向何方，是奔向北上广等大城市闯荡，还是回家待业等待自己的出路。就在迷茫中，一个电话让我豁然开朗，也让我坚定了自己今后的方向，这个电话就是承德市委组织部告诉我已作为大学生村官被录取。

有人问过，作为一名本科毕业生，是什么力量促使我放弃了去大城市的拼搏之路，放弃了城市更加优越的生活，而选择了这条不怎么被人看好的“村官”之路。我的回答很简单，我喜欢农村的山、农村的水、农村

创业照片（刘竞泽提供）

的一切。除了这份与生俱来的感情之外，在我看来，只有在农村拼搏才能让我大展拳脚，让自己变得更加强大，最终实现自己的理想和抱负。

创业之路

经过组织分配，我来到了美丽的柳溪，这里有着别的地方没有的特色，有巍巍的马盂山、悠悠的辽河水等让人心旷神怡、流连忘返的美景。

我所在的村是柳溪社区，是柳溪镇政府所在地，有2000多人口，由原北老杖子和七家村合并而成，是柳溪的大村。入职后，我便开始了自己的工作，一开始就是简单的事项待办，慢慢地开始进行邻里调解，每天的工作让我很充实。

经过一段时间的工作，我发现整个柳溪社区人口众多，村民的收入来源比较广泛。一部分是外出务工，务工地点主要集中在油田；另一部分就是个人创业，进行经济作物种植，或者牲畜养殖。大部分村民的腰包都鼓了起来，可是还有部分农民依然守着那几亩薄田，进行着春种秋收的玉米种植。我曾努力劝说村民拓宽自己的收入渠道，不要总是守着那些玉米过日子，可是并没有任何效果。苦思冥想后，我决定用自己的行动来代替苍白的劝说，创业之路从此开始。

经过多方面考察，我将自己的钱投入一位大户名下，进行食用菌种植，利用多方的优势一起创业。刚开始的时候我们遇到了许多困难。

首先是资金的筹措。由于刚参加工作，我所拥有的资金还不够多，和我一起合作的人，他们投了大部分资金，可是仍有缺口，这让我陷入困境。在县委组织部和人社局的帮助下，我们得到了无息贷款和扶持资金，这无疑是雪中送炭，解决了我们的问题。

其次是租地。考虑到食用菌生长和运输的方便，我们看中了新修建的通往马盂山北山门旅游路旁边的土地。可这片地涉及十多户农户，要想租赁下来，得每户都同意才行。为了流转土地，我们挨家挨户去找农户签合同，经过了一个多月时间，才签下所有的流转合同，租下那片土地。站在租来的荒地前，想着不久的将来，通过自己勤劳的双手，这里将硕果累累，我掩饰不住心中的兴奋。

最后是技术。由于我们都是刚刚接触这个行业，技术成了我们的大难题。为此，镇里给我们找来了县里从事食用菌种植的专家，从种植到烘菌，再到采摘，一步步教授我们食用菌种植的技术和经验，这让我们慢慢地走上了正轨。

在种植过程中，我们开始考虑怎么才能将自己的食用菌销售出去。

首先是寻找客户。在柳溪进行食用菌种植的大户有许多，我们就和他们联系，一起帮着寻找客户。在他们的帮助下，我们的食用菌有了很好的客源，一部分是对内，销售给大户，他们再对外销售；另一部分就是销售给县内的超市和饭店，并让他们成为我们的稳定客源。

其次是获取市场信息。食用菌的市场可以说很不稳定，价格时有起伏，为了能够更好地把握住市场信息，给自己一个很好的定位，我们一方面通过网络了解每天的市场行情，另一方面就是多和别人联系，在了解他人的基础上，做好自己的产品。

最后就是提升知名度。为了能够让更多的人知道我们的产品，我们带着自己所种植的食用菌走遍了县里大大小小的超市、饭店和收购商，向他们推荐我们的产品。功夫不负有心人，我们的产品得到了大家的普遍认可，获得了更多的订单。

在看到我们的创业成就后，许多村民也看开了，被我们所感动，更多的村民加入我们的集体，开始一起进行食用菌种植。

正是有了这样的经历，我才在2015年的换届选举中当选为我们村的党支部副书记。我感觉自己肩上的担子越来越重，今后我将会以自己的行动带领村民走上富裕之路。

创业之路的“见闻”

回顾自己的创业之路，可以说有欢喜也有艰辛，它不但让我收获了支持，得到成长，也让我有了许多自己的看法。

（一）市场定位

在现代社会，想要让自己的产品卖得更好，就要认清自我，不断探索市场。实践证明，那些在市场上取得优势的产品，往往是因为找到了合适的市场定位，因此在创业的道路上合适的市场定位可谓至关重要。关于合适的市场定位，我们了解到主要有以下三点。

第一，你想要什么，要对自己的心里所求有最起码的认识。

第二，你的产品能给别人带来什么，要对自己的产品有十分清楚的认识。

第三，你所拥有的资源有什么，要对自己所处的环境状况和所拥有的各种资源状况有一个客观、准确的认识和把握。

对我们来说，我们的食用菌销售得很好，就是因为找到了很合适的市场定位。我们深知，我们的产品和那些大户的产品比起来还有很大差距，因此我们将自己的产品定位于县城之内，这样的市场让我们能够很好地把握自己的产品和客户的需求，还能够让我们更好地掌握市场资源，以便我们把握住自己的客户，不至于让客户流失。

（二）创业团队

一个新成立的公司，特别是创业公司，它的核心毫无疑问是创业团队。它可以让我们凝聚到一起，发挥“1+1>2”的强大力量。而在农村创业，这就更加关键，它可以让我们结合所有人的优势，增加自己的创业资本。

作为创业团队，在创业过程中，一方面创业者需要互信，更加团结地在一起共同创业；另一方面，所有成员都要保持积极性，创业的激情毕竟只能维持一时，不可能长时间起作用，合作伙伴对产业未来的远景目标是有一定激情的，但是真正面临困难的时候，激情解决不了任何问题。做大做强是远景目标，现实却要解决很实际的问题，这就要求我们每一个人都要扮演不同的角色，发挥自己不同的优势、承担不同的责任。

（三）政策支持

在“大众创业、万众创新”的现阶段，许多人都走上了创业之路，对创业来说，政策支持有着很重要的作用。国家曾多次出台此方面的文件，推进大众创业之路。而对我们这些农村创业者来说，政策支持很重要。一方面，有力的政策支持，比如资金支持，可以在创业之初，解决很大的问题，能够使创业之路更加平稳；另一方面，有力的政策支持，可以解决一些我们无法解决的问题，增强我们的创业之心。可以说，要是没有好的政策支持，我们的创业之路不可能走得如此顺利。

（四）技术

经济的发展离不开技术的支持，从电子信息到农业生产，技术都发挥着重要的作用。没有强有力的技术做支撑，创业无从说起。就拿我们的食用菌生产来说，看似简单的种植，没有精湛的技术做保障，食用菌不可能存活。我很感谢技术专家对我们的支持，让我们学会了种植食用菌，让它们长得更好，卖得价格更高。因此，今后应更多地学习技术，不断充实自己。

当村官已快满四年，在这四年中，有欢乐也有痛苦，尤其是走上创业之路后，这些都充斥在每天的生活中。可以说，创业之路不但使自己收获了名与利，同时也让我一步步成长，一步步走向强大。我感谢创业之路，同时也感谢那些在创业之路上曾经帮助过我的人。我相信在今后的道路上，只要秉持这份坚定之心，始终保持自己最初的纯真之心，我就能战胜一切苦难，让自己的人生变得更加多彩。

【个人简历】

2007.9～2007.6　就读于平泉县第一中学

2007.9～2008.6　就读于西南大学育才学院少数民族预科部

2008.9～2012.7　就读于西南大学育才学院工商学院

2012.10～　担任平泉县柳溪镇柳溪社区大学生村官

22. 王世凯

创业——成长路上的催化剂

2014年，当李克强总理在达沃斯论坛上提出“大众创业”“人人创业”的构想时，国内就有专家学者预言：创业将成为拉动中国经济发展的又一辆马车。不出所料，2015年，国务院正式把“大众创业，万众创新”写进政府工作报告之中。推动大众创业、万众创新，“既可以扩大就业、增加居民收入，又有利于促进社会纵向流动和公平正义”。在论及创业创新文化时，应强调“让人们在创造财富的过程中，更好地实现精神追求和自身价值”。推进大众创业、万众创新，是发展的动力之源，也是富民之道、公平之计、强国之策，对推动经济结构调整、打造发展新引擎、增强发展新动力、走创新驱动发展道路具有重要意义，是稳增长、扩就业、激发亿万群众智慧和创造力、促进社会纵向流动及公平正义的重大举措。

明确自身定位，确定职业方向

2015年，我是一名即将走出校门、走向社会的大学应届毕业生。在人生的十字路口，我也曾徘徊、迷茫，也曾为了自己的发展不断地探索、不断地学习。作为一名应届毕业生，我清楚地认识到经过十多年的学习生涯，我拥有丰富的理论知识和科学文化知识；经过长期校园氛围的熏陶，我有着良好的道德修养和理性思维。也正是因为长期的学习，我没有将理论知识很好地联系到生活和工作的实际中，这导致我的行动力不足，做事缺乏经验，对社会的认识不够。我对社会充满向往和期待，我期待在社会这所全民大学中汲取更多的养分和资源，来更好地提升自己，但同样由于我对社会缺少认识、缺乏经验，起初我难以适应社会的种种规则。青年人的骄傲、冲动、考虑问题不全面以及没有耐心等问题也存在于我身上。于是，在对自己有了大概的了解后，我决定考取大学生村官，希望能在大学生村官的岗位上，磨炼自己的意志，更加深刻地了解社会，了解基层，了解人民群众的所需、所想，丰富自己的工作和生活经验。我希望在基层的工作中，不断提升自己的工作能力，把自己在校园内的所学所得更好地运用在日常工作中，真正做到理论联系实际。同时，我也希望来到基层后，能够更加全面地了解当前“大众创业，万众创新”的形式和内容，为自己今后的创业打下良好的基础。

初次创业，深得体会

2015 年 10 月，我正式成为一名大学生村官，我被分配到河北省承德市平泉县下营房村开展工作。来村后不久，我对当地的具体经济生产情况和农村发展情况有了大致的了解，也得到当地领导干部和群众的提携与帮助。我所在的村庄基础设施较为落后，村内以留守老人和儿童较多，大多数青壮年都选择去更为发达的北京、天津等地发展。同时，由于依靠传统农业，当地的经济发展较为落后，农业生产模式也较为单一。这些状况都制约着当地经济的发展。当地盛产油葵，如果利用压榨等技术手段将油葵变成油类商品，同时打开市场，将盛产的油类商品输出，将很好地改善当地的经济发展状况。这样的想法不仅我有，当地的村主任和村书记也早就萌生了这种想法，并在“大众创业，万众创新”的大背景下开始了自己的行动。经过了解，由于科学技术落后和村镇基础设施较差等原因，村主任和村书记在创业过程中遇到了很大的困难，他们希望我也能一起创业，用我在大学的所学来解决当前创业过程中所遇到的问题，这给了我很大的鼓励。村主任和村书记并不要求我出资，而是先从帮忙开始。由于之前管理不善，人工成本高，年终还是亏损了，年底给老百姓发工钱的时候，村主任和村书记宁可自己亏钱也不欠百姓的钱，该发的都发了。2016 年，在秋葵和油葵中，我们最后选择种植了油葵，如今油葵已经个个开花。

进行中的创业

在油葵榨油生产过程中，要想保障榨出高质量、高品质的油，最重要、最关键的环节就是榨油技术的完善和榨油工序的完备。我们村由于之前并没有类似的榨油产业，我们的榨油技术并不完善。针对这个问题，村主任和村书记从长远考虑，选取了车间部分技术工人到外地开展学习和交流，同时积极地吸引优秀人才进驻我村，帮助我们完善榨油技术。在完善了生产环节之后，村主任和村书记又开始谋划成品油的销售之路。一方面，当地生产的成品油可以满足村民的日常生活需求，这使我们村吃外来油的局面得到一定程度的改善，村民真正吃到了便宜油、放心油。另一方面，由于国家的政策支持以及当地投入大量的人力、物力和财力，成品油可以销售到承德、朝阳、张家口等地，拓宽了销售渠道，为当地带来了丰厚的利益。

创业过程多辛苦，幸得多方来帮助

创业不是一蹴而就的，需要长期的坚持和积累，需要时刻保持旺盛的战斗力和持之以恒的决心。在创业过程中，我们整个团队融为一体，始终以最饱满的热情对待各个环节的工作。但是，在整个创业过程中，我们还是避免不了这样那样的困难。首先是工人管理不善，人员协调不够到位。大多数工人是地地道道的农民，他们的整体素质不高、文化素养较低，也不能较快地学习榨油的各个环节，这在我们创业前期是最棘手的问题。其次是技术上的不完善以及投资方对创业项目不了解，造成了同一项目重复投入资金。这对本身就资金紧张的我们来说更加不利，也造成了资金的浪费。

在这次的创业过程中，我很庆幸遇到了一个好的团队，他们竭尽全力地帮助我解决遇到的各种问题，以包容、积极的心态帮助我这个新手。作为一名应届大学生，我没有足够的资金入股参与创业，在这样的情况下，村书记和村主任依然让我在零投资的状况下加入创业团队之中，这无疑给了我很大的鼓励。在创业过程中，我缺少经验，有时提出的很多意见并不适用于创业活动的推行和产品的推广，但是我们整个团队并没有因此而排斥我，每次都是耐心地倾听完我的意见后再委婉地提出不妥之处，这也帮我树立了很大的信心、开拓了眼界、增长了许多创业知识。

找准产品定位

在产品生产完成之后，最重要的就是更好更快地把产品推销出去，拓宽产品的销售市场。在这个问题上，起初我们也遇到了许多困难。消费者对我们的产品不了解及其已养成的消费习惯，使我们的产品在市场上的竞争力严重不足。针对这个问题，我们决定从两个方面同时出发：一方面，针对本地区，我们联系了当地的农家院、金矿食堂和政府食堂，利用自己的企业来为产品树立良好的口碑，在经过一段时间的推广之后，我们所生产的油已经能走进当地寻常百姓家，销售渠道不断拓展；另一方面，我们在区外不断开拓销售之路，我们曾到承德、张家口等地的农贸市场进行宣传和推广，起初我们的产品知名度较低，遭遇到了一定的瓶颈，但是我们没有放弃，继续宣传推广，最终被商家和消费者认可和接受。如今，我们生产的油葵食用油不仅在当地销售情况良好，还销售到区外的一些地市，并受到好评。

回顾整个创业的历程，我收获了很多，懂得了创业的辛苦与不易，也体会到作为一名基层工作者的责任与担当。在以后的工作中，我会严格要求自己，用知识来武装自己，用实践来证明自己。在工作中常怀一颗虚心，在生活上常持一份爱心，对领导同事时常关心，对人民群众时刻留心。同时我也会在创业的道路上继续坚定地走下去，在创业的大舞台上更好地实现自我价值。

【个人简历】

2008.9～2011.7　就读于河北平泉一中

2011.9～2015.7　就读于广西科技大学鹿山学院

2015.10～　任平泉县椁椤树镇下营房村大学生村官

23. 董凯

让家乡的美走出深山

创业团队（董凯摄）

我是2013年的本科毕业生，专业是自动化，毕业后在中关村软件园内的一家企业从事网络安全方面的工作，在这个繁华的大都市里遍地都是机会，每天快节奏的生活也让我乐在其中。本以为我会在北京闯荡些年头，然而在2013年8月的一个午后，我接到了承德市委组织部的电话，通知我大学生村官考核通过，由于刚刚毕业，对未来我举棋不定，拿起电话和父亲商量，他再三考虑之后，建议我选择大学生村官这份职业。综合考量之后，我决定回家乡谋发展。

我做出这个决定的权衡因素有：第一，工作在自己熟悉的家乡，亲朋好友也多在承德工作，不孤独，会建立起自己的人脉网络；第二，在北京的吃住行开销都不小，回到家里吃住都不用花钱，有归属感；第三，大学生村官两年后可以考选调生，可以在仕途上有发展；第四，任何工作都需要先把地基打好，而基层正是直接和老百姓打交道的地方，能最先听见百姓的呼声和需求，能帮助百姓解决一些力所能及的事情，同时也能给他们带去新鲜的东西；第五，经过上网查阅大学生村官的相关信息，得知村官可以利用资源优势创业，带动农民集体创收。

受家里人的影响，我对创业经商很感兴趣，一直在关注商业领域各方面的信息。回到承德当大学生村官之初，我结识了两个好朋友，大家都有不甘平庸、想在年轻阶段有所成就的想法。2015 年新年伊始，其中一个朋友给我发来消息："承德市人力资源和社会保障局成立了承德市大学生创业园，招募优秀的项目入驻园区。"于是为了实现自己当初的梦想，把握住这个机会，利用好这个平台，多学习、多合作、多认识优秀的创业者，我们几个志同道合的小伙伴便组建了创业团队。两年的大学生村官工作，让我们对农村有了一定的了解，农村有很多资源都没有被利用起来，比如春天满山的杏花、桃花、梨花，无人赏识；秋天到了，苹果熟得都掉到了地上，前来采摘的人却寥寥无几；纯天然的柴鸡蛋、小米质量都很好，但就是没有销路。综合考虑这些因素，最终我们决定从村官熟悉的农村入手开始创业，依托乡村的自然景色资源和纯天然的农副产品，通过组织文化艺术交流节的形式进行前期宣传造势。以新颖别致的体验游玩形式组织团队乡村游，赏春花、品秋果，做四季贯穿的系列活动。

在创业过程中，有很多想不到的困难和阻碍，比如在和合作农户谈授权、签协议的过程就遇到了不被信任的困难，还有就是在价格上谈不到理想的程度，产品的质量也不能完全保证等。在遇到挫折的时候，当地政府会出面协调，尽全力帮助我们这些创业者在辖域内有序、顺利地开展经营活动。同时当地乡镇政府还会让我们承办一些活动，表示出对村官创业者的极大支持与鼓励。在遇到挫折时，我们团队还会自行上网学习，完善相关知识结构，学习好的商业模式，以融入自己的企业经营中。

我们团队开展的项目为服务型创业项目，不涉及生产，但是对于农副产品的包装销售，也会涉及产品品质的问题。如果资金允许的话，我们会建立自己的实验田、农业基地，对农副产品从源头上进行把关，请大学里资深的农业专家前来指导，生产更优质的农产品，如苹果、小米、柴鸡蛋等。我们最大的有利因素就是能够得到村两委的支持：第一，他们希望我们能够带动村里的农民增收；第二，创业项目能够解决村里的剩余劳动力问题。村两委会帮助我们解决一些和农户谈合作时遇到的问题，起到了很好的协调作用。我们在谈判的过程中遇到的问题都是通过使利润最大化、给予农户最合理的利润分配等方式解决的。

启动资金是由合伙人出资，每人等额入股，后期的资金支持是通过创业贷款来解决的。由于村里能力有限，不能给项目提供资金上的支持，但在劳动力方面，村里给予相当大的帮助。因为我们的公司注册地在大学生创业园，而创业园会给我们创业者提供投融资的接洽交流会，这样免去了我们自己找投资的烦恼，只要项目好，符合投资者的理念，就能够拿到资金。但由于我们是初创企业，经验并不丰富，加之市场调研也不充分，项目存在疏漏，投资者很难短时间内将资金注入，并给予资源上的支持。

我们的市场定位是打造私人定制游玩路线，结合美丽乡村的特色，面向骑行俱乐部、驴友俱乐部以及自驾俱乐部，进行广发宣传和定制服务，投其所好、玩出新意。我们主要通过上网查阅有关信息和资料，以及向同行从业者请教学习，获取一些市场信息。承德的旅游业已经趋于饱和状态，传统的旅行社遍布承德的大小角落，但是缺少一个领跑者，同时利用社群进行有针对性的体验定制游的还尚未存在，因此我们选择从这方面入手。在扩大公司知名度上，我们利用组织文化艺术交流节的方式进行宣传，并通过当地一些有名的网络媒体进行宣传，自己的公众号也在做，还会利用朋友之间的口碑相传，等等。在做公众号的过程中，因为活动持续性不够，导致掉粉现象出现，尤其在起初阶段，掉粉严重，后来通过持续的维护和对平台的经营，基本稳住了粉丝。

回顾我的创业历程，我感慨良多：第一，团队很重要，团队里的人员必须价值观相似，能够心系公司，各司其职，全心全意地为公司谋发展。团队成员的知识结构配备要尽量齐全，各有各的优势、特点。第二，创业项目很重要，有好点子就要付诸行动并实时操作，但点子的好坏要通过大量的市场调查进行综合评判，要选择能够适合当地情况的、符合当地消费水平的、体现当地文化底蕴的项目，这样能够得到上级政府的支持。有了这层保障，政府在业务指导上、技术培训上都能够给予帮扶。其实我们在初创阶段特别需要政策的支持，只有政府支持我们才会没有过多顾虑地去做事。只有敢于尝试，在跌倒中积累经验教训，才能够在年轻时不断成功。创业举步维艰，那么就需要我们步步为营，希望政府出台更多更实惠有效的扶持政策，惠及我们每一个创业者。像我们这样的年轻创业者，好多都是徒有雄心，缺乏一个普及创业知识以及创业辅导的平台，希望能给这一部分想要创业但不知从何入手的年轻人一些指引。

【个人简介】

2006.9～2009.6　在承德二中希望班就读

2009.9～2013.6　在北京化工大学北方学院自动化专业就读

2013.6～2013.9　在中关村软件园的北京金钻芯科技有限公司担任实习工程师

2013.9～2014.12　在承德市双滦区陈栅子乡黄梁村任党支部书记助理

2015.1～　在承德市双滦区陈栅子乡黄梁村任党支部副书记

24. 闫安

行走在山岭上：我的创业路

闫安，1991年2月出生，大学本科学历，中共党员，2014年10月通过大学生村官考试，被分配到张百湾镇山前村，担任山前村党支部副书记，成为一名大学生村官。自2014年10月担任张百湾镇山前村党支部副书记以来，他立足于大学生村官的岗位职责，积极参与全村各项工作，较好地完成了工作任务。

在做好村“两委”日常工作的基础上，他积极响应大学生村官创业的号召，通过网络和电视节目，寻求创业项目。在一次农业节目中，他第一次接触到“油松苗培植”项目，并了解到这是一个投入少、见效快的创收项目，很适合大学生村官。经过一系列的实地调研、考察，以及市场前景的分析，他选定“油松苗培植”项目作为他的“试金石”。

2014 年 10 月，创业第一年，一切都是新的开始

在决定培育种植油松苗之后，闫安毅然投入紧张的市场调研环节，先后走访了三个种植油松苗的基地，向前辈取经。亲自调研油松苗生长周期、种植期间的各种注意事项以及外销出路等问题。随后，他又马不停蹄地开始选址。由于缺乏经验、资金，闫安最终决定将自家的两亩地作为“试验田”，并且向在林场工作的亲戚学习苗木种植技术，继而建立了一个小型的苗木培育基地。

在闫安的身上，总会带着一个“秘籍”，他戏称那是他的“武功秘籍”，上面密密麻麻地写满了他四处取经获得的收获，有前辈成功的经验，也有失败得出的教训，有油松选苗的“秘方”，也有种植期间各项适合油松生长的指标。他说，“站在前人的肩膀上办事，会事半功倍。毕竟多听老人言，不吃亏。”但是，万事开头难，有“鼓掌”的就会有“喝倒彩”的，“小伙子有劲头儿是好事，但是创业不是上下嘴唇一碰就能成功的简单事儿，还是回去好好上班吧”。开始的时候，闫安的身边总是有这样或者那样的反对声音，身边的亲戚朋友都觉得既然有工作，就应该踏踏实实地好好干工作。面对质疑，闫安没有立即反驳，也没有任何的动摇，他暗下决心，一定要在油松苗种植上干出一些成绩来，到时候用成绩说话，所有的反对声音都会消失。

油松苗种植并不是一朝一夕的事，也并非真的那么简单，从选苗、种植、除草、打药到起苗，每一个环节都需要严格按照其生长周期进行，不能有任何的纰漏。作为一个种植新人，他一直跟着大家一边学、一边干，挖垄、培土、种苗、填肥、浇水、打药，第一批苗共有 6000 颗，这批苗被闫安叫作孩子，因为树苗所有的生长环节他都亲自参与。每次去地里视察的时候，他都会带上自己的“秘籍”，将树苗生长情况一点也不落地记录下来，为自己积累经验。衣服沾满了泥土，脸上也渗着汗珠，可看着一棵棵稚嫩的幼苗，闫安的心中有种说不出的喜悦和激动。

漫长的等待终于迎来了第一批苗的起苗期，但是由于经验不足，第一次种植并没有想象中那么成功。6000 余颗树苗最终只有 4000 颗销往外县，剩下的 2000 颗因为质量不合格，没有被选中。本以为可以盈利，但结算时才发现，不仅没有收益，还将自己的本金赔了进去，显然他的第一次“试水”并没有成功。“孙子，要不然放弃吧！家里的土地还是安安分分地种玉米吧！”闫安的奶奶成了第一个反对他的人。紧接着陆陆续续的质疑声成为“主旋律”，来自家人的质疑、朋友的不解，在闫安的心里打了一个问号，他第一次沉默了——是不是选择错了？“不！这只是一个开始，没有一帆风顺的开始，我一定要坚持！”闫安在心里默默地给自己加油。

2015 年 4 月，创业第二年，逐步扩大规模

既然打定主意要继续干下去，就要找到第一次失败的原因。闫安再一次去拜访了种植油松树苗的前辈，将自己第一次种植的情况、树苗的生长情况一一向前辈说明。最终得出的原因是种植树苗的月份较晚，由于树苗的正常培育期应该在 4 月份，闫安是在 10 月份，树苗没有足够的生长期，导致质量无法得到保证。

找到病症就要对症下药，2015 年 3 月，闫安开始准备第二批树苗的选苗、种植工作，并决定在 2015 年扩大种植规模，将原本的二亩地扩大到十亩。他将自己的想法如实地告诉了父亲，父亲不但没有反对，反而大大地支持自己儿子的事业。“儿子，一个男人就应该有男人的担当，失败并不可怕，可怕的是你被这一次的失败打倒而从此一蹶不振。爸爸看到了你的努力，也看到你这一年来的成长，爸爸支持你，如果有任何问题，只要是爸爸能做到的，爸爸一定尽全力帮助你。”听了父亲的一席话，闫安觉得内心充满了干劲，并暗下决心，一定不能辜负父亲的殷切希望。

但是，好事多磨，在土地租赁的过程中，又出现了问题。

闫安起初预计以自家原有土地为中心，向外辐射，形成一个小型的种植园区。但是，有一户农户始终不愿意将自己的土地外租。闫安便每天都去农户家做工作，了解其不愿意出租的原因，并保证尽自己最大的能力去满足他们的要求。听闻老两口最信任村里的书记，闫安便立即上门找到村书记，在详细说明情况之后，书记同意帮助闫安去老乡家里做工作。从最开始的冷言冷语，到直接给个闭门羹，再到两方人在书记的调解下静下心来聊天，一个多星期的努力，晓之以理、动之以情，闫安终于用真诚和耐心打动了农户，他们最终同意在不加价的情况下将土地租给闫安。闫安建立小型种植园的设想也最终成为现实。

一年的努力总算没有白费，2015 年闫安共卖出油松幼苗 5 万株，实现利润 2 万余元。家人也从最开始的质疑、不信任到后来的相信，并且支持他做这样一份事业。“儿子，你就大胆地往前走，想怎么干就怎么干，老爸永远是你的靠山！”父亲如是说道。

成功面前，他并没有骄傲，静下心来想想这两年来走过的路，并将第一次失败和第二次成功的经验进行纵向比较，最终总结出了一套属于自己的油松树苗种植经验。

2016 年 3 月，创业第三年，增加种植品种

根据市场行情，闫安计划 2016 年在培育阔叶大苗上下功夫，争取再流转土地 20 亩，培育暴马丁香、五角枫、栾树等大苗一万株，并尝试在苗圃发展散养柴鸡等多种经营项目。同时他积极与村“两委”班子协调，充分利用村内闲散、剩余劳动力，力争发挥好大学生创业的辐射带动作用，真正实现带领周边群众脱贫致富的目的。

三年的磨砺与成长，相比之前的青涩懵懂，他多了份成熟和稳重。在他坚定的话语中，我们看到了一个年轻男孩乐观、积极、向上的精神状态，他坚信“人不仅要有梦想，还要有将梦想付诸行动的勇气”。同时，他也欢迎更多的有志村官加入他的创业队伍，一起挥洒汗水，一起收获成功。

【个人简介】

2007 ~ 2010　就读于滦平县第一中学

2010 ~ 2014　就读于商丘师范学院

2014 ~　任承德市滦平县张百湾镇山前村党支部副书记

25. 宋佳

从感动到拼搏，我的创业路

选择大学生村官，是因为一份对农村和童年的情愫。我童年的所有回忆，都属于农村。村里有春天的山花烂漫，夏天的绵雨霏霏，秋天的层林尽染，冬天的冰封雪飘。告别了城市的光怪陆离，我回到了农村的广阔天地。

村官留影（宋佳提供）

到村里的第一件事，就是走访入户，一支笔、一个本、一个人，走了全村208户，一走就是半年的光景，走得艰难，体会到的更艰难。常年生病在家、没人照顾的单身老人，和爷爷一起生活、无父无母的幼小儿童，丈夫去世、自己扛起一切的坚强女人……一幕又一幕，笔记本记不下，心却记下了。我意识到，当了解到这一切的时候，我留在村里的目的，已经不仅是童年的情愫，而且是想让他们过得好一点，哪怕只能给予他们一点点的帮助。

我首先的想法是弄养殖业，农村的柴鸡和柴鸡蛋属于绿色有机食品，市场空间大。于是我便开始到各地考察学习，分别去了遵化、丰宁、承德等县的几个大型散养柴鸡基地。考察学习之后，我制订了创业项目策划书，但随着策划书的完成，我决定推迟这个项目，原因有三个：一是散养柴鸡前期基建和购鸡需要大量的资金，加上中间的周转资金，这是我无法承受的；二是养殖风险大，俗话说“家财万贯，带毛的不算”，最近爆发的禽类流感，也令我心生畏惧；三是我作为刚刚毕业的女大学生，只身力薄，缺乏处理社会关系的经验。所以，我决定先从小事做起，再慢慢强大起来，循序渐进，稳中求胜。

初次的创业灵感来源于在农家书屋偶尔看到的一本书，书中介绍了女大学生利用干花工艺品创业，最后取得成功的励志故事。于是，我便搜集资料和技术，试着自己制作。

村书记帮我在村里租了一个院子，面积有200平方米，我自己在网上买各类种子，如碗莲、虞美人、美国石竹、各类菊花等。我开始自己种花。虽然我生长在农村，但是种地我并没有从头到尾体验过，光是翻地，我就翻了两天，却只翻了一半，村书记见状帮我翻完了剩下的地。翻地之后是开垄，我也绝对不是好手，别人开的垄都是笔直的，而我开的垄是锯齿形的，恰好那天邻居阿姨看见了，她默默地回家拿了把镐头，把我的锯齿形填上，又默默地帮我开了垄。那一刻，我真切地感受到家乡人的质朴和善良，这是人类与生俱来的品质，无关利益，也证明了我选择这份工作的正确性。接下来的工作是村书记的母亲和邻居阿姨手把手教给我的，播种、填土、浇水、锄地，想象和实际工作可谓天壤之别，所谓纸上谈兵，非败必损。

夏天在我的汗水中悄悄过去，我的小花园也初见成效，虽然和我想象中的模样差别很大，但也足够使用了。核心的工作即将来临，工欲善其事，必先利其器，我需要的工具都可以在网上购买，但问题来了，我缺乏资金。辗转之后，我回到组织部，向领导申请了创业贷款，没想到组织部非常支持我创业，立刻批给我两万元的贷款，且只需要镇村担保就可以。我把材料拿给镇长和村书记，他们看了之后，毫不犹豫地签了字，资金缺乏的难关顺利渡过。那几天，我的心情无法形容，既是感激，也是感动，作为大学生村官，领导能够无条件支持我创业，这点是我没想到的，在村官的岗位上，组织让我感受到了关怀，还有温情。资金问题解决了，我开始了工艺品的研发和制作，村部会计室被我当成了工作室，没日没夜地研究，却出了非常多的失败品，顶着黑眼圈，看着一堆残品，我一度想过放弃，但我最终还是坚持了下来。

花瓣干燥，款式搭配，滴胶成型，一次次失败后，总算有了收获，工艺渐渐成熟，成品渐渐增多。干花工艺品在生产制作过程中，有三个关键点：一是花的选择，有些花容易掉颜色，有些花含水量太多，因此要了解各类花的特点；二是滴胶的配置比例掌握要准确，否则在滴制的过程中，会产生大量气泡；三是晾晒的时候，要保证周围洁净，避免杂质落到产品上。产品定型后，到了销售环节。隆化县的消费水平低，人流量也很小，所以我选择到一线城市找市场，恰好我有一个大学同学在北京开工艺品店，我就把一部分货拿到她店里尝试出售。有很多消费者喜欢我的产品，但是卖的价钱不高，究其原因，是包装存在问题，既然是手工艺品，相对价格都较高，但是如果产品的包装让人感觉很廉价，则整体价值就会降低。随着销量的增多，产品有些供不应求，手工速度很慢，我开始把工艺教给村里的三个阿姨，工资走绩效，自己挣得少了，但也算促进了就业。虽然干花工艺品不乏消费者，但总归是工艺品，而非消耗品，需求也是有限的，单纯做一种产品，收入甚微。一年下来，我意识到，创业不一定要从加工开始，从销售开始，成本低、风险小、成功率高，特别是手工艺品，如果没有销路，就不要轻易尝试。

2014 年，我们本地开始大力推广电子商务，我也开始使用微信公众平台推广干花作品，同时，开始寻找其他货源。这次我瞄准了瓷器、花瓶、麦秆瓶、礼品、餐具茶具以及树脂、紫砂、琉璃制品。当时恰好有一位志同道合的老乡与我合伙在县城里开了一家实体店，我开始了线上线下同时经营的模式，这一年，两方面的总体销售额达到了十万元。虽然只是单纯地做生意，谈不上创业，但有了成效，心也更好了一些。但我只做这些是实现不了我的目的的——通过自己的努力，让村里的人过得更好。授人以鱼不如授人以渔，同志还需努力，我如是告诉自己。

2015 年，我入驻隆化县电商孵化基地。在做淘宝店的同时，我注册了一家自己的电子商务公司，并开通了微信公众平台，和其他企业一样，搭建平台：定位、微信支付、商城。我还效仿淘宝，做工艺品一元购，微信公众平台有多火，我就有多拼。工艺品不属于生活必需品，消费者不爱好的话，多少钱对方都觉得不值，喜欢的话，多少钱都不贵。而一元购，就类似押宝，抽到了是幸运，抽不到，不损失，这非常符合大多数消费者的心理，而宣传的过程却非常艰难，在付出了很多广告费用和人力物力之后，依然不见成效。首先是做一元购的平台数不胜数，竞争压力过大。其次是微信公众平台本身需要时间和粉丝的积累，想一步登天是非常困难的。我意识到我有些操之过急。静下心来之后，我开始仔细编辑产品信息，慢慢宣传。一元购持续做到现在，基于这两年的经济形势，效益还算可以。我偶尔也会做一些作品，上架出售，更多的是进货出售。2015 年总结的经验是：无论经济怎么样，最好做生活必需品。

转眼三年过去了，虽然表面上是创业，但在我的内心里，我一直是不满现状的，我认为真正的创业，应从头到尾都是自己的东西，而且要能做出品牌。散养柴鸡的想法又开始让我蠢蠢欲动，但是我一直没忘记 2013 年的经验教训，创业不一定从加工开始，也可以从销售开始。于是，2016 年初，我在微商城上增加了柴鸡和柴鸡蛋一元购板块，从零开始推广，几个月的时间，初见成效。短距离运输可以做到，但是长距离生鲜运输还有困难，我正在想办法解决。另外，我也在注册自己的商标，一些核心问题（如销路、包装、运输、品牌）解决好，筹划养鸡场的项目书就应运而生了。

正值初秋，满地硕果累累，我在物质上的收获虽然屈指可数，但脑袋里装的东西，不再是刚毕业时那么简单了。自身的努力是一方面，外界条件也是不可缺少的，组织部、镇领导、村两委对我在资金上、政策上、物质上的支持，是我能走到现在的基本条件。创业有团队的话，成功率会提高，我们县里的村官非常少，愿意自主创业的人寥寥无几，如果有合适的伙伴，我一定不会选择自己奋斗。要时刻抓住有利于自己的机会和平台，我选择微商城，并且入驻我县团委设立的电商创业孵化基地，对我的帮助非常大。总之，创业之路不平坦，但如果坚持，总会有回报，即使不选择百舸争流，人生也可能乘风破浪。

【个人简介】

2005.9～2008.6　就读于隆化县存瑞中学

2008.9～2012.6　就读于河北联合大学（现华北理工大学），主修国际经济与贸易专业

2012.1～2012.9　任唐山市易网悦铃运营中心客户经理

2012.10～　任隆化县中关镇大铺村大学生村官

26. 董翠英

“诗乡”创业

诗乡一瞥（董翠英提供）

我是2015届村官，任职未满一年，且我所任职的村子正在整体规划进行“诗上庄”建设，种种原因，目前，本人并未进行单独的创业项目，而是紧跟“诗上庄”整体规划，打造“诗上庄”品牌，出产我们村自己的各类土特产。我抱着诚挚的心态来向各位老师和前辈们学习怎样创业，以便更好地为我村品牌建设积累经验。

作为一个农村走出来的孩子，从小就深刻了解农民面朝黄土背朝天的辛劳，在父母看来，读书是农村孩子改变继续面朝黄土的生活的唯一途径。我 7 岁上学，11 岁开始每晚去学校上晚自习，13 岁独自一人在外求学，开始住宿生涯，经历高考失败和复读生活，最后终于考上了一个不错的学校。然而，在家人满怀期盼等待我找个好工作，挣钱养家时，我却选择了一条很多人不能理解的路。犹记得入职前，村里很多人当面背后地说，好不容易考出去，结果又回来当个小助理，到处是闲言碎语。然而我有我的考量，作为土生土长的农村孩子，从小就接触很多村里现实存在的问题。而今毕业，不是不能在城市中找份高薪工作，然而比起这些我更想用自己的能力去帮助父老乡亲们解决一些他们迫切需要解决的问题。

我村文化底蕴深厚，在这个 500 多人的小山村里走出了刘章、刘芳、刘向东、刘福军四位诗人或作家，他们均是中国作协会员。两年来，我村投入 600 多万元加强了水、电、路、通信等基础设施建设，建起了诗歌馆、农家书屋和诗歌编辑部，建设了 4 个文化广场，以及 100 平方米的文化墙，用 100 块石头镌刻了 100 首中外名诗。2015 年，又投入 400 万元进行道路硬化、绿化、亮化，对河道进行治理，力争把上庄村逐渐打造成“两排青山、一条玉带、十里花廊、百块诗碑”的北方文化名村。2015 年 9 月 25 日，我村在刘章旧居成功举办了首届“中国兴隆刘章诗歌奖”颁奖暨《刘章集》首发式活动，明年准备开展一次“诗上庄”诗歌国际论坛活动。2015 年，我们继续打造“诗上庄”文化名村项目，建垃圾填埋场一处，拓宽北场至厂沟道路 2.2 公里，治理河道 3 公里。2016 年，我村多次邀请中央美院专家来我村进行规划设计，在村路两侧栽种百棵合欢树，道路两侧山地试种油菜花，开花时如黄色飘带点缀两侧青山，花谢时收货油菜花籽榨油，可自用，也可外销。“诗上庄”山清水秀，天然素雅，目前已经吸引很多艺术家来此采风或者收集创作灵感，定期举行的赛事会、诗歌节更是热闹非常。正在规划建设中的特色旅游景点也是看点多多。

在这将近一年的村官工作中，虽然我是一名村主任助理，但由于村庄是权责无明显划分的地域，而我所在的村正在进行大规模发展规划，村主任负责跑外部工程，支书负责内部建设，领导考虑到我的专业，又是女同志，安排我跟随村支书处理村务内部事宜。加之我们村又是省级妇女之家重点示范村，目前我着重处理省级妇女之家的建设工作，如妇女档案的创建，接待市级、省级妇联的检查指导，推动“创建美丽庭院”活动，举办美丽庭院知识竞赛，开办妇女讲习所等。

关于创业，我目前正在参与“诗上庄”品牌的创建，它是诗上庄旅游文化公司联同村集体在乡镇等政府部门的帮助下开始创建的。

关于“诗上庄”品牌的创建，我们的规划是，依靠我们诗上庄的自有特色，注册“诗上庄”品牌。在我村美丽乡村建设规划中，有一项是风情采摘园，基本以精品梨、桃、苹果为主，采摘园不但有游人自采，也会留出一部分，冠以“诗上庄”商标外销。除此之外，油菜花海收获之后的菜籽及鲜榨菜籽油、农民各家自产的农产品经过筛选后也会成为“诗上庄”的外售产品，以此解决村民没有良好售卖渠道和农产品售价过低的问题，在一定程度上能促进村民在村开垦土地的积极性，缓解留守儿童、留守老人过多的压力。另外，我们在整体规划中有酒家的景点建设，届时会聘请相关行业专家，引进先进酿酒技术，推出“诗上庄”酒品。

“诗上庄”品牌创建的资金来源除了诗上庄旅游文化公司出资，还有一部分是在社会上募集的。在创建过程中，态度积极的村民以土地流转所得入股分红，另外就是政府对创业项目给予一定扶持政策。相对资金的募集来说，土地流转时遇到的困难较多，并非所有村民都能看得到“诗上庄”创建后为大家带来的利益，因而拒绝流转土地的村民也是有的。每当这时，我们都要反复上门劝说，摆事实、讲道理，详细解说创建“诗上庄”品牌能为广大村民带来方便和提高收入，让他们心甘情愿地流转土地，甚至积极参与到“诗上庄”品牌的创建中来。

回顾目前参与创业的过程，我认为，充足的资金和资源、合理的规划、技术的引进以及政策的扶持对创业来说都是必不可少的，它们就像人的眼耳口鼻，没有哪个是最重要的，因为缺了哪个你的生活都会一团糟。

所以，在创业的过程中，我们要树立坚定的信念，勇于克服困难，合理规划，善用资源，随时掌控市场动态。

【个人简介】

2007.7～2010.6　就读于承德市第二中学

2011.9～2015.6　就读于兰州大学法学院法学专业

2015.10～　于河北省承德市兴隆县安子岭乡任村主任助理

27. 金懿

小杂粮大产业

我叫金懿，是张家口蔚县吉家庄镇二村人，现任吉家庄镇二村村书记。我从2006年开始承办企业，团结镇内有理想、有抱负的创业青年，着手小杂粮产业的加工和销售。十年来，我艰苦奋斗，不仅自己走上了勤劳致富之路，而且心系村邻，不计报酬地帮扶、带动全镇46户粮贸货栈，本村286户农户走上致富路，年人均增收8000元。2016年7月，大家推选我担任张家口市致富带头人小杂粮协会副会长。

创业回报家乡

2006年春节过后，我没有像以往一样外出打工，那样辛苦打拼一年，却仅能维持个温饱。在党富民惠农的政策引导下，我立足于吉家庄镇杂粮贸易已有40多年历史的实际，审时度势、顺势而为，决定开创一片自己的杂粮新天地。

由于资金原因，最初我只能利用家里的农用车走街串巷去收购粮食，从小打小闹开始，慢慢做大做强。天道酬勤，我很快就在同行中闯出一片天地，积累了一定资金。在转卖粮食的时候，我意识到对粮食的转卖并不能实现效益最大化，加工环节收益更大，而且能带动其他人致富。2006年11月初，我创建了蔚县益达粮贸有限公司，对粮食进行深加工后再销售。由于敢闯敢干，益达粮贸公司很快发展起来，成为全县杂粮加工的龙头企业。

当好领头雁，带动农民致富

2012年，我组织90多位农民成立了金懿农作物种植专业合作社，开始推广旱作农业张杂谷全膜覆盖玉米种植，承包了1000亩村集体耕地，并签订了六年长期承包合同，当年就获得了较好的收益。经过数年的辛勤耕耘，不断积累，金懿农作物种植专业合作社已成为张家口市农业产业化的龙头企业。

小富不骄，富而思进。2011年，我担任了吉家庄镇二村村委会主任，2014年，我高票当选为二村党支部书记。当上书记后，我的干劲更足了，不断向其他种粮大户传授种植全膜谷子玉米经验。当其他种粮大户因秧苗不足受损时，我主动上门询问，并无偿地提供服务；当种植户遇到技术难题时，我详细询问，耐心讲解，多方指导。我自费请来农业专家和农技人员到田间地头，对谷子玉米实行统一管理，集中进行病虫害防治，仅此一项每年就为周围种植农户节省开支240元/亩。我自订报刊，广泛收集谷子玉米良种信息，及时向其他种粮大户推荐并为其统一订购优质高产良种，使玉米单产由原来的1200斤/亩提高到现在的1600斤/亩，谷子的单产由原来的500斤/亩提高到现在的800斤/亩。我还多方联系，全面收集省内各粮食主要收购市场的行情，并及时向其他种粮大户提供粮价的最新消息，促进增产增收。在我的示范带动下，承包经营土地、发展粮食生产在当地蔚然成风，土地资源得到了有效的开发利用和培植，二村先后涌现出20多位种粮大户，他们也都获得了可观的经济收入。

依托优势，助推群众脱贫致富

“一个村要发展，没有主导产业不行”，我认识到“产业立村”的重要性。为探索适合本村的主导产业，我和“两委”干部一起深入分析镇情、村情，根据全镇杂粮作物种植面积已达4万亩、杂粮杂豆产量达到1200多万公斤，且杂粮贸易已有40多年历史的实际，审时度势、顺势而为，确立了“依托吉家庄杂粮种植基地，以杂粮贸易货栈为龙头，着力培强杂粮主导产业”的发展思路。针对全镇杂粮贸易货栈数量多、规模小、资金少、布局分散的现状，把杂粮产业上规模、上档次、上水平作为主攻方向，以自己创办的龙头企业——蔚县益达粮贸有限公司为主体，积极引导杂粮贸易货栈在深加工、精包装、创品牌上下功夫，力促杂粮贸易产业化发展。在我公司的带领下，全村粮贸加工企业增至多家，全镇粮贸企业达67家，年杂粮产量达10万吨，交易额达8亿元，直接从业人员有2400余人，其中年销售额达1000万元的较大龙头企业达6家，注册商标有5个（“暖泉”“御冠”“蔚康”“旺日”“景蔚五谷香”）。杂粮产品远销湖南、广东等省，部分产品出口到欧美及东南亚国家。粮贸企业对接杂粮种植合作社19个，带动杂粮种植基地4万亩，粮农8000多人。小杂粮贸易产业的发展，带动了运输、餐饮、装卸等服务业的发展，全镇专业运输车辆达1000多辆，有餐饮企业12家，装卸服务队9个。杂粮产业的发展有效促进了农业增效、农民增收，带动了2000多户贫困户、10000多人脱贫致富奔小康。

【个人简介】

2006　开始返乡创业

2011　担任张家口蔚县吉家庄镇二村村委会主任

2012　成立金懿农作物种植专业合作社

28. 孙守清

土豆串起来的致富路

张北县二台镇金家村党员孙守清，创先争优、勤奋敬业、执着追求，从在村内租赁几间房屋搞研究，到如今建起了集马铃薯菌苗研究、试管剥离、脱毒、切繁、繁育、生产、销售为一体的脱毒马铃薯良种繁育基地，脱毒马铃薯种苗年产量达3000万株。他获得了成功，创出了业绩，走出了富己富民双赢的路子。他组建起金田蔬菜种植专业合作社，注册了青源农业公司，现代化水利设施配套的良种繁育基地达到3400亩，年创收

700余万元，仅带动和帮助周边村民种植马铃薯良种就达3000多亩，此一项农民人均增收2500元。每年生产的良种销往山东、山西、陕西、甘肃和内蒙古等地。

孙守清今年45岁，高中毕业，中共党员，现任二台镇金家村党支部书记。20多年前，他所在的村由于土质沙化、资源贫乏，村民一直靠旱作农业的广种薄收维持生活。好年景时可解决温饱，一遇到旱灾，就又出现返贫。那个时候他20多岁，为了养家糊口，他跟随老乡一起外出打工，在北京的一处建筑工地当小工，每天起早贪黑、汗流浃背，而月工资仅有200多元。高中毕业的他有些不甘心，一心想着家乡的那块土地，想着如何让“土坷垃”变成“金蛋蛋”。

近年来，随着市场经济的发展，村民们开始积极扩种马铃薯、亚麻等高产作物，但由于良种和科技投入跟不上，产量平平，经济发展缓慢。有头脑、有见识、有智慧、有魄力、敢于立潮头的孙守清看准了时机，积极调查研究，认真摸索致富路径和项目。他瞅准马铃薯良好的市场前景，看到脱毒马铃薯良种难购、价格又高，以及部分农民对马铃薯脱毒认识不深的问题，萌生了培育马铃薯良种的想法。可当时在坝上地区从来没人种过种薯，没有技术和经验可循。孙守清从书上看到可以用无菌苗培育马铃薯种薯，就开始到处询问并购买无菌苗。“万事开头难”，他和妻子先后远赴山西、黑龙江等省农科院，去买无菌苗。苗买回来了，怎么培育又成了一大难题。他一趟又一趟地跑市农科院请教技术，一本又一本地看关于马铃薯种苗培育的书。可由于没有实际种植经验，买回来的苗经常会因为受细菌感染而坏掉，但这并没有让他失去信心，他一边学习，一边研究，一边实践。他每天观察记载棚中温度、湿度、光照程度及薯苗发育情况，根据薯苗不同的阶段和长势，及时调光、调温、调湿度，洒水喷药，调剂营养。他还进行了不同光照、不同肥度、不同酸度、不同基数浓度、不同药剂配合及不同通风湿度等多项试验。每天日出而作，日落而息，经过千辛万苦，他终于摸索出一套培训无菌苗的方法，并很快培育出自己的第一批马铃薯原种。之后，他又不断引进新品种，培育出了更高级别的微型薯。

路开出来了，怎样才能更好地发展呢？孙守清说："做人首先得讲诚信，我就是要凭诚信逐步开拓自己的市场，让人们知道我的种子。"孙守清对每位顾客都非常负责，每次都要在问清对方的土质及水利配套情况后，再根据实际情况推荐给他们不同的种子。只要用过他种子的人都说他的种子产量高，买种子就认孙守清。孙守清用诚信站稳脚跟。他还依据本村的实际情况，聘请张家口农科院高级农艺师做指导，下大力量发展种子基地，筹资20多万元，在良种繁育基地打了3眼深机井，配套了喷灌设备，建起了培养室和面积为20亩的繁育网棚，发展了相配套的农机具，开始了"大白花""克星1号""夏波蒂""荷兰14""荷兰15""2191"等多个系列15个品种的繁育，形成了完善的脱毒马铃薯繁育生产线。"一人富了不算富，大家富了才算富"，孙守清是这样说的，也是这样做的，仅三年来就为100余户农民免费提供良种价值达3万余元。他不仅自己发展，还着力带动当地村民一起发展，经常走东家串西家，起早贪黑指导村民，雇用了20多位村民在自己的基地学技术、建大棚、育新种、扩大培育面积，既让这些人有收入，又让他们学到了技术。县里和镇里专门把他的基地定为农业发展示范典型。孙守清总是很朴实地说："我走出了自己的路，为村民办了件事，心里舒坦。"

世界历来是平凡人创造的，只有平凡才能产生不平凡。孙守清凭借顽强的毅力、执着倔强的性格、持之以恒的干劲和不懈的追求，积累了脱毒马铃薯良种从研、繁到贮、产、销的全套技术，加上共产党员的责任和事业心，成就了不易不凡的事业。但他并不满足现状，立志向更高的目标攀升。为使自己的成功与父老乡亲共享，造福更多的百姓，孙守清牵头在村里组建起了金田蔬菜种植专业合作社。他着力为村民提供技术、传授信息、扩大宣传、实施跟踪指导服务，在村里组织建起了千亩种子繁育科技示范园。孙守清还针对历年马铃薯储存经验和冬储春售的情况，利用废旧沙坑，建起了冬暖夏凉的马铃薯贮藏窖24个，容量可达1440吨，新建蔬菜大棚300个，马铃薯网棚368个。这不仅为孙守清培育马铃薯产业创造了条件，而且为当地父老乡亲种植马铃薯提供了经验，使马铃薯良种研究、培养、繁育各环节实现了对接。

孙守清每年生产的680万公斤马铃薯良种不仅出售到周边乡村，而且远销山东、山西、陕西、甘肃和内蒙古等地，合作社年创收700余万元，社会效益辐射全县及周边30多个乡镇。2010年9月，国家农业部专家带领省市县领导对孙守清的做法进行现场考察和研讨，给予他很高的评价。2012年，省农工委、省农业部领导到现场进行考察，也给予他高度认可。

“我们要创建自己的品牌，让自己的土豆有身份证”，这是孙守清的愿望。2014年，他积极引进北京投资商，合资注册了青源农业有限公司，投资1500余万元，建起了占地21.71亩的脱毒马铃薯种苗繁育中心。他又抓住土地流转机遇，流转土地2500余亩用于原种繁育，繁育基地达到了3400亩，并注册了“冀金田园”商标，为以后的规模化、科技化发展奠定了基础。

在孙守清的带领下，金家村开辟出了“公司引领+合作社经营+农户包产”的新模式，不仅富裕了本村村民，还带动了周边村农牧业及第二、第三产业的发展，金家村成了张北县“公司+合作社+农户”的科技示范典型村。

【个人简历】

2006.2　任二台镇金家村党支部委员村委会计

2009　毕业于东北农业大学农村经济管理专业本科进修函授班；现为二台镇金家村党支部书记、张北县金回蔬菜专业合作社理事长

29.张政

在基层寻找自身价值

我们村主打以“天子山”景区为代表的乡村旅游，先后投资2000余万元用于旅游景区的建设。其中山门修建花费500余万元，与景区外的龙

赢小屋休闲度假区遥相呼应，做到既有旅游观光，又有休闲娱乐，以旅游促经济，带动我村经济发展。目前，已有二十几名村民长期在天子山旅游景区工作，带动了村民就业，年接待游客5万余人次，每天游客络绎不绝。

2015年，我村开始建设“美丽乡村”，政府投资改造道路、打造环村绿道、建设排水排污设施。看到发展机遇的我们以村主任李秀海出资为主，以村集体山林土地为依托，建设了天子山旅游景区，联合100余户农民，成立农村合作社，既利用了村里的资源，又发展了集体经济。政府投资建设基础设施，为农民创业搭建了平台。开业以来，“天子山”景区深受游客喜爱，春夏季节，每天接待300～500人，2016年5月，更是迎来了日接待800人的高峰。二甸子村从单一的传统农业，直接跨入现代服务业与传统农业相结合的发展道路上来。

由于游客人数众多，山门外单单依靠龙赢小屋的服务能力难以为大量游客提供服务。因此好多村民也纷纷加入农家院的建设，以家为业谋发展，实现了在农闲时有事可做，目前已经发展了大大小小近20户农家院。其中有两家较具规模和特色，一家是主打满族民俗特色的乡村农家院，主要推出满族特色菜品；另一家是主打贴近自然的农家院，主打“乡愁味道”，食材全部是村民自己种的蔬菜、自家养的鸡鸭，是最地道的乡村味道。

作为一名经常使用互联网的大学生村官，我积极上网查询了解互联网营销手段。在互联网时代，即使是农村也不能和互联网断了联系，我将“天子山”景区的宣传资料贴到网上，在网上推行旅游团购，与携程、艺龙、去哪儿网都有合作。营业之初，我们靠诚信经营，招揽回头客。2016年与大众点评网和美团网合作，没想到一上“网”，生意便十分火爆，每天都有游客从大众点评网或美团网上找到我们。互联网手段既提高了天子山的知名度，又招揽了游客进景区，取得了显著效果。

2016年景区接待旅客总人数和收入同比增长近50%，虽然游客众多，但是我村依然看到了发展壮大的农村旅游经济存在的问题：游客虽然来亲近自然了，但是没有体会到休闲农业的乐趣，因为我村没有休闲农业采摘园。于是从2016年开始，我村开辟出30亩山地的大樱桃采摘园，预计2017年就能挂果盈利。

乡村旅游业，就像所有新兴产业一样迅速发展，必然会出现同质化问题。一些从业者未雨绸缪，开始努力以稀缺品服务为主走出“价格战”怪圈。周边的农家院相继开始降价，同业恶性竞争令人伤脑筋，在“农家乐+互联网”的今天，同业的恶性竞争也在网上反映出来。“如果打价格战，盈利连我们的精细化出餐的成本都不够。幸好很多顾客慕名而来。”

农家乐是我国旅游业“大路货”过剩、休闲类供应不足的一个缩影。“主题类休闲场所在我们景区内是稀缺的创业关键”，面对这一问题，村委会研究决定，采取差异化、特色化、主体化的农家院经营模式，推出了复古式土菜馆和别具一格的音乐餐吧。原本村里有好多农家院是家庭妇女在经营，男人在外打工。自从特色主题农家院有了效果之后，先后有多名农民放弃在城里打工，回乡创业，接手经营农家院，打造了多家风格迥异的农家院。

暑假过后，城里人上班、开学，旅游业开始转冷，但2016年比2015年效益好得多，给我们带来了极大的信心。

在发展旅游的同时，农村的根本经济支柱依然是农业。我村的主要经济作物是板栗，由于附近地区都是板栗种植地，所以很难走上差异化发展的道路。板栗主要的收购模式是大批量收购，价格便宜，经济附加值低，受市场影响价格波动明显，目前我村正在寻找经济附加值高、适宜本地经营的新型特色农作物。通过对网上休闲食品的研究，无论从价格上还是销量上来看，休闲食品原材料种植都是较好的选择，尤其是干果类食品易储存、易运输。大学生村官进农村已有相关扶农助农政策，但是存在政策模糊、贯彻不力的现象，要将惠农政策与大学生村官知识丰富、学习能力强、了解新鲜事物的优势相结合，尤其要加强具体农业知识的培训、林果种子的发放及补助。对农民种地来说，最重要的就是种子，有了种子，才有奋斗的希望。村官可以作为试种带头人，实际试种效果既可检验种植新品种的结果和经济效益，又可为新品种的推广起到助推作用。

在工作岗位上工作已将近两年，我不禁感慨时光飞逝。回首这两年的村官生活，我在平淡中见证了点滴成长。如今，我已能够底气十足地对两年前那个带着不安与迷茫的自己说：我无悔当初的选择。

农村的工作和生活是相对艰苦的。这里没有豪华商场、没有连锁超市，甚至没有快餐店、没有公交车。办公室里没有空调，冬天冷夏天热，工作内容细碎、烦琐，又充满挑战。然而，越是充满挑战，置身其中就越能汲取营养，快速成长。

我已经从当初那个"怯先生"、无所适从的大学生转变为适应农村环境、愿意服务农村的大学生村官。我学会了如何与村民交流，如何安排好几项需要同时进行的工作，学会了无论多么烦琐的事情也要耐心、细心地完成。很庆幸，我坚持了下来。我懂得了，农村工作的困难和磨砺其实是成长过程中的催化剂，它加快了我成长的脚步。

在村里，我主要协助负责党建、宣传教育、入户走访等工作。从农村惠农支农政策的宣传到低保贫困户的入户走访，从管理党建档案，到整理村党支部的各种会议记录、草拟各种文字材料，我做的工作既没有轰轰烈烈的项目，也没有让人瞩目的成绩，但是能融入农村发展，为农村发展献计献策就是我的价值所在。

开始，我有过困惑和迷茫，看不到工作的意义和自己的价值，甚至想过离开，但是因为骨子里的倔强，鄙视轻言放弃的自己而坚持了下来。在这之后，我渐渐发现，村里很多工作都需要我：创建各种村民档案，撰写活动方案、工作总结需要我；活动现场的拍摄、信息的报送需要我；在网上登录系统才能办理的工作需要我；等等。在各种被需要中，我慢慢明白，其实被需要就是我的价值和意义，只要有价值和意义，平淡中一样能拥有绚丽的人生。

时间总是按照自己的节奏奔涌向前，青春也在不经意间从我们身边呼啸而过。当初，稚气未脱的我懵懂地来到二甸子村，如今，一种自我实现的感觉渐渐在心里萌发。尽管对未来还有很多迷茫，但理想在坚持中日益丰满，方向在摸索中日渐清晰。

【个人简介】

2006.8～2010.6　就读于兴隆一中

2010.9～2014.6　就读于哈尔滨工业大学华德应用技术学院机械设计制造及其自动化专业

2014.2～2014.7　在宁波讯强电子科技有限公司从事机械设计工作

2014.10～　任河北省承德市兴隆县挂兰峪镇二甸子村大学生村官

30. 贺香云

从打工仔到创业者的转变

弹指一挥间，创业已六年。今天向大家讲述我创业六年来的历程、收获与启示。我2009年大专毕业，离开学校时有太多的无助和迷茫。最后我选择了在北京做一名推销员，每天进出各种商店，接触各类人群，梦想使自己成为追求更好生活的“北漂者”。在北京漂泊的一年多中，我感觉到自己前途渺茫，而父母年纪越来越大，慢慢需要照顾。左思右想，我选择回到自己的家乡——沽源。

回乡经历

在回到沽源的六年时间里，本人在掌上明珠家具公司担任过副经理，想在家乡闯出自己的天地。2011年我辞去了家具公司的工作。经对本地市场的调查，发现本地人信息比较闭塞、思维狭窄，对互联网和建立自己的品牌认识不够，在这样的情况下，2012年我开办了自己的广告公司。经过三年多在广告行业的摸索，对在本地如何做好广告有了一些心得。本人保持着一颗“无论广告大小、钱多少，都要做好每一个项目，真诚对待每一个顾客”的理念。2015年迎来我的第一桶金，前后竞标得到“河北坝上闪电河国家湿地公园——宣传教育指示提醒牌”政府采购项目和

"沽源县委组织部采购旗杆"项目。这两个项目为自己奠定了经济基础，同时也激发起自己完成梦想的斗志。在传统广告市场受到互联网媒体冲击的时候，作为一个做广告行业刚刚几年的我，感觉到了压力。传统广告在这个市场上慢慢地被自媒体取代，我深刻感受到需要转型。无意间接了一个电话，对方告诉我，有一个电商既能卖东西又可以打广告。听到这个消息我无比激动，感觉这就是我需要的，从此开始留意它的发展趋向，最后和总公司联系，并且到公司考察。最终我决定去投资这个电商项目。

红包3号店是由河北清华发展研究院投资入股的科技企业。该店区别于淘宝C2C、京东B2C、大众点评O2O等传统的电商模式，首创SBO（社交分享+商对客+线上线下）新营销模式，构建移动互联营销新生态。它以创建新动能、新引擎、新产业先锋品牌为目标，领跑移动互联新市场。

该平台是一个本地化精准电商，主要定位于本地商家。但是多数本地商铺还保持旧的思路，觉得它没有用，又比较费事，没有实体店实在。我多次进店与商家沟通，讲解平台的好处和优势。随着微商的快速发展，多数商家发现，价格不再可以轻松被隐藏，网购量越来越大，本地商家也渐渐开始向线上销售发展。我终于找到一些中等品牌的商家合作，展开联营。好的平台需要有大量的粉丝，在这个问题上我选择了大范围的推广，在每个小区做广告宣传，并且通过社会上的一些活动，积极与主办方联系，通过试用该平台，吸取更多的粉丝。

本地商家在品牌塑造中，品牌意识淡漠，产品更新单纯停留在样式的更新上，而产品质量、材料的更新缓慢，宣传促销手段单一、陈旧。新互联网品牌的成功，让众多中小商家看到了方向，在品牌联营过程中，我和几个商家展开了品牌战略合作之路。

创业收获

一是开阔了眼界，学会了用全方位的思维去了解社会、思考人生。在知识经济和网络经济蜂拥而至、全球经济一体化的新经济时代，科技、信息、诚信、团队合作精神显得尤为重要。

二是体验到竞争，加速了自身知识的不断更新和个性的不断完善。商业竞争无情，需要的是高效率，在信息获取、决策、执行任何一个环节上反应迟缓，机遇稍纵即逝。而这些必须依靠全面的知识和快捷的信息。为了搞好公司管理，我在经济法学、财务管理等方面进行了认真的学习，在不断的学习中，拓宽了自己的知识面。

三是锤炼了自我，提高了自身的生存和竞争能力。在激烈的市场竞争中，我对市场的判断，对事情的决策、斡旋能力有了很大的提高。从草率决定到严谨思维，从一件事情需层层请示到自己独立思考、决策、判断，从事事依赖别人到自己协调方方面面关系，独立完成一个项目，经过各个阶段的学习锻炼，我感觉自身在为人处事方面经历了深刻的转型。

四是结交了一批朋友，拓展了人生发展空间。在创业过程中，我拓宽了交际交往的渠道，积蓄了宝贵的人际关系资源。这些资源，有些是在患难之处见真情而结识的真诚朋友，有些是在业务往来中见诚信而结交的生意伙伴。这些人际关系资源必将拓展我的人生发展空间，成为我人生历程中一笔不可多得的财富。

创业启示

一是市场经济竞争的核心在于以市场为导向、以顾客为中心、以互联网为依托、以实体经济为臂膀。应充分发挥想象力，连接互联网和实体经济，寻找顾客心中的便利、实惠。

二是创业是残酷的，成功者固然值得钦佩，然而失败者也不要妄自菲薄。绝对没有一个人是一次成功的。苹果手机是在乔布斯一次又一次的否定方案中脱颖而出的。失败者请珍惜自己的所得，经验、朋友都是你冲向成功的宝物。

三是注重农村电商发展的优势。

第一，消费选择多样化，满足农村消费者需求。近年来我国消费水平普遍提升，农村消费需求同样增多，但是没有更多的渠道来获得更多的商品。而农村电商的发展正好解决了这个问题，让消费者可以满足自己的消费需求。

第二，为农产品提供销售渠道，提高农民收入。农产品的销路一直是个困扰农民的问题，而农村电商则为此提供了销售渠道。通过电商平台，农民可以把农产品销售到全国，提高了收入。

第三，国家政策大力支持。国家对农村电商的发展一直给予政策支持，包括鼓励高校毕业生、农村青年、返乡农民工等积极参与农村电商。此外，国家还投入大量资金给予支持。

【个人简介】

2003.9～2006.6　就读于怀来县沙城实验中学

2006.9～2009.6　就读于河北科技大学

2012.2～2014.6　就读于成人高等教育燕山大学

2014.10　在沽源县开办沽源县天创广告装潢有限公司，担任总经理职务

2016.3　成为红包3号店区域代理商

31. 刘海伟

我的创业经历

我叫刘海伟，毕业于内蒙古科技大学，在校学习的是矿物加工工程专业。在校期间，我曾多次获得学习奖学金、社会实践奖学金和励志奖学金，自治区优秀班干部和自治区优秀毕业生等荣誉在身上，让我感觉到很自豪。

大学马上毕业了，工作还没有签，在发现自己一事无成时，在和同学的一次聚会中，我了解到了大学生村官这个岗位，最初的认识就是成为一个像沈浩那样的领导干部。怀着一种激动好奇的心情，我在2015年河北省四级联考中报了大学生村官，结果喜人，我顺利通过了家乡的大学生村

创业照片（刘海伟提供）

官考试。

入职后，我被分配到一个离家很近的镇上，每天上下班都很方便，成为黄土梁子镇梁后村的一名大学生村官。我怀着满腔热血来到村里，并暗下决心要在这里拼出自己的一片天地。

上班后，我每天吃住都在村里。几个星期后，正好赶上全国范围内的精准扶贫工作，我所任职的村也在进行这项工作。我村作为贫困村，基础产业薄弱。村民虽然有 1600 多人，500 多户，但是大多数男性青壮年劳动力外出务工，大量留守妇女在家待业。平时她们的工作只是在家务农。村子离山比较近，有一些副业，但是这不足以改变村民贫困的命运。我觉得这正是我施展抱负的好机会。由于平泉县是全国食用菌大县，全县范围内有很多人都在种植食用菌。食用菌作为全县的支柱产业，县政府有很多优惠政策鼓励居民种植食用菌。我家也在农村，父母也有十几年的食用菌种植经历，在食用菌种植方面有很多经验，我个人感觉食用菌应该是我创业的一个最佳途径。村主任作为村中唯一园区的理事长，在与他协商后，我顺利地与园区签订合同，成为园区一名入驻户。

作为新人的我，刚从学校里走出来，大学里的贷款还没还清，再加上家里又是农村的，如果让家里拿出一些钱用来做自己喜欢或者是想做的事，我自己感觉不可能，而且家里也没有这个能力。所以从实际出发，我必须要做小本买卖，也许收益低一些，但是稳妥，我能够在简单的创业中学到大量的经验，为我以后实现自己更大的创业梦想奠定一些基础。即使我打算做小本买卖，我依然拿不出那一份钱。我真不知道该如何实现自己长久以来的创业梦想，也不知道拿什么回报组织对我的培养和信任，拿什么来回馈我大学生村官这个称呼。正在我为这一切纠结的时候，我得到园区的照顾，只需要拿出 5000 元，便可以租到两个棚，园区会把废弃菌棒回收抵做水电费。两个棚可以种植菌棒 2 万棒，如果一棒收入 2 元，2 万棒就可以收入 4 万元，而且还能解决几个村民的就业，是非常好的一个选择。

春节过后，菌棒生产开始了，我会时不时看看项目的进展情况。一切非常顺利，感觉流程也非常规范。第一步的菌棒生产结束了，就要把菌棒运送到发菌棚，在发菌棚里，会有适宜的温度使菌棒快速发酵为能够生产的水平，然后再把菌棒放到出菇棚，最后进行大量浇水，菌棒便可以生长出蘑菇。刚开始菌棒长出的蘑菇会比较大、比较壮实，之后慢慢地会越来越小，数量也会越来越少。这样一个菌棒大规模出菇 5 ~6 次后，基本上就不会再出蘑菇了，就需要清理出去，待明年的新菌棒进入。2016 年的菌棒产量非常高，而且价格也达到了历年之最，取得了开门红，稳赚一笔，也有资金扩大创业规模。

想想现在能够取得一点点成绩，是和当初村两委班子的帮助有密不可分的关系。要不是村书记出面，帮我协调村主任，最后让他勉强答应我的入驻，我不会有任何成绩。正因为村两委班子对我的信任，从人力上，尤其是在信心建立上，给予我特别大的帮助，我才能像今天这样，敢说出自己身为一名大学生村官都干了些什么，能够从心里对得起这个称呼。要不是村两委班子，我那些新鲜的蘑菇可能现在还在冷库里面放着，可能初次创业就面临夭折。

回顾自己的经历，虽然没做多大事业，也没有傲人的成绩，但是，这些难忘的经历，这些让我终身受益的经验，对我以后不论是生活还是工作，都会起到推动和帮助作用。想到这，就要总结自己这次创业的经验了。首先，一个人要创业，就要培养这方面的能力，就要善于观察，知道什么能做，什么不能做，尤其是哪些项目适合自己，哪些项目能做成。这些不是一下就能学会的，也不是别人能言传于你的，那是生活的感知，是失败后的经验，俗话说“失败是成功之母”，是非常有道理的。所有的创业者，不要自以为是，不要盲目，必须要有科学的规划，必须要经过慎重的思考，这样才能确定一个项目。想要创业就必然会有风险，我们能做的就是丰富个人经历经验，减小创业风险。确定项目要符合自身实际，想法要果断，不能犹豫，一会儿想干这儿，一会儿想干那儿，最后犹豫了许久，什么也没干成。想法大胆与创业务实是不矛盾的。其次，要想创业，光靠自己一个人的力量是不行的，必须要协作，那就是多请教别人。“三人行，必有我师”，互相学习，互相帮助，向那些有经验的入驻户学习是我能够成功的关键。村两委班子的帮助也是非常有用的，我们应该多多寻求上级的帮助。在技术方面，请教科技部门，请教乡镇食用菌办公室相关工作人员；在资金方面，向上级扶贫部门请求帮助；在管理方面，因地制宜，请教当地大户，请他们传授经验，现场教授。最后，创业的成功需要我们自身的不断学习。多学习，才能丰富自身，才能更加科学地规划自己的创业计划；多学习，才能丰富自己的视角，才能想出一些有创意的点子；多学习，才能让自己的项目走得长远，才能降低风险、减少损失。

创业难，就要迎难而上，用知识武装自己，用科学规划指导自己。创业难，守业更难，面对以后的竞争，我们需要的就是不断学习，加强自己的思想文化水平，让自己在以后的创业大潮中占有一席之地。

【个人简历】

2008. 9 ~2011. 7　就读于平泉县第一中学

2011. 9 ~2015. 7　就读于内蒙古科技大学

2015. 10 ~　任黄土梁子镇梁后村书记助理

32. 尹宏伟

我对创业的认识与尝试

我是一名2013届的大学生村官，就职已经将近三年了。在这三年中我有很多收获的喜悦，也有对未来的迷茫，有开心，也有忧伤。我的第一个任期就要满了，为了不再荒废接下来的村官时间，我准备做一个养殖方面的创业，在自己的任期内做出一点成绩，让未来的生活不留遗憾。下面我分享一下我这几年的感想。

关于对村官的看法。其实当初选择村官是极具戏剧性的，一方面当时处于毕业季，和所有应届毕业生一样，我也面临找工作的问题。我的母校是河北工业大学，是一个在天津建校的河北学院，这所学校在天津的地位比较尴尬，资源和天津本地的学校有比较明显的差距，这也导致毕业后留在天津工作有一定难度。而我当时处在迷茫期，在一个村官朋友的“忽悠”下，就报考了大学生村官。说实话，当时对村官的工作，我是完全没有概念的，只是在想，这也是一份不错的工作，可以对未来的规划起到一个有效的缓冲。另一方面，我从小就是在农村长大的，一定程度上，对农村有亲切感，比较适应农村较慢的生活节奏。而且回到承德，回到丰宁，能够留在家里照顾父母，也是我选择这份职业的重要原因。因此在毕业之后，在班内大多数同学留在津京的情况下，我决心回到承德，走上了村官这个岗位，开始了我的村官生涯。

关于村官的责任。任何一份职业，都是要有责任的。毫无疑问，作为一名大学生村官，我们的肩上也是有责任的。一方面，我认为，我们要对村民负责。既然我们叫作村官，那么工作上肯定是要涉及所辖村的方方面面，因此在平时的工作以及言行上，就要对村民负责，不论我们工作能力如何，最起码要从态度上重视村民。另一方面，要对我们自己负责。其实大多数村官，他们的最终目的，或是走进公务员队伍，或是闯出自己的事业。所以在工作之余，还是要学习，要思考，不能混日子，要通过自己的努力，或者考试，或者做项目，在事业上提升自己的高度。在这三年的经历中，我也遇到过迷茫，工作中，有的时候会有挫折。其实村官的工作很杂很累，不仅要跟着村政府把工作做好，有的时候还要帮着乡镇政府干活。这几年，我听过最多的话就是："你们年轻，年轻人多干点吧！"其实累过了那段以后，回头想想，也没什么，所以村官这条路，我还会继续走下去。

关于基层的看法。我所在的村，是一个接坝地区，也就是紧挨着坝上。这个位置是一个尴尬的存在，首先从气候上来说，跟坝上一样恶劣，平均温度低，昼夜温差大，土地贫瘠，地里都是石头，农作物产量低。按照古话"靠山吃山，靠水吃水"的说法，这里山不长树，地不产粮，很难通过传统产业来增加收入，所以这里种植业是很不发达的，由于风大，大棚种植也没有出路。每年村民的收入，除了家里的牛羊以外，就是在山上下点功夫，山野菜、药材每年能够有所产出，不过非常有限。就养殖业来说，由于禁牧政策的出台，个人家的小范围养殖，每年的收益较低，喂养成本高，而且牲畜容易生病，免疫力差。养殖业对我们村来说，就是个鸡肋，不赚钱，但是还需要它的存在。唯一的优势是每年去坝上草原的客流量，不过能够真正留下的却是寥寥无几。所以在最近的产业开发中，我村主要注重对旅游业的发展。其实就基层发展来说，一方面要加大对优势资源的利用，缘木求鱼是不可取的。只有有效开发优势资源，才能够真正实现经济腾飞。另一方面要改变百姓观念，贫穷有时候跟懒惰是有关系的，因为大家都穷，所以没有动力去改善自己的生活。这种生活态度一定程度上导致一个地区的落后。因此我认为，如果想致富，让百姓有所追求，很关键。

再谈谈对创业的想法。其实对创业的尝试，我一直没有停止过。在大学时期，摆过地摊，卖过计算器、卖过玩具等。在走上村官之路后，因为从大政策上来说，是鼓励村官创业的，我就想通过自己的努力，让村官这几年更有意义。首先从创业类型上来说，一开始是想做大棚种植，因为看过一些村官成功的实例，很多人都是搞大棚种植，无论是食用菌还是蔬菜，成果都不错。不过对我所在的村来说，大棚这条路行不通，土地贫瘠，成长性差，而且昼夜温差大，风也大，大棚没法维护。后来想到养殖业，因为从小家里就养牛，我对牛比较熟悉，而且家里人能够给我提供一些资源。所以我在2014年想起步养牛，跟家里也沟通的八九不离十，但当年牛价急速下降，养牛市场风险很大，我犹豫了。对一个创业者来说，对市场的风险识别很重要。养牛本身需要大量投资，从场地组建到牛的购置再到养殖费用，对我来说就是个天文数字，如果市场风险大，那么创业的前景就是模糊的。其次从创业条件上讲，一名没有资金支持的大学生村官，想创业，太难了，走到哪都要钱，小则上千元，多则几十万元，而我的工资是每月两千多元，相关的政策支持不明朗，贷款也没有条件，养殖业的补助一般也要场地建成以后才会有，可以说创业开头太难。最后从群众基础上讲，村民对大学生村官，往往持一种敬而远之的心态，大家都很友善，但是不会跟你太交心，这也就导致如果是在村内创业，想得到大家的支持，是需要很多努力的。需要自己开一个好头，等百姓看到收益了，那么后续的运作才会水到渠成。

对养殖业，尤其是对养牛来说，前期投资很大，如果一个人，很难负担起来，所以如果能够有相应的政策倾斜，对创业者来说是一场及时雨。资金来源，一方面，是自己筹措，如自己的存款、家里的支持、朋友的借贷等，不过这些资金有限，很难起到决定性作用，除非创业者家里的经济条件好，同时支持自己的创业项目。而如今真正想创业的人，家境没有太优越的，这也是创业难以起步的根本原因。另一方面，是政策支持，包括相应的项目创业基金等，这些钱一般属于僧多粥少，资金有限，需求者太多，真正能拿到的寥寥无几，而且就我们县来说，即使拿到创业支持资金，也仅仅是几千元而已，相对于一个几十万元的创业项目来说，作用很有限。相比较前两种资金筹措方式，贷款可能更直接一些，无论是有息还是无息贷款，目前来说都是解决资金问题的主要途径。不过对村官来说，这种途径也很难实现。现在的贷款情况是，扶贫贷款专款专用，贷不到；普通贷款，多需要担保，程序很烦琐，硬性指标也很高，如果仅仅是自己去贷款，是贷不出来的。从技术层面来说，最好能有有养殖经验的人来带你养殖。养殖业不同于种植业，牲畜往往需要多用心。一方面喂养上要讲究，科学与经验相结合，不同的品种、不同的成长期，食量与种类是不一样的，这需要经验的指导，更需要自己的摸索；另一方面对疾病的防疫更加重要，牛本身抵抗力比较强，恢复能力也强，不过这些是建立在精心照顾的前提下的，出现疾病要及时处理。所以养殖，不仅自己要用心学，还要招聘到合适的管理者去用心经营，这对创业初期的人来说是一个难点。从销售渠道来说，养殖户都希望找到一个长期的点对点的销售伙伴，这样既可减少销售费用，也能让养殖户安心在养殖上，所以与其他企业的有效对接也很重要。

最后谈谈对未来的展望。创业起步难，但不代表没有未来。马上就要进入冬季，而现在正是卖牛的高峰期。目前我已经跟家里达成协议，利用家里租的养牛场，先收购一部分本地牛来做起步之用，以 2 ~ 3 岁的牛为主要目标，其从成长性和可繁殖能力上来说都是比较合算的。而且整个冬季是牛上膘的关键时期，我会利用这段时间，将挑选好的牛进行初步的繁育，以 20 头母牛为基础，到明年春天，再寻找合适的场地进行饲养。同时跟本地的有关部门接触，寻找相应的补贴，按照一种“骑驴找马”的做法，开展养殖事业。终极的繁殖目标是 100 头基础母牛，按照成活率来说，每年产犊在 90 头左右，从出生到贩卖，养殖周期为三年，这三年是创业的关键期，也是最困难的时期。所以创业这条路，很艰苦，还有很长的路要走。

在这个全民创业的时代，大学生村官创业无论是从社会环境上还是从政策上都符合时代的潮流，虽然现在面临很多的困难，不过我相信随着自己的努力和政策的完善，村官之路一定会更为广阔。

【个人简历】

2004. 9 ~ 2008. 6　在丰宁县第一中学学习

2008. 9 ~ 2013. 6　在河北工业大学学习

2013. 10 ~　在丰宁县窟窿山乡高楼村工作

33. 王栋

带动农民共同致富的优秀民营企业家

王栋，男，1956 年 7 月出生，1978 年 7 月加入中国共产党，大专文化，任张家口禾久农业开发集团有限公司董事长。

王栋，曾是一个深受农民拥护、爱戴的村支部书记。改革开放以来，他一直把带领全村村民共同致富作为自己的追求。他从 1989 年初开始用 500 元创建岸庄屯村校办工厂以来，一直走在艰难的创业之路上。27 年过去了，他围绕当地的农业资源先后创建了 9 个工厂或公司，全部是股份制。在全市，他第一个响应政府提出的规模化、品牌化战略和“抱团取暖”的号召，组建了张家口禾久农业开发集团有限公司。熟悉王栋的人都知道，他是一位一步一个脚印，为了农业增效、农民增收，讲求务实、敬业、诚信，为了事业而奋斗，坚持党性、讲政治的农业产业开荒者。经过 27 年的奋斗，他从一个普通农民成长为一名农民企业家。他曾创业的产业——秸秆压块饲料产品，属全国第一例；他利用污染环境的酵母醪液生产的酵母饲料，属世界第一例。他一直引领农业产业，生产绿色有机农产品，发展农业循环经济。他将鲜食玉米生产后的玉米皮、玉米秸秆生产为秸秆饲料，将废弃的酵母醪液通过添加载体生产酵母饲料，饲料养牛，牛粪养蚯蚓，蚯蚓养鸡，鸡粪和蚯蚓粪生产生物肥料用于种植有机鲜食玉米、水稻、蔬菜。他走过了一条艰苦创业、艰难坎坷之路，一位万全的老县委书记评价说：“王栋没有靠山，没有投机，起步那么低，能走到今天真不容易。”但当他谈起自己的创业感受时，总是说：“我永远利用当地的农产品资源提高附加值，把带动农民共同致富作为自己追求的目标，过去是，现在是，将来依然是。”

从小立志改变贫穷，走致富道路

王栋，出生于一个农民家庭，他 4 岁失去了母亲，父亲抱病在身，哥哥智残，从他记事起，就经历了贫穷农家的酸甜苦辣。他从小立志改变贫穷，不甘心落后，树立了一种敢于拼搏的精神。也许是他的家庭让他十分勤奋、热爱学习，可以说他什么都会做，裁缝、锡匠、木匠、瓦工、厨师、油工，所有农村人会干的活儿他全会。他善于学习，善于研究，舍得付出，甘心吃亏。1973 年高中毕业后，他担任北沙城乡岸庄屯村的小队会计，在北沙城乡是全乡优秀的小队会计。十一届三中全会以后，村里分田到户，他又是开垦荒地的能手，由于刻苦钻研农业种植技术，短短几年间，他就成了村里小有名气的种粮大户，成为“种田秀才”。担任村支部书记以后，他成了全县知名的村支部书记，那几年只要县政府表彰农村干部，肯定就有王栋。时任县委书记的侯文章说，“可惜上级没政策，不然就把王栋拿到政府部门的岗位上。”离开支部书记岗位，踏上农业产业的道路，他很快成了全市闻名的农业产业领头羊，并受到省、市领导的好评。

1991 年初，36 岁的他以全票通过的成绩当选北沙城乡岸庄屯村党支部书记，挑着这副重担，带领全村村民一干就是 8 年。他带领、引导农民调整种植结构，掏钱买蔬菜种子，无偿让农民种植，蔬菜收获前，他又跑销售，为农民推销蔬菜。用他的话说，“我看到农民拿着一叠钱笑得合不上嘴时，我比那钱装在自己的口袋里都开心”。他大胆引进水稻旱育稀植技术，比传统的水稻种植每亩增产 500 多斤。水稻增产了，他又在稻草增值上打主意，几次跑东北寻找稻草加工设备，不但全村的 3000 多亩水稻稻草都加工成草袋、草绳、草帘、床垫，并且把邻村的稻草也都加工成稻草产品，使岸庄屯村成了远近闻名的稻草制品第一村。他还利用玉米秸秆资源开发秸秆饲料，使全村农民人均增收 1000 多元。在带领村民共同致富的几年中，他发现村民的生活水平虽然比邻村有所提高，但比富裕的农村仍有很大差距。对农业和农民有着深厚感情的他，为了让大家的富裕程度再上台阶，为了全身心地投入发展农业产业事业中，于是他辞去了村支部书记一职，坚定不移地发展农业产业企业，带领农民走共同富裕的道路，为当地农产品转化升值、为农民就业创建平台。当时亲属朋友都不理解他，在一般人的眼里，村支部书记这份工作不但工资收入稳定，多少还有点政治地位。但他决心一搏，不怕风险，克服重重困难，希望通过发展农业产业来实现心中的梦想。

王栋把事业看得比金钱更重要，为了事业而不懈拼搏奋斗。他经常讲的是兔子理论，他说金钱就像兔子一样，你要是在田野上追兔子是得不到的，你要想得到兔子，就得全心全意地种好草，植好树木，砌好兔子窝，这样当你想要兔子时，无论是想要黑的还是白的，任你选择。

下海，做第一个吃“螃蟹”的人

创业之初，他一边摸索一边苦干，四处奔波。他总是找最便宜的旅馆和最廉价的小饭店来解决食宿问题，其中辛苦自不必说。有一年春天，河里的冰还没有化完，冰水有半尺多深，他与一位同事出差回来，为了节约时间快点回到厂里，他们走了近路，他怕那位脚有毛病的同事受不了，便脱了鞋袜，挽起裤腿，光脚趟着刺骨的冰水，踏着冰床，背着同事从河里走了过去。1995 年的春天，在一次去二连浩特推销稻草制品的火车上，他看到沙漠中的牛骨瘦如柴，牧民告诉他：“十年九旱，草场退化，草资源缺乏，牛死后胃里全是沙子。”那位和他说话的牧民，一个人在抽烟，蒸汽机火车迎着北风在往二连浩特的路上隆隆地奔驰着。王栋寻思着牧民的话，脑海中显现出家乡收完玉米后秸秆焚烧的情景，他想一边牛羊没草吃，一边秸秆焚烧污染环境、浪费资源，寻找一种设备把秸秆压缩加工成饲料的想法出现在他的脑海中，他隐约感到秸秆资源产业大有文章可做。

回村后，他开始查资料，给全国饲料机械厂家写信，到中国农科院饲料研究所、全国饲料协会访专家，到内蒙古牧区、养牛场调研市场。同时，四处求购秸秆压块饲料生产设备，最终与辽宁省农牧机械研究所达成协议，建起了全国第一家玉米秸秆块状饲料生产线，成立了张家口三利草业有限公司的前身——万全县鑫垣秸秆饲料厂。他瞄准内蒙古牧区草场沙化退化、饲草缺乏的市场，抢抓奶牛业蓬勃发展的机遇。为了早日实现秸秆转化产业，他不仅要跑业务、接订单，还要对公司进行管理，他常常日夜思考，亲自操作，食不甘味。在一次抢修机器时，由于一时心急，他的三根手指被机器压断。从医院刚回家，断了的手指上还插着 2 寸多长的钢针，他就又马不停蹄地赶到北京农机研究所去请教专家，他的这种精神感动了在场的专家，专家们为他找问题、改配件，并建议易损部件更换耐磨钢材。功夫不负有心人，试产成功了，但接下来的销售工作却差一点要了他的命。在一次推销产品途中，由于小雨路面湿滑，他所乘车辆与一辆横穿公路的农用车相撞，发生了车祸，王栋腰部两根腰椎严重受伤，右脚骨折。同时由于设备缺陷，两年时间他亏损了 40 多万元。当时不少人劝他放弃，但他说："冬天过去就是春天，失败过去就是成功。"在王栋锲而不舍的努力下，工厂终于扭亏为盈，他趁热打铁，在原来的工厂基础上又建了四个秸秆加工厂。1999 年，内蒙古发生了 30 年不遇的雪灾，厂里生产的饲料供不应求，当灾区领导找到王栋说明情况后，他表示支援灾区义不容辞，优先供应，不加价，保质量，为内蒙古牧区抗灾保畜做出了贡献，受到包头、乌兰察布、锡林郭勒盟媒体和各级领导、广大牧民的好评。

因其在我国玉米秸秆压缩块状饲料的产业上开创了一个奇迹，王栋被农业部饲料工业办的领导称为第一个敢吃"螃蟹"的人。经中央电视台、省电视台、人民日报等媒体报道后，他在全国产生了很大的影响，带动了河北省及东北三省的玉米秸秆转化产业的蓬勃发展。十几年来，该公司利用干秸秆、青秸秆、玉米芯开发的产品达十几种，并大量推广到内蒙古、北京等地，为内蒙古牧区的牧业发展、为当地的秸秆转化做出了巨大的贡献，多次受到各级领导的高度评价。2001 年，王栋的企业被联合国粮农组织专家誉为秸秆转化规模世界之最。

做成世界首家用醪液生产饲料产品的公司

按理说，生意不好，自己又受伤，他完全可以以此为借口，结束艰辛的创业生涯。可是对种种磨难，他不仅没有抱怨，反而越挫越勇，并发誓不干出一点成就决不罢手。

那时候，他更加体会到"钱"是多么重要，为了节省开支，他甚至连一日三餐都要算计着怎样最省。为了便于工作，他干脆把办公室安置在车间旁边，白天办公，晚上当宿舍，饿了就吃方便面。正是这种对事业的执着，感动了当时张北马利酵母公司的经理平亚军，平总决定将瑞泰酵母饲料公司51%的股份转给他。于是，他开始四处筹措资金，经营起酵母醪液饲料生产企业，让一个无法正常运转的酵母饲料厂起死回生。但没想到，生产饲料的设备的主要部件出了问题，酵母醪液与秸秆草粉混合后产生的阻力使主轴断了一根，工人不能正常上班，酵母厂醪液不能正常转化，公司亏损压力严重。而这时的他表现得异常冷静，他想只有坚持学习、改进技术，才能战胜眼前的困难。他认真研究，与厂里的纪万英、陈永龙一起，不断探讨摸索，改变原料配方、完善关键的生产设备。与此同时，王栋带着产品到外面跑市场，为了让用户认可，他和养牛户一起拌饲料、喂牛，在养牛大户家一待就是三四天，在内蒙古呼和浩特市郊区的奶牛村，树典型、做样板，宣传酵母饲料，使酵母饲料产品从没有市场发展到产品供不应求，公司从亏损走向大幅盈利。其公司用酵母醪液生产出的酵母饲料成为全世界首个用醪液生产饲料的产品，受到英国马利公司总裁的关注，为当时张北县的甜菜产业循环经济做出了贡献，受到各级领导和当地群众的高度评价。

壮大农民增收的产业链条

北沙城乡岸庄屯村，土地肥沃，水资源丰富，产出的大米品质优、口感好，一直在周边小有名气。随着科学种田的成功实施，水稻产量大幅增长，而村民却陷入卖粮难的困境。这种增产不增收的状况，王栋看在眼里，急在心里，他组织村里几个“实力派”商量对策，先后到江苏、东北等省进行了认真考察。1996年，他创建了生产免淘大米的张家口天勤农贸有限公司，把过去没有品牌、大麻袋装卖大米的方式，变成真空礼品盒装的大米，并注册粒粒净品牌，在城市高消费群体中颇为畅销，把农民的优质大米卖上了好价格，为农民增收找到了一条出路。几年来，该公司积极探索实施“公司+农户”的发展模式，为保证农民利益，与种植户签订协议，企业承担风险，为农民垫付资金。此外，他还围绕万全县玉米种植的优势发展了鲜食玉米产业，每亩平均增收360多元，为农民创造就业机会300多人次。

为进一步延伸产业链条，公司用粮食加工的下脚料，发展生猪、肉牛养殖，用粪便种植有机蔬菜、有机玉米。公司利用当地资源优势，带动了地方经济发展，2002 年被张家口卷烟厂列为副食品基地。

2005 年中国农科院饲料研究所被王栋带动农民共同致富的诚心、信心、决心所感动，主动与其合作，创建了张家口中农科贸有限公司，以绝对的科技含量优势，开发毛皮动物全价膨化饲料。公司经常邀请农科院专家为养殖户讲解科学饲养技术，并免费提供各种服务，特别是为贫困户无偿提供饲料 261 吨，价值 40 多万元，并上门服务指导，全力帮助 230 多户贫困户发展毛皮动物养殖，促进贫困户增收。后公司被省扶贫办确定为扶贫龙头企业。

打造农业产业化航母

2008 年前，万全县有 20 多家鲜食玉米加工企业，但这些企业起步低、融资难、抗风险能力差，难以形成大规模、标准化生产，制约了鲜食玉米产业的进一步发展，并且出现了恶性竞争的情况，陷入恶性循环的状态。几家有规模的鲜食玉米加工企业也急在心上，但没有办法解决这种现象。为从根本上解决这一问题，王栋积极想办法，在县委、县政府支持下，先是整合七家鲜食玉米加工企业，于 2009 年 4 月以松散形式组建成立禾久集团。之后通过不断规范运作，吸纳规模大、效益好、信用度高的同行企业加入，集团由松散型逐步向紧密型过渡。2009 年 11 月，为了使集团的鲜食玉米产品打开南方市场，他便跑到温州开拓市场。回来时，为了节约差旅费，他从温州乘坐长途汽车回张家口，天津青县的高速公路上下了一层小雪，公共汽车打滑发生了车祸，他断了 8 根肋骨、4 根胸椎。为了不影响工作，他带着常人难以忍受的疼痛，连夜从天津回到张家口 251 医院，经过诊断后，在医院住了 3 天院就回到家里养伤。腰里穿着铁马甲，背靠着被子，床成了办公室，电脑、电话、手机指挥着刚刚成立的禾久集团正常运转，这种精神感动了时任主管农业的县长、人大及政协的领导，领导们还专程到家里看望他。禾久集团的管理人员也被他的这种精神所感动，过去都不认识但现在走到一起的股东、员工以他为榜样，齐心协力，从无到有，在一个以抱团取暖试试看的松散型的集团里，成员企业看到了希望和光明。2010年集团改制，正式注册为“张家口禾久农业开发集团有限公司”，王栋常和人们谈起禾久发展就像一个纸灯笼变成了金字塔。现在，集团成员企业由原来组建时的7家，发展成了18家股东。为了更好地整合资源，避免重复建设，同时树立集团形象，他前后无数次找有关部门，跑土地指标，筹措资金，说服企业入股。2011年9月，禾久大厦破土动工，为节约资金，把工程质量做好，王栋一直坚守在工地上，早晨比工人进工地早，晚上比工人回得晚。有一次，一个660平方米的会议室屋顶球型钢架整体吊装，距屋顶6米高就是35万伏的高压线路，头天晚上又下了一场雨，工地上泥泞不堪，有4台吊车、各工种的工人在待命，施工单位的负责人却在工棚里不敢出去指挥。王栋为了工程如期完工，敢于担当，大胆指挥。当时正处于全国两会期间，县政府领导、电力局等都十分关注施工安全，当660平方米的球型钢架平稳吊装到屋顶后，王栋第一时间向领导报平安。脚下就是泥泞的工地，王栋的皮鞋沾满了泥土。他为了确保施工安全，屋前屋后不知转了多少圈，他骨折过的右脚由于受凉过度，午饭后疼得不能走动，但他仍然坚持躺在工地职工的床上指挥施工。一个从来没有建过楼的农民，奇迹般地让工程如期完工，他的心血、汗水洒满了工程的每一个角落。在开业的前一天，市、县领导从一楼转到楼顶，看完以后都纷纷赞叹：没想到在资金缺乏的情况下，一个没有建过楼房、搞农业产业的农民，能做到这样的程度。综合办公楼有展厅、会议室、餐厅、客房、办公室，还有经理住房，工程质量之高，进度之快让人赞叹。

禾久集团于2014年成功举办“第十届中国鲜食玉米大会暨第三届甜糯玉米节”。禾久集团被市产业办确定为“张家口市农业产业培训基地”，多次受到省、市农业部门领导的高度评价。农业部农产品加工局的宋局长对禾久集团的组建及发展模式给予高度评价：像这样的贫困县能把十几家小企业整合到一起共同发展，在全国农业产业中是少有的。2014年张家口市电视台《新闻联播》栏目连续5天播出“禾久现象”新闻报道，禾久集团为张家口市的农业产业树起了标杆，每年都要多次接待各区、县主管农业的部门和农业产业企业相关人员来禾久集团交流学习。

集团成立几年来，王栋带领所属企业，坚持一体化发展、多元化经营，走规范化、规模化发展之路，通过发挥企业群体优势，促进资源优化配置和技术进步，获取规模效益，增强市场竞争力，实现了集团内部“九统一”，即统一基地建设、统一种植补贴、统一原料收购、统一农资订购、统一设备订购、统一对外关系协调、统一生产标准管理、统一销售价格制定、统一年度发展目标规划。一体化发展和多元化经营的发展战略，使企业在资源共享、招商引资、项目资金争取、提升市场竞争力等方面体现出极大的优势，促进了集团的集群发展、跨越发展。至 2014 年底，集团总年产值接近 4 亿元。

随着集团的不断发展壮大，一些问题也开始出现。4 万亩鲜食玉米种植基地，每年产生大量的玉米秸秆、玉米皮；4000 亩的养殖基地，产生大量的畜禽粪便，如果处理不好，极易造成环境污染。为充分利用这些资源，王栋想到的是发展循环产业。2010 年他争取循环经济项目资金，扩建秸秆加工和奶牛、蚯蚓、蛋鸡养殖集团股东企业，形成了玉米秸秆加工饲料，饲料养牛，牛粪养殖蚯蚓，蚯蚓养鸡，蚯蚓和畜禽粪便进行生物肥料生产，生物肥料用于有机鲜食玉米种植的良性综合循环发展格局。该企业后被河北省确定为循环经济示范基地。

随着农产品市场竞争的日趋激烈，王栋适时把发展战略定位在发展有机产品上，打绿色牌、走特色路，大力发展无公害农产品，继 2011 年鲜食玉米、小米、大米通过有机认证后，2012 年芸豆、小豆、荞麦等八个杂粮品种又获有机认证。“禾久”牌农产品产销两旺，产品不仅销到北京、天津、石家庄、内蒙古等 30 多个大中城市，鲜食玉米还漂洋过海销往美国、韩国、日本、俄罗斯、加拿大等国家，年销售额达 2.12 亿元，创汇 1140 多万美元。鲜食玉米成为全国“两会”特约产品，集团成为“清华大学绿色食品基地”和 30 多家中直机关、央企的指定供货单位。集团还紧紧抓住张家口申办 2022 年冬季奥运会的契机，开发欧盟标准的有机种植基地，引导农民收获鲜食玉米后，利用闲置 2 个月的土地种植喜冷作物苤蓝1号、韩国小白萝卜等品种，由原来的每年一茬收获变为每年两茬收获，同时还推行鲜食玉米与经济作物套种的方式，在保证鲜食玉米品质的同时，为当地农民带来近2270万元的效益。

为了打造禾久百年品牌愿景，王栋把科学管理提上议事日程，通过加强质量体系建设，投资完善产销区一体化的产品质量安全追溯信息网络，实现管理工作从被动应付向常态管理和源头管理转变，提升了产品市场竞争力；通过开展对标管理，把目光紧紧盯住业界最好水平，对比标杆找差距，对比表格抓落实，对照标准提问题，从宏观目标、过程控制和微观细节全方位为集团提出整体解决思路，较好地占领了国内部分高端市场；强化产品宣传，近三年投入400余万元，多渠道、多形式宣传产品，积极参加农产品展销会，实施网络销售、微信销售，扩大了产品销售渠道，增加销售收入近2200万元；通过策划品牌建设，与尚韵策划包装公司合作，建立企业识别系统，进行组织化、系统化的综合设计，使这艘“航母”以良好形态呈现于社会大众面前。在谈到集团下一步发展战略时，王栋胸有成竹：向高科技领域进军，打造欧盟有机标准基地，提升产品附加值，为农业增效、农民增收做出更大贡献。

2013年市电视台《文彦有约》栏目对王栋进行了2个多月专访，节目播放后引起了县委的重视，县委宣传部组织全县科级以上干部观看该节目，在县里掀起一股学习艰苦创业的高潮。王栋为万全县全民创业起到了示范作用，成了近年来人们学习的榜样。但他总是对别人说，刚刚起步时需要艰苦创业的精神，对他来说27个年头的奋斗，超过了常人几个27年的付出，60岁的他还在坚持奋斗，每天仅休息四五个小时，其余时间全部用在工作上，从来没有节假休息日。在许多人的眼里他已经成功了，但他常说：“应该生命不息，战斗不止，小车不倒只管推，与规模大的农业企业比我们的差距太大了，我们虽然在当地有点规模，但还有许多农业资源需要开发。”他想把禾久带出农产品粗加工的圈子，走上有品牌、高科技的农业产业道路，实现做大做强农业产业的梦。

2015年为了盘活一块闲置工厂的土地，并将种植基地的农膜回收后再生产滴灌带、育苗盘，将污染环境的废旧农膜循环利用，王栋积极筹措资金420余万元，成立了张家口禾久塑料制品有限公司，在废旧地膜回收和再利用上为张家口市带了个好头，起到了示范作用。

随着集团的不断发展壮大，企业发展面临许多新问题、新矛盾，为使集团顺利转型升级，王栋引领集团走科技兴企之路，紧紧围绕当地特色农产品资源，由农产品粗加工向精深加工进军，实现企业由常规型向科技型转变。在省农林科学院院长、党委副书记王慧军引荐下，王栋认识了三位日本博士，他们有着处于世界前列植物提取领域技术，经过多次艰苦谈判，终于达成合作协议。王栋表示，要利用这次转型升级契机，把集团打造成为河北乃至全国功能性食品领域综合加工利用示范基地和高科技的龙头企业。他在经济开发区向政府争取了100亩土地，2016～2018年，拟分三期实施欧盟标准有机鲜食玉米及果蔬深加工项目，项目总投资预计1.45亿元。在新工厂设计上，他坚持高标准，聘请台湾农业产业设计团队，本着科学规划、合理布局、低碳生态、观光旅游、着眼奥运的理念进行设计。新建工厂由过去的普通玉米加工转变成欧盟标准的有机鲜食玉米加工，由过去的粗加工转变成深加工，并利用生产鲜食玉米的制冷设备资源加工生产冻干果蔬，为延长鲜食玉米产业链做探索。新建工厂设计年产有机鲜食玉米1800万穗、冻干紫玉米粒7000吨、冻干果蔬1750吨、从紫玉米芯中提取花青素35吨、从紫土豆中提取花青素15吨。加工原材料鲜食玉米鲜穗、紫玉米、紫土豆及冻干蔬菜均来自集团4万亩有机鲜食玉米（蔬菜）种植基地。通过本项目，王栋想打造全省、全市低碳、绿色且风格独特的农产品加工示范典型。同时，建设“互联网＋农业产业”的体系，实现三产的融合。

建言献策，履行人大代表神圣职责

王栋担任河北省第十二届人大代表期间，不仅把“人大代表”看成县委对他工作的肯定和人民对他的信任，更将其视为神圣的责任和使命。在公司事务异常繁忙的情况下，他认真学习、积极调研、建言献策，以主人翁的姿态履职尽责，围绕农业增效、农民增收、中小企业发展、保护生态环境等方面的问题，走访农村、乡镇、企业百余次，提交代表建议40多件，参加省、市、县人大组织的调研和视察活动20多次。其中，1件建议被省人大评为优秀建议，1件建议成为省人大农业委员会的督办建议。他在担任省、市、县人大代表16年时间里，很少因公司事务影响人大组织的各项活动，履行了一名人大代表应当履行的职责。

作为一名人大代表，王栋深感只有深刻理解党的路线方针政策，正确把握国家经济发展大计，才能更好地服务于民；只有全面掌握国家法律法规，做到知法、懂法、守法，才能更好地履职；只有对人民代表大会制度有一个清醒的认识，全面把握人大代表的权利、义务、责任，才能更好地尽责。为此，他利用一切机会不断学习、不断充电，全面提高自己：通过加强理论学习，特别是对科学发展观、党的十八大精神和路线方针政策的学习，全面把握改革发展的重要方针，了解党的现行政策，坚定政治理念，真正做到思想上时刻与中央保持一致；通过加强人大知识学习，对人民代表大会制度有了更加全面、系统的理解，对人大及其常委会的职权和人大代表的权利、义务有了更加准确的认识和把握，增强了履职的使命感和责任感；通过加强业务学习，积极参加人大代表的各项培训活动，对怎样当好代表、怎样履行职责、怎样开展视察、怎样调查研究、怎样撰写议案和建议等做到心中有数。在学习过程中，他对一些典型经验都要剪贴或者摘抄笔记，一些好的做法都在书上重点批注下来。俗话说："他山之石，可以攻玉。"天长日久，他把学到的东西结合自己的实际加以运用，使理论思想水平不断提高，经验逐渐丰富，在审议省、市、县政府工作报告时，能提出自己的意见，大会发言多次受到省、市领导的高度评价。他接受了30多次各级媒体的采访，都非常成功，受到媒体的一致好评。

人大代表是人民选的，要代表人民行使权利，反映人民的心声，要自觉主动地走到百姓中去，了解百姓的冷暖疾苦，帮助他们解决一些难于解决或者急于解决的问题。要做到这些，就必须进行调查研究。比如，针对中小企业发展问题，王栋持续关注，每年在参加省、市人代会前，他都利用工商联的平台，组织农业产业的企业经理座谈，听取企业的呼声，走访企业，深入了解制约中小企业发展的瓶颈，通过人代会平台，积极献计献策，为企业发声。2010 年，针对中小企业融资难的问题，他提交了《关于农业发展银行全力扶持中小型农业产业化龙头企业发展，带动农民增收的建议》；2011 年，针对中小企业成本高的问题，他提交了《关于将速冻鲜食玉米纳入“菜篮子”工程的建议》；2012 年，针对中小企业发展环境欠佳的问题，他提交了《关于媒体设立宣传民营企业创业精神和改善经济发展环境专栏的建议》；2013 年，针对中小企业享受国家资金扶持难的问题，他提交了《关于完善河北省工业和信息化厅〈中小企业发展的若干规定〉的建议》。以上建议都得到相关职能部门重视。鲜食玉米加工企业列入农产品粗加工范围，减免了所得税，运输上享受绿色通道待遇，省、市、县电视台掀起了宣传报道中小企业先进典型的小高潮。

有一年他在走访过程中，有人向其反映洋河地区存在乱挖、乱采沙子问题，采沙人将采了铁粉的沙子乱堆在河道中央，埋下安全隐患。当地农民多次与采沙人交涉无果，并多次发生冲突。得到这个消息后，他几次到现场考察具体情况，看到沙子在河道中堆积成山。在市人大会期间，他提出了治理这一问题的建议报告，并通过媒体进行了报道，这一问题很快便得到解决，采沙单位主动将河道中的沙堆移到防洪堤上，疏通了河道，受到当地农民的赞扬。

在各级政府大力倡导扶持农业合作社的高潮中，王栋在省人代会期间提出《关于加大力度支持农业龙头企业引领农民组建农业种植专业合作社的建议》，通过支持龙头企业，带动合作社发展，实现农民增收。此建议被列为 2013 年度省人代会的优秀建议，省农业厅领导对此建议也高度重视，在进行调研期间，专程从石家庄来找他交流，他的一些观点被纳入随后出台的相关扶持政策中。在参加农业部组织的合作社发展专题研讨会上，此项建议也得到领导与专家的一致赞同。

环境问题是中国 21 世纪面临的最严峻挑战之一，保护环境是保证经济长期稳定增长和实现可持续发展的基本国家利益。近年来，雾霾引起各级政府的高度重视，石家庄、保定、邯郸等玉米种植区秸秆转化问题更加突出。在2014年人代会上，他提出了《关于合理利用玉米秸秆资源，遏制秸秆焚烧的建议》，受到省政府的重视，成为省人大农业委员会的督办建议。2014年10月，省人大常委会主任王刚及农业委员会、农业厅、环保厅的八位领导，就农作物秸秆综合利用与禁烧工作，对4个市、8个县进行视察调研，王栋被邀请随行，为河北省出台关于秸秆焚烧的相关条例提供了有价值的建议。

当王栋谈起创业的历程时，他感慨地说："从500元起步，发展到集团成立，不分昼夜地工作，承担着无数次的风险。其实我的付出是常人难以想象的，但每当我想起那些生活贫困的农民，我的付出再多、再大也值。"据统计，张家口三利草业有限公司建立以来，转化玉米秸秆资源19.6万多吨，为当地农民工创造就业机会200多人次，安置下岗职工就业11名，每年为当地农民年均增收430多万元，同时为减少污染、保护环境、围栏禁牧、抗灾保畜、发展养殖业做出了积极的贡献。张家口天勤农贸有限公司不仅为当地农民解决就业130多人次，还带动当地农民年均增收300多万元，同时带动当地农民建起8家小规模稻草制品加工厂，稻草全部成为加工草垫、草把、草绳的原料，该村也成为远近闻名的草制品专业村。张家口禾久农业开发集团有限公司与农民建有良好的利益联结机制，5个乡（镇）、3.2万农户受益，提供季节性就业岗位5000多个，带动农民增收1.2亿元，改变了原有的种植、养殖模式，调整了农业产业结构，保护了农民的利益，调动了农民种植、养殖的积极性，提高了农业综合生产能力，促进了当地经济的发展。不仅如此，王栋还经常自己"掏腰包"为村里做贡献，1996年以来，先后资助孤、寡、残老人十几名，赞助5名孤儿读书，为岸庄屯村硬化道路、为汶川地震灾区及为村学校捐资捐物近20万元。

此时的王栋，已成为当地及周边地区的"名人"，当选为河北省创业功臣、省人大代表、县人大常委。当谈到今后的发展方向，他坦率地说："从农出生，以农为本，不管今后公司的发展会如何艰难，不管自己的努力对于千千万万农民来说是多么微不足道，我坚信会一直走下去，直到最后一天。”

王栋同志2003年12月被河北省环境保护局、河北省农业厅、河北省交通厅、河北省财政厅、河北省公安厅、中国民用航空河北省管理局、北京铁路局石家庄铁路分局、河北省广播电视局授予“2003年度秸秆禁烧和综合利用工作成绩突出”荣誉证书。2008年5月被张家口市人民政府授予“张家口市劳模”称号。2011年4月被河北省人民政府授予“2010年度河北省创业功臣”称号。2011年12月荣获“2011年度张家口十大新闻人物”称号。2013年1月当选河北省第十二届人民代表大会代表。2014年5月荣获万全县人民政府残疾人工作委员会“助残爱心人士”称号。2014年12月荣获“影响张家口十大民营经济人物”提名奖。

【个人简介】

1974.3～1985.12　河北万全县岸庄屯村会计

1985.12～1990.12　河北万全县岸庄屯村化工厂会计

1990.12～1999.1　任河北万全县岸庄屯村党支部书记

1999.1～　任张家口三利草业有限公司、张家口天勤农贸有限公司、张家口禾久农业开发集团有限公司董事长

34. 周春

一路走来的创业体悟

当被问到为什么要当村官，为什么做出这个决定，其实原因有两方面：首先，中国自古有“父母在，不远行”之说，由于本人为独生子，要考虑父母年纪渐大，需要有人在身边照料；其次，我自小在农村长大，熟悉本地的农村生活，也知道农村现在存在的一些问题，希望做一名大学生村官，切切实实地为农村百姓做点实事，能够带动他们创业致富更好，

即使不能实现，至少帮助他们办一些实事，为他们节省一些开支，从侧面提高他们的收入。

随着农村经济的持续稳定发展以及党中央国务院及各级政府对农村电子商务发展的重视及扶持，我认为发展农村电子商务既是便民惠民又是强民富民的一条好路。由于自己不是科班出身，对电商不是很了解，对电商的认识还很片面，起初不是特别在意，只是看看相关知识和新闻。后来听说大槐树农村电子商务服务中心这个项目，只需交加盟费，就可以加盟开店，进行网上购物和农产品销售，但是加盟需要交 6 万元，我很是犯怵，因为经常可以看到网友说这种加盟公司很多因为非法集资等问题而跑路，我不禁怀疑。后来我跟县组织部分管大学生村官工作的黄浩然科长取得联系，希望他能够给予一些信息。而后他帮助我向大槐树公司所在地的县组织部和其他政府部门打听到，大槐树农村电商有限公司确实是以销售产品和回收农产品为主要经营内容的公司，旨在服务农村，真心惠民。因此我于 2015 年 12 月正式加盟大槐树农村电子商务平台，所开的店便是线下的实体体验店，将优质的商品在店内展示，由专业的代购员为农民选购商品并在网上商城下单，最后由专业的物流公司配送。

由于加盟大槐树农村电商所需资金并不多，6 万元便可以启动，我所在的乡镇有 9 名大学生村官，我便将想法以一个小型会议的形式跟大家讨论了一下，最终我们选择以集资入股的形式加盟大槐树电商平台，也很快凑够了所需的 6 万元。

大槐树农村电子商务平台是立足农村、服务农村的电商，以工业品下行和农产品上行为主要经营内容，因此我们首先印制了宣传册和海报到各个村去宣传。起初销量很低，月销售额在 3000 ~ 4000 元，连公司要求的任务都完不成。后来我们村官开了个会，认识到不能坐以待毙，不能在屋里想问题，需要多接触农民，了解他们真实的想法。所以我们分成 3 个队，每队 3 人，分别选择我镇比较富的村、中等富裕的村、比较穷的村各一个，每村至少调查 20 户，详细记录村民对大槐树电商的认识、顾虑及他们觉得我们存在的问题等。调查后我们总结发现，村民对电商的概念不了解，不知道我们是干什么的，对先交钱后取货的交易方式不能接受，没有觉得我们的价格有什么优惠，希望能够回收农产品等。对此，我们又有针对性地做了一次海报，海报分两张：一张详细介绍大槐树农村电子商务服务中心的业务范畴；另一张做了个进店送鸡蛋的活动宣传，并介绍了几种很有竞争力的大米、白面。海报贴出，店内人流量开始大涨。目前我们可以做到月销售万元以上，最高时达 3 万多元。

回顾创业历程，首先我觉得有个好的项目是至关重要的，要符合大的形势，符合国家号召和政策；其次要有一个团结进取、吃苦耐劳的团队，只有这样才能不计个人得失，一心办好事情；再次要有自己的市场定位，大力宣传自己的优势，吸引消费者；最后政府的支持帮助是成功的必要条件，因为这可以让创业者少走弯路，避免错路，以最及时、最快捷的方式得到大量信息，让创业者做出合理的判断。

【个人简历】

2001. 9 ~2005. 6　就读于承德县第一中学

2005. 9 ~2009. 7　就读于河北科技师范学院

2009. 9 ~2010. 2　就读于大连海洋大学

2010. 3 ~2012. 7　在国家海洋环境监测中心工作

2012. 10 ~　任河北省承德县高寺台镇营坊村大学生村官

35. 王劲松

在基层，放飞梦想

我担任大学生村官已经四年了，在这期间，我除了负责九道沟村的档案管理工作，还主动承担起了便民服务代办员、远程教育管理员的责任，同时参与乡村一级的日常事务。除此之外，我心中还有一种深切的希望：

做点与老百姓生产生活紧密相关的事，真正融入新农村建设的大潮中。我是在2011年10月走上工作岗位的，记得刚毕业时，很多大学生还在为找工作四处奔波，为能够留在城市的一个角落而忙于面试，我却选择了回到农村工作，有些人不理解，好不容易鲤鱼跳农门，走出了农村，而现在又要回到农村。当然，这几年来，我也曾抱怨过，迷茫过。但是，一想到这是对自己的一种磨炼，更是人生难得的一笔财富，我便把这种落差看成锻炼自己的机会。由此，我调整了自己的心态，转换角色，从农民做起，去适应这种生活。

不久后，机会出现了。2012年在上级政府的帮助下，村里通过土地流转程序，在一次一次走家串户和乡间地头的奔走后，终于流转了300亩的土地，建起了蔬菜大棚。我也借着这次难得的机会，争取了8个棚。我想村里水资源丰富，土质层较厚，而且多为沙黏性的土，很适合种植大棚蔬菜，且这里的乡村公路已经硬化，交通便利，离县城也不远。

虽然我从小生长在农村，但是从小到大一直忙于学业，对农业知识完全不懂，对种植大棚蔬菜技术更是知之甚少，但是我始终抱着一腔热情，抱着一个信念："业精于勤荒于嬉，行成于思毁于随。"在技术员的指导下，我一边认真学习种植大棚蔬菜的技术，一边虚心请教、做笔记。为更好地掌握种植技术，我还上网查阅资料，买来相关书籍。当然，大棚蔬菜的构架和材料选择也很重要，政府和组织部门的领导给了我一些好的建议和帮助，对此，我一直心存感激。

功夫不负有心人，2013年底，大棚终于完工。几个蔬菜大棚全部种上了黄瓜，截止到2016年已经是第四年了，销量一直很好。现在还种植了香菜、四季豆，而且所种植的都是绿色、无公害蔬菜，这里地处群山僻壤，没有污染，空气清新，很适合蔬菜的生长，大棚蔬菜呈现一片欣欣向荣的景象。2016年，省委组织部与省科技厅联合起来，对全省的大学生村官进行了创新创业培训，这更增强了我的创业意识。自从建起了蔬菜大棚，村民在农闲的时候可以在大棚里干活，增加了村民的就业机会，一年可带动劳动力就业400余人次，每人增收3000余元，提高了村民收入水平。

九道沟村全村共有7个自然村11个居民组，总户数410户，总人口1270人，位于丰宁满族自治县县城西北部，国道112线穿越主村，距县城（大阁镇）25公里，地形呈西高东低之状，土地分布状况为沟田、梁（山梁）地、山腰、山顶林地，全村面积20.94平方公里，耕地2960亩。2016年在革命老区村的基础上，我们将本村打造成具有满族特色的民俗村寨。

在产业方面，目前我村种植业有日光温室大棚，养殖业有现代化的利康奶牛养殖小区，旅游观光采摘业有以“千亩梨园”为依托的果飘香水果种植合作社。通过产业的发展，截止到2015年底，我村人均总收入达到4000元，村民们进入脱贫致富的小康生活。村书记苗雅东于2012年创建丰宁满族自治县果飘香水果种植专业合作社，本着“民办、民管、民受益”的原则，推广现代化农业生产技术，聘请农牧局、农业办技术人员向广大村民传授生产技术，累计为农民培训20次，参训农民有100余人。现有日光温室大棚98个，露天水果种植基地600余亩，工作人员15人，固定外聘技术人员5人，每年收购、出售以水果、蔬菜为主的农产品1000吨以上，每年购销额达200余万元，社员人均收入增长1500余元。

日光温室大棚技术示范与推广项目，是经合作社骨干成员多方市场调研，寻求技术支持、政策支持及可行性论证后决定的一个适合本地发展的富民科技项目，由农牧部门和林业部门提供种植技术，前期由合作社骨干成员发展示范种植，可带动10户以上社员参与投资和生产。2013年该项目正式启动，现已完成日光温室大棚建设98个，占地300余亩，已种植黄瓜、豆角、草莓、蓝莓等蔬果。

合作社准备在第一批日光温室大棚取得初步经济效益后，加大对日光温室大棚项目及政府关于项目优惠补贴政策的宣传力度，通过会议、传单、入户等形式，将温室大棚项目政策、项目实施方案、考核措施、补助兑现方式等优惠条件宣传给农户，吸引更多农户参与到生产经营当中，动员有一定种植基础和技术的群众先做起来，将其培训成技术骨干，增加培训指导次数，降低种植风险，建立种植技术服务站，为种植户提供全面、优质的服务。

独木难成林，个人富不算富，大家富才算真正富。利用合作社，带动村民种植大棚蔬菜，这样一来，要干的事情就更多了。我准备今后将大棚蔬菜再扩大些，培育一些稀有的大棚蔬菜和水果，借助村里的满族民俗村寨优势，建旅游观光采摘园，实现观光、休闲旅游一体化的发展，解放村民的思想，促使全村村民从传统的农作物种植转向现代化的种植模式，带动全村人民致富，让我村真正走上致富奔小康的道路，同时也实现我自己作为一名大学生村官的价值。

【个人简介】

2004.8～2007.6　就读于滦平一中

2007.9～2011.6　就读于桂林理工大学博文管理学院旅游管理专业

2011.10～　任丰宁满族自治县五道营乡九道沟村副书记

36. 张星星　石　磊

“果然苹果”：北漂归乡的故事

果然，起于苹果，归于自然。这是我在创业之初，为品牌起的名字。

为什么做

我叫张星星，返乡之前是一名咨询师，我先生石磊，有十年的通信从业经历，我们在北京都有稳定的工作，收入也不错。为什么返乡跨界做农业？这要从2014年秋天说起，那年十一国庆小长假，我带着先生回家，那时候正值深秋，是苹果收获的季节。我带他到果园里，满树的苹果，从树上摘下来就吃，这恐怕是很多城市朋友从来没有过的感受，石磊吃了一口很惊讶，一个劲夸好吃。他说“我终于明白你为什么在北京不买苹果了”。是啊！买一次失望一次，水果店的苹果都是看着漂亮却没味道。他说这么好的苹果，怎么不卖出去。若不是这句话，我想都没想过回乡搞农业，毕竟父母好不容易把我培养出来，大学毕业后到城市上班更是不易，可最后我还是回到了乡村。

创业，一旦这个想法产生，内心就开始蠢蠢欲动，每个人内心深处都有一个采菊东篱下的田园梦。当我们将城市越挤越大，乡村越来越萧条，当水泥森林日益漫延，生活的味道是不是变得越来越淡？与其坐在城市的办公室里担心，为什么不自己去改变？如果你可以选择一种喜欢的生活，能照顾孩子、守护家人、帮助乡亲，把这样的事情当作事业不是更好吗？

怎么做

因为梦想，也因为现实，我们开始了创业之路。在各自领域工作多年，我们都经过系统化的专业训练，进行多次的分析讨论后，我们确定了第一步先做产品，销售则定位在线上，相比传统的线下渠道，网络是我们所熟悉的。而网络销售，一个好名字就是重中之重，取名果然，易记、易传播。

做网上销售，选品极为重要，我们将第一个产品定位在苹果上。我的家乡在张家口涿鹿，地处涿怀盆地，与法国波尔多、我国新疆处在同一纬度上，年均日照 2875 小时，昼夜温差最高可达 20 度，非常适合苹果生长，加上灌溉用的是饮用级的深井水，这里的苹果口感非常出众。在农人圈组织的品鉴会上，我尝过十几种苹果，除了新疆阿克苏的冰糖心，没有一个可以超过果然苹果的，这样的好产品自然是切入市场的最好保障。

销售推广主要在线上，前期定位在熟人圈，微信、微博是我首选的传播路径。怎么传播呢？如果能看着苹果生长，从发芽开花到结果，一定是很多朋友没有经历过的，也一定是城市朋友所感兴趣的。于是从 2014 年底我就开始北京、老家两边跑，平时正常工作，到了周末就回园子里，几乎每周末都坐车回去拍摄苹果的生长情况，再通过朋友圈、微信公众号、微博发布出去。后来很多朋友给我反馈说，真的感受到了苹果的生长，再吃到苹果的时候感觉就不一样了，很激动。这样铺垫了大半年，光拍的照片就有几千张，很多朋友都知道我在做苹果生意了，也都对我的苹果有了感知，传播达到了预期的效果。到了 2015 年 6 月，我开始在网上预售，父亲节的时候，推出“我为父亲收集100个订单”的活动。由于前期的铺垫，活动很成功，积累了第一批客户。

做水果，最大的问题是物流，一方面体现在包装上，另一方面体现在时效上。包装上，既要考虑运输中的抗摔抗压，又要考虑通风透气，还要考虑环保美观，同时要考虑成本，看似简单的问题，做起来真是挠头，只能是不断尝试、改进。我们选了又热又远的广州为测试点，还没开始发货，包装就改进了三次，纸盒三层不够抗压，换五层，一层网套不行加两层。我在广州的好朋友韩燕帮忙测试，几经测试，不断改进，当时果子已完全成熟，不能再等，只能硬着头皮往出发。经历了8月的“红将军”，9月的“乔纳金”，到10月的“红富士”时，运输中苹果几乎就没有再磕伤的了。

时效上，顺丰的保鲜当然是最好的，但是价格较高，发一盒苹果的快递费已超过苹果本身。我把全县城所有的快递都跑了一遍，因为前期没有量的保障，快递报的价格都很高，只有韵达的老板，在听说我是自己创业，且想卖家乡的苹果后，给报了相对优惠的价格。

创业意味着一切都从零开始，一切都是未知。2015年，红将军苹果成熟时，遇上大阅兵，我们发货时才知道到北京的快递全部停运，果子熟了又不能放，客户付了款，货得发，只能全部自己搭乘公共汽车带进北京。到北京后，先生开着车，我们一个一个亲自送货，当时我们还开玩笑，要是都这样送货，客户感受绝对好。经验从实践中来，一点都没错，水果店里的苹果不好吃很大一个原因是成熟度不够，我当时就想着要让朋友们吃到百分百成熟的苹果，我每天都到园子里去尝，真的等到果子百分百成熟后才发货，结果果子成熟度太高，到深圳、广州这些地方时，由于路上时间久、当地的温度高，有些苹果到了之后就坏了。2016年，我们吸取经验，在果子九成熟的时候采摘，留一成在路上。

做得怎么样

经过两年的耕作，2015年我们在涿鹿县成立了张家口星梦农业科技有限公司，2016年又成立了涿鹿果然爱生态农业专业合作社，进入“公司+合作社+农户”的发展模式。公司的品牌“果然”也在申请之中，目前公司有80多亩的种植面积，品类主要有苹果、杏、黑花生。

销售的渠道主要在线上，通过微店模式，进行熟人圈子的营销，目前已经做到“三度人脉”，客户主要分布在北上广深，回头率在95%以上。2016年我们对线下渠道也进行了拓展，给北京的卜蜂莲花超市供货了红将军、红星、黄金香等品种，反应良好，同时进入北京联通的三个营业厅，做新模式的探索。

2016年我们举办了第一届果然苹果节，接待了二十几位“果然”的粉丝。

我们返乡创业的事情也引起了张家口电视台的关注，《纪实》栏目组来果园进行了专访，并在电视台播出20分钟。

返乡创业两年，有很多思索、很多机会，也有很多困难、很多失败。作为一个跨界的新农人，最大的收获是完成了一个完整的商业体验，这跟之前在公司打工区别非常大，深刻认识到从0到1是怎么回事，了解了一个产品从诞生到销售的全过程。对我自己来说，虽然是一个卖苹果的，但我并不想只成为一个卖苹果的。因为市场上的销售商多如牛毛，不多自己一个，既然是新农人就要有不同的做法，做出差异。

回顾创业，有几点要特别注意。

第一，最重要的事情是人，组建一个团队比什么都重要，要整合一切能整合的力量，越早形成团队越好。

第二，开始一个新的项目一定要想透、想远，做最坏的打算。农业因为周期长、附加值低，一旦盲目投入，失败了损失的不仅仅是资金，更是时间。

第三，形成核心的产品。先把一个做好，再开拓新的产品。

【个人简介】

2014　张星星与石磊夫妻二人开始一起经营苹果园

2016　成立涿鹿果然爱生态农业合作社

37. 门海

传承古堡善行　乡村旅游富民

门海，1974年4月生，优秀共产党员，成功企业家，河北省张家口市蔚县暖泉镇西古堡村党支部书记，张家口市乡村旅游协会常务副会长。

西古堡村坐落于张家口市蔚县暖泉镇内，向西两公里即是河北与山西的省界线。全村耕地面积有4705亩，有690户，1835人。2003年8月，该村被评为“河北民俗文化第一村”；2006年6月，被评选为国家级重点文物保护单位；2010年，被评为“AAA”级景区，

门海同志是土生土长的西古堡村人，因为早年家境贫寒，高中毕业后，外出打工挣钱。他从事过搬运装卸、分拣煤炭、擦洗汽车等多种劳累艰辛的工作，其间饱尝酸甜苦辣。打工积攒的钱多用于补贴家用。他瞅准了当时煤炭行业的市场商机，先后筹资创办了汽车配件门市部和煤炭经销运输车队，掘到了人生的第一桶金。借助党的富民政策和有关部门的支持，他的生意越来越好，并带动了周边乡村120多人从事相关产业，解决了300多个本村常年剩余劳动力的就业问题。在创业打拼的同时，他时刻没有忘记家乡的父老乡亲，经常回村和街坊四邻聊家常、话发展，乡亲们也希望他能带领大家共同致富。2014年7月，为了村里更好更快地发展，暖泉镇党委、政府着手调整西古堡村两委班子。镇政府党委书记和村里部分老党员纷纷动员他回村任职。就这样，他怀着对党组织和家乡的一颗感恩之心，将企业交给亲戚打理，全身心地开始了党支部书记的工作。

西古堡又称寨堡，始建于明嘉靖年间，据史料记载是由当时的蓟昌总兵张邦奇为抵御外敌侵袭而修建的，是驻防屯兵的地方。它基本保留了明、清时期的历史风貌。南北瓮城内的建筑更是形式多样、布局巧妙、工艺精细，体现了古代民间建筑的高超技艺。两座瓮城的内城门为明代所建，外城门及瓮城内的建筑是清代顺治年间增建。一个村级城堡规划成如

此格局，据说是经过皇帝御批的。在西古堡村，古民居、古寺院、古城堡、古戏楼在此完美地融为一体。然而，守着老祖宗留下的房子，长期以来许多百姓却依然过着穷困的日子，原因是没路子、缺产业，即使做点与旅游相关的小本生意，也是小打小闹。如何才能把党的惠民政策变成强村富民的具体实践呢？那些天，他愁得彻夜难眠。

北京来的专家和上级党委领导给他提出指导性意见，那就是想办法将西古堡良好的原生态优势转化为发展优势。他豁然开朗，集思广益，精心研究“顶层设计”。借助中景信集团投资暖泉发展旅游业的契机，他把发展乡村旅游当成富民强村的重要抓手，确定并大力实施“1234”乡村旅游发展战略，即一张蓝图绘到底，促进乡村旅游业二次转型升级，实施民俗博物馆、工匠一条街和新民居环境改造三项建设工程，带动餐饮、住宿、购物、娱乐等四大产业延伸，让农民捧上发家致富的“金饭碗”。用他常挂在嘴边的一句话说，就是“紧握千根线，拧成一根绳，不放弃每一个贫困村民”。

为了激发全村百姓创业热情，带动农民致富，他创立了西古堡旅游开发有限责任公司。2015 年 2 月公司组建后，村民们出于对他的信任，短短一个月内，就有 350 人集资 260 多万元入股，一举改变了原有一家一户独立经营的传统模式，将古堡文化体验、餐饮、传统民俗等旅游功能融入改善民居环境、提升村庄基础设施的美丽乡村建设当中。“公司 + 村委会 + 农户”的合作形式，让三方共同受益，推动文化旅游产业链良性发展。他将农业资源、文化资源、农村闲置农宅等资产有效经营起来对古堡建筑进行原状修护，部分老院落修旧如旧；将几处古院落，布置成古蔚州婚俗馆、农耕文化馆、辽宋博物馆等，供游客参观体验；对古堡外的居民新区和主要街道进行了翻修提升，实施了绿化、硬化、亮化工程，有效提升了村民的幸福指数。古堡里有了不少新的产业，过去靠天吃饭的村民，现在也和城里人一样挣着工资，按时上下班。越来越多的外来游客，让堡里人感觉到过去生活在农村，现在生活在景区。

目前，西古堡“工匠街”一期建设即将竣工。这条工匠街集当地特色小吃、特产销售和非遗展示体验于一体，成为综合性旅游商业街区，形成了餐饮、住宿、购物、娱乐一条龙的产业服务链条。

在古堡里面进行旅游投资开发，涉及古民居保护、院落产权、投资收益分成等，比在古堡外面开发更困难，但这正是村两委主导古堡开发的重心所在，也是优势所在。在千头万绪的农村基层工作中，门海深知，只有尊重农民意愿，调动农民的积极性，才能真正发展乡村旅游。因此他对将美丽乡村与乡村旅游结合以共同发展的前景信心十足。“人心齐，泰山移”，通过抓班子、带队伍，村支部的党员干部们都能以一个合格党员的责任感，去认真做每一件事。群众最盼的是政府办实事，帮助他们致富。只有群众富了，才能促进集体经济的壮大发展。在注重旅游品牌引领和产业融合的指导思想下，到 2016 年 8 月，西古堡村旅游新业态已发展到 45 家。

作为村支部书记，门海同志及时学习党的农村工作路线、方针、政策，尤其注重提升村民的教育，他认为孩子是祖国的未来，是西古堡的明天，要提高全民素质须从学生抓起。2014 年，村里成立了西古堡村教育基金协会，确保让村里不再有辍学的孩子，在出资捐助村里的 16 个孩子读书的同时，对本村考上高中、大学的孩子给予 500～3000 元的资助。在此基础上，考虑到老年人经济收入微薄，村委会为 60 岁以上的 189 位老人缴纳了农村合作医疗保险。

“一人致富不算富，大伙富了才是富。”门海同志不仅没有让这句话变成空话、套话，而且由衷地认为这就是中国传统文化中的善行。没有回村任支书的时候，他只是带动了亲戚、朋友及部分村民致富，但是全村还有好多的老百姓仍然过着穷困的生活，他看在眼里，痛在心里。于是他下定决心要回到家乡，要带领全村百姓共同致富。他的行为是党组织教育引导的结果，同时也受到了老父亲门玉德的影响。20 多年前，他父亲就开始自己出钱组织村民修缮村里的古建筑，在老人心里，这就是善举善行结善缘，会让村里人越过越好，只要是对村里好的事情他觉得就值得去做。

“绿化民心苗育树，修心修事立村德。”在村里摸爬滚打的生活和工作中，人们常常以绿化人心来比喻村民的素质教育，以呵护小苗育成枝繁叶茂的大树来比喻发展中的农村经济。在清朝初年间，村里有个商人名叫董汝翠，他以乞丐之身起家，得其岳父母收留后，因诚信经商成为当地首富。董汝翠在成为巨贾后并未忘本，而是孝敬岳父母，惠及乡邻，其行善之举受到朝廷嘉奖——修建两座瓮城保护董汝翠及其财产的安全。为表达对岳父母的感激、孝敬之情，董汝翠在南瓮城内修建了地藏庙。村民感其行善积德，称其为“董大泽”。而西古堡村的十二字祖训“修嘴不如修心，修心不如修事”也由此而来，并传承至今，同时影响了世代的村民。“修心修事”不仅是西古堡村村民融入血脉的村德祖训之核心，更是一种积极向上的“自律文化”贯穿于中华民族几千年的历史中。西古堡村以“修心修事”为指导，将“行善”融入生活之中。“善”乃和谐之本，人人至善，则社会和谐。董汝翠不仅扶危济困，施粥赈灾，而且出资修建了公益设施。人世间斗转星移，但曾经的善行义举还在代代相传。历史对人们有着警示和教育意义，而身边的榜样更具力量。门海同志带头从一点一滴做起，从上任到现在已经为村里的建设垫资上百万元，村民们看在眼里，也记在了心里，对他更加信任。他把嘴上说的持续落实成一件又一件的实事，群众幸福指数不断提高，西古堡美好的明天指日可待。

西古堡民风淳朴，保持着很多优良的传统民俗。村民们大规模传承着手工剪纸的技艺，逢年过节还会把剪纸贴在窗户上；习惯于挑水生活，在长长的街巷间一路洒下清晰的水印；保持着许多手工作坊，打铁的、磨油的、扎灯的、出粉的、做豆腐的；等等。

【个人简介】

1986.7～2014.7　组建汽车配件门市部和煤炭经销运输队

2014.7～2015.2　任河北张家口暖泉镇西古堡村支部书记

2015.2～2016.9　创建西古堡旅游开发有限责任公司

图书在版编目(CIP)数据

新农人看农村：37 位基层创业者访谈录 / 游睿山，吕程平编. -- 北京：社会科学文献出版社，2017.4

ISBN 978 - 7 - 5201 - 0415 - 9

Ⅰ. ①新… Ⅱ. ①游… ②吕… Ⅲ. ①农村 - 干部工作 - 中国 Ⅳ. ①F325.4

中国版本图书馆 CIP 数据核字（2017）第 044260 号

新农人看农村

——37 位基层创业者访谈录

编　　者 / 游睿山　吕程平

出 版 人 / 谢寿光

项目统筹 / 佟英磊

责任编辑 / 佟英磊　梅　玫

出　　版 / 社会科学文献出版社 · 社会学编辑部（010）59367159

地址：北京市北三环中路甲 29 号院华龙大厦　邮编：100029

网址：www.ssap.com.cn

发　　行 / 市场营销中心（010）59367081　59367018

印　　装 / 三河市东方印刷有限公司

规　　格 / 开　本：787mm × 1092mm　1/16

印　张：15.5　字　数：229 千字

版　　次 / 2017 年 4 月第 1 版　2017 年 4 月第 1 次印刷

书　　号 / ISBN 978 - 7 - 5201 - 0415 - 9

定　　价 / 69.00 元